LA CHINE

ET

LA GRANDE GUERRE EUROPÉENNE

AU POINT DE VUE DU DROIT INTERNATIONAL

par

Dr. NAGAO ARIGA

Conseiller juridique auprès de la Présidence de la République chinoise

OUVRAGE ACCOMPAGNÉ D'UNE PRÉFACE
par

M. Paul FAUCHILLE

Directeur de la *Revue générale de droit international public*
Membre de l'Institut de droit international
Membre correspondant de l'Institut américain de droit international
Membre associé de l'Académie royale de Belgique

PARIS

A. PEDONE, Editeur

LIBRAIRE DE LA COUR D'APPEL ET DE L'ORDRE DES AVOCATS

13, RUE SOUFFLOT, 13

1920

LA NEUTRALITÉ DE LA CHINE

LA CHINE

ET

LA GRANDE GUERRE EUROPÉENNE

AU POINT DE VUE DU DROIT INTERNATIONAL

D'APRÈS LES DOCUMENTS OFFICIELS DU GOUVERNEMENT CHINOIS

par

Dr. NAGAO ARIGA

Conseiller juridique auprès de la Présidence de la République chinoise

AUTEUR DE :

« *La Guerre Sino-Japonaise au point de vue du droit international* »

ET DE

« *La Guerre Russo-Japonaise au point de vue continental et le droit international* »

OUVRAGE ACCOMPAGNÉ D'UNE PRÉFACE

par

M. Paul FAUCHILLE

Directeur de la *Revue générale de droit international public*
Membre de l'Institut de droit international
Membre correspondant de l'Institut américain de droit international
Membre associé de l'Académie royale de Belgique

PARIS

A. PEDONE, Editeur

LIBRAIRE DE LA COUR D'APPEL ET DE L'ORDRE DES AVOCATS

13, RUE SOUFFLOT, 13

1920

PRÉFACE

La transformation de l'Asie, commencée par celle du Japon, se continue par celle de la Chine.

C'est en 1899, par la mise en vigueur de traités qui, conclus peu d'années avant avec les puissances étrangères, supprimaient le privilège d'exterritorialité dont les nationaux de ces puissances jouissaient au Japon, que l'Empire du Mikado est devenu sans restriction une personnalité du droit international, et s'il est ainsi parvenu à entrer pleinement dans la communauté des nations, c'est parce qu'il s'est appliqué à devenir, par ses propres actes, l'égal des peuples les plus civilisés : dès 1882 il avait promulgué un code pénal et un code de procédure criminelle conformes aux idées modernes, et, après avoir en 1886 et en 1887 adhéré à la convention de la Croix-Rouge, sur le sort des blessés et malades en cas de guerre, et à la déclaration de Paris, sur le droit public maritime, il s'était donné en 1889 une Constitution consacrant les institutions des pays libres et en 1890 une organisation judiciaire calquée sur celle des nations européennes ; il avait enfin, dans les années suivantes, réalisé ou préparé l'amélioration de ses lois civiles, commerciales et de procédure.

Témoin des progrès et des avantages qu'une pareille politique avait procurés au Japon, la Chine a jugé qu'elle se devait à elle-même de suivre son exemple.

En 1911, elle a substitué à l'ancienne autocratie impériale un régime républicain, et au mois de mars de l'année suivante elle a adopté une Constitution qui, animée de l'esprit le plus moderne, proclamait la liberté politique et établissait une Assemblée législative (1), formulait le principe de la séparation des pouvoirs, garantissait à tous les citoyens le respect de leur liberté individuelle et la sécurité de leurs biens, instituait des tribunaux dont les membres, réellement indépendants, devaient être à l'abri de toutes immixtions des pouvoirs politiques.

Mais, en réalité, c'était déjà sous le régime impérial que la Chine avait résolu de se transformer. En effet, dès 1904, l'Empereur avait sanctionné un projet de code de commerce que lui avaient soumis le prince Tsai Chen, Yuan Shi-Kaï et Wu Ting-Fang, et en 1906 un Bureau de codification avait été établi qui, dans l'espace de quelques mois, publia en trente volumes la traduction des principales lois étrangères et prépara un code criminel, un code civil, un code de procédure criminelle, un code de procédure civile, des lois sur la banqueroute, les mines, la presse, la transportation, la nationalité, etc. Le 6 décembre 1907, était promulgué un réglement provisoire, véritable code de procédure civile et criminelle, pour les tribunaux supérieurs et ceux qui leur sont subordonnés. Un édit impérial du 27 octobre 1907 annonça, en outre, l'octroi d'une Constitution et l'institution d'un Parlement lorsque le peuple serait suffisamment préparé à l'exercice de ses droits politiques : il créait en attendant, des Conseils provinciaux et un Sénat provisoire. En dernier lieu, le 7 février 1910, une loi sur l'organisation judiciaire

____

(1) Une loi organique du Parlement fut rendue le 10 Août 1912

était rendue, qui instituait quatre classes de tribunaux modernes : cours locales, cours de districts, cours supérieures, cour de cassation, sur le modèle des juridictions européennes. Telle fut l'œuvre de la Dynastie Mandchoue.

Cette œuvre a été complétée et améliorée dans une large mesure par la République Chinoise. Tout d'abord, un règlement ministériel du 17 mars 1912 réglementa l'exercice de la profession d'avocat en vue de l'assurer de garanties sérieuses d'honorabilité et de compétence. Puis, le 30 du même mois, le code criminel préparé sous l'Empire, mais modifié sur quelques points, était mis provisoirement en vigueur : ce code, qui ne comprenait pas moins de 411 articles et s'inspirait des idées adoptées par les nations les plus avancées, introduisait ce principe, nouveau pour la Chine, qu'un acte ne peut constituer une infraction que s'il a été déclaré tel par la loi criminelle, et divisait les peines, avec un maximum et un minimum, en peines principales (1) et en peines accessoires (2). L'année 1913 marqua de nouveaux progrès. Un règlement du 28 janvier créa des cours arbitrales de commerce, et des règles des 28 janvier et 1ᵉʳ décembre réformèrent de la façon la plus heureuse le système pénitentiaire. En 1914 et en 1915, une ordonnance développée s'occupa du régime des sociétés commerciales, et des amendements modifièrent sur plusieurs points, pour les améliorer, le code criminel et la loi sur l'organisation judiciaire. Enfin, en 1918, le Bureau de codification était renforcé, sous la direction de l'éminent juriste chinois, le Dr. Wang Tsong Wei, ancien ministre de la justice, par la précieuse collaboration du distingué conseiller français, M. Padoux, et en même temps recevait la mission de

---

(1) Mort, prison perpétuelle, emprisonnement de 2 mois à 5 ans, détention d'un jour à 2 mois, amende.

(2) Privation des droits civils, confiscation des objets ayant servi à perpétrer le délit.

reviser les projets de code existants et de les faire pro-
mulguer successivement dans le délai de cinq années.

Ainsi, le moment approche où la Chine se trouvera
dotée d'un ensemble de lois excellentes. Venue la dernière
à l'œuvre législative, et, profitant par cela même de
l'expérience des autres pays, elle sera bientôt à cet égard
le plus « civilisé » des Etats du monde.

Mais, pour qu'un pays ait une bonne administration
de la justice, il ne suffit pas qu'il possède de bonnes lois,
il faut que ceux qui sont chargés de les appliquer soient
à la hauteur de leur mission. Le gouvernement chinois
l'a compris. Il s'est occupé spécialement d'améliorer le
recrutement du personnel judiciaire, en lui assurant à la
fois la capacité et l'honorabilité. Ce fut l'œuvre d'un
règlement du 30 septembre 1916, qui renforça le système
du recrutement par le concours qu'avait institué la loi
sur l'organisation judiciaire, et d'une loi du 15 octobre
1915 qui établit un conseil de discipline des juges et des
procureurs. L'instruction juridique étant une condition
essentielle de la valeur du magistrat, la Chine chercha
encore de toutes façons à améliorer l'enseignement du
droit. Un essor particulier fut donné à ses universités :
l'Université de Pékin compte aujourd'hui un nombre
considérable de professeurs et d'étudiants. Et elle favorisa
le plus possible le contact de ses nationaux avec les
universités étrangères : nombreux furent en ces dernières
années les jeunes Chinois qui, avant de siéger dans les
tribunaux, vinrent s'instruire en Europe, notamment en
France, en Suisse et en Belgique (1).

(1) Les jeunes Chinois venus en Europe ont en général figu-
ré parmi les meilleurs étudiants. La plupart des thèses qu'ils
ont produites sont excellentes. Citons celles de M. Tsien Tai
sur le *Pouvoir législatif en Chine* (Paris, 1914). de M. Ngaosiang
Tchou, sur *le régime des capitulations et la réforme constitutionnelle en Chine* (Louvain, 1915), de M. Tcheou Wei sur
l'Organisation juridique de la Société internationale (Fribourg,
1917), de M. Houx Koung Ou sur *la Famille et l'institution du*

En 1902 et en 1903, la Grande-Bretagne, les Etats-Unis d'Amérique et le Japon avaient conclu avec la Chine des traités de commerce, dans lesquels ces pays, après avoir constaté que « la Chine a manifesté le vif désir de réformer son système judiciaire et de le mettre en harmonie avec celui des pays occidentaux », se déclaraient « prêts à renoncer à leurs droits d'extra-territorialité lorsqu'ils seraient assurés que l'état des lois chinoises, les mesures prises pour leur application et d'autres considérations le leur permettront » (1). A la suite de tous les progrès en matière juridique accomplis par la Chine, les conditions ainsi prévues par ces traités ne se trouvaient-elles pas désormais entièrement réalisées ? Avec une réserve dont il convient de la louer, la République Chinoise estima cependant qu'elle n'avait point encore assez fait. En effet, dans l'Exposé des questions à résoudre qu'elle soumit en avril 1919 à la Conférence de Paris, elle demanda que les puissances ayant des traités avec elle ne prissent l'engagement de renoncer au droit de juridiction de leurs tribunaux spéciaux que lorsqu'elle aurait rempli les deux conditions suivantes : 1° promulgation définitive des codes criminel, civil et de commerce et des codes de procédure civile et criminelle ; 2° établissement de cours nouvelles dans tous les districts qui formaient autrefois les chefs-lieux des anciennes préfectures, c'est-à-dire, en fait, dans toutes les localités où résident des étrangers ; et elle fixa à la fin de l'année 1924 l'époque à laquelle ces conditions seraient réalisées. Elle demanda toutefois qu'en attendant l'abolition définitive des juridictions consulaires les puis-

<hr>

mariage et du divorce en Chine (Genève, 1919), de M. Hoo Chi Tsai sur *les Bases conventionnelles des relations modernes entre la Chine et la Russie* (Paris, 1918) : la Faculté de droit de Paris a en 1919, décerné à cette dernière un de ses prix de thèses.

(1) Art. 12, traité sino-britannique du 5 Septembre 1902 ; art. 15 traité sino-américain du 8 Octobre 1903 ; art. 11, traité sino-japonais du 8 Novembre 1903.

sances donnassent dès maintenant leur consentement : 1° à
ce que toutes les affaires mixtes, civiles ou criminelles, où
le défendeur ou l'accusé est un ressortissant chinois, fussent examinées par les cours chinoises sans la présence
ou l'intervention dans la procédure et le jugement
d'agents ou représentants consulaires ; 2° à ce que les
mandats et jugements dûment rendus par les cours chinoises fussent exécutoires dans les concessions et dans
l'enceinte de tout bâtiment appartenant à un étranger,
sans examen préalable par une autorité consulaire ou
judiciaire étrangère.

Mais suffira-t-il que la juridiction consulaire des
puissances étrangères soit abolie pour que la Chine
devienne un Etat pleinement souverain et indépendant ?
Un pareil résultat ne sera atteint que si disparaissent en
même temps un certain nombre d'entraves de caractère
international mises par ces puissances à son libre développement. Or, c'est surtout de la politique que la Chine
suivra désormais que dépendra le maintien ou la suppression de ces entraves. La résistance que la Chine opposa
longtemps à l'entrée des étrangers sur son territoire fut le
motif qui amena les Etats européens, à partir de 1842, à
lui imposer, avec l'ouverture de certains de ses ports, la
concession dans ceux-ci à leurs nationaux de terrains
où ils s'administreraient eux-mêmes et seraient soustraits
à l'application des lois locales ; c'est aussi cette résistance
qui les décida, en 1860, à ouvrir des bureaux de poste
particuliers dans les principaux ports à traité. Le mouvement xénophobe d'une extrême violence qui, sous le
nom de révolte des Boxers, éclata en Chine en 1900,
mettant en péril la propriété et la vie des étrangers et
s'attaquant aux légations elles-mêmes, rendit, d'autre
part, nécessaire, pour la défense des légations et le maintien des communications, la présence permanente sur le
sol de la Chine d'une certaine quantité de troupes de

police de nationalité étrangère. Qu'à l'avenir la Chine ouvre sans limites son territoire au commerce international et qu'elle édicte des mesures efficaces pour la protection des étrangers, et on peut penser que les puissances occidentales renonceront promptement, d'elles-mêmes, à leurs anciennes emprises. Elles l'ont fait pour le Japon. Pourquoi agiraient-elles différemment vis-à-vis de la Chine ?

C'est, au reste, dans cette voie de réformes que la Chine depuis quelques années, semble vouloir s'engager. Peu à peu, et progressivement, elle a, non seulement par traités, mais spontanément, ouvert au commerce étranger de nombreuses localités, même à l'intérieur du pays, et, par les améliorations qu'elle a introduites dans l'organisation de sa police et de ses forces militaires, elle a marqué pour la vie et les biens des étrangers un respect qui doit leur enlever toute cause d'inquiétude.

Cette politique d'encouragement aux relations avec l'étranger s'est affirmée à d'autres points de vue encore. La Chine s'est mise à la hauteur des États les plus policés dans le domaine du droit international aussi bien que dans celui de la législation interne. Elle a adhéré le 29 juin 1904 à la Convention de Genève du 22 août 1864 sur le sort des militaires blessés et malades et signé celle du 6 juillet 1906, et en 1914 elle est devenue partie contractante de la convention postale universelle de Rome du 26 mai 1906. Elle n'a pas hésité, en 1899 et en 1907, à participer aux deux Conférences de la paix de La Haye, se faisant représenter à celles-ci par un de ses meilleurs diplomates, M. l'ambassadeur Lou Tseng Tsiang, son actuel Ministre des Affaires étrangères, et elle a donné sa ratification et son adhésion à leurs résolutions respectivement en 1904 et 1907, et en 1909, 1910 et 1917.

Le droit international a, d'ailleurs, été en ces derniers temps spécialement en honneur dans l'ancien Empire du Milieu. À l'école des langues étrangères, créée en 1888 comme annexe du Conseil des affaires étrangères, ce droit fait aujourd'hui l'objet d'un enseignement approfondi, et sous la direction de cette Ecole ont été traduits les principaux ouvrages de droit des gens, notamment ceux de Wheaton, de Martens, de Bluntschli. A l'Université de Pékin, plus de deux cents étudiants suivent les cours du très distingué professeur de droit international M. Wang Kingky, et dans les Collèges de droit, les Ecoles militaires, les Ecoles supérieures de commerce et d'industrie, dans la capitale et dans les provinces, des milliers de jeunes gens se livrent à ces études.

La grande guerre de 1914-1919 a fourni à la Chine une occasion nouvelle de montrer au monde ses sentiments à l'égard du droit des gens. Pendant la durée de cette guerre elle se trouva successivement dans trois situations différentes. Du 2 août 1914 au 14 mars 1917, elle demeura neutre. Du 14 mars au 14 août 1917, elle fut vis-a-vis de l'Allemagne en état de rupture des relations diplomatiques. Enfin, le 14 août 1917, soucieuse de défendre la liberté et la justice, elle entra dans la guerre, aux côtés des puissances de l'Entente, contre l'Allemagne et l'Autriche-Hongrie. Dans chacune de ces situations, elle s'efforça toujours de respecter les règles du droit international, et elle y parvint généralement. Des questions nouvelles, parfois très délicates, se posèrent cependant en grand nombre à sa décision ; telles furent celles des effets d'une rupture des relations diplomatiques sans déclaration de guerre, celle du droit d'exterritorialité des ressortissants d'un pays ennemi, celle du sort des concessions allemandes et autrichiennes. La déclaration de neutralité que la Chine rendit le 6 août 1914 fut un modèle : elle constitue l'une des plus complètes et des plus correctes qu'un Etat neutre ait jamais édictées.

Un Japonais, M. Nagao Ariga, dans un livre fort intéressant qu'il a consacré au rôle joué par la Chine dans la guerre mondiale, a hautement constaté l'absolue régularité de sa conduite. Et son témoignage n'est pas négligeable Car, ancien conseiller légal des armées japonaises et professeur de droit international aux Écoles supérieures de guerre et de marine de Tokio, il connait mieux que personne les règles que la science réclame et celles que la pratique impose, et actuellement conseiller juridique auprès de la Présidence des la République Chinoise, il a eu connaissance des moindres événements. Son ouvrage, particulièrement précieux par les documents, souvent inédits, qu'il renferme, montre de la façon la plus nette que la Chine persévère dans la voie de la civilisation où elle est entrée depuis plusieurs années déjà.

La modernisation de la Chine est donc en marche. Et il est maintenant permis de prévoir le jour où elle sera pleinement réalisée. Ce jour là, un fait d'une grande importance aura été accompli. La Chine, en effet, est appelée à jouer dans le monde un rôle considérable, si elle peut mettre un terme aux divisions intérieures que fomentent ou entretiennent perfidement des influences étrangères et dissiper les quelques nuages qui l'empêchent de contracter une étroite union avec l'Empire du Japon. Elle est la sentinelle qui doit garder, non seulement l'Asie, mais l'Europe, contre les graves périls qu'une attaque renouvelée de celle de 1914 pourrait leur faire courir.

Fontenay-aux-Roses, 3 novembre 1919.

Paul FAUCHILLE

*Directeur de la Revue générale de droit
international public,
membre de l'Institut de droit international,
membre correspondant de l'Institut américain
de droit international,
associé de l'Académie royale de Belgique.*

AVANT-PROPOS DE L'AUTEUR

Maintenant qu'une Société des Nations a été organisée par le traité de paix de Versailles du 28 juin 1919, il est d'une importance capitale pour la Chine — et aussi pour le monde entier — qu'elle constitue un État libéré de toutes restrictions internationales. Il ne faut plus que désormais ce soit l'étranger qui l'oblige à agir d'après les principes du droit international ; il faut que la Chine ait elle-même la volonté de procéder selon ces principes. La grande guerre de 1914-1919 lui a fourni une excellente occasion de montrer qu'elle est en état de le faire : d'abord comme État neutre, ensuite comme État en rupture des relations diplomatiques avec l'Allemagne, enfin comme l'un des pays en guerre avec les Empires de l'Europe Centrale. La République chinoise a prouvé en fait qu'elle était capable et résolue de se conformer aux règles du droit des gens. Le principal objet du présent livre est de faire connaître ce qui a été fait par la Chine aux différentes époques de la guerre mondiale.

Chargé depuis sept ans et demi des fonctions de Conseiller judiciaire auprès de la Présidence de la République Chinoise, l'auteur a pu se rendre un compte exact de la situation intérieure de la Chine. Dans tous les exposés qu'il a faits des questions internationales, il s'est toujours appliqué à mettre en lumière les motifs réels qui ont déterminé la Chine afin que fût mieux connue la situation actuelle de celle-ci au point de vue du droit des gens.

Les matériaux qui ont servi pour la composition de la *Première Partie* de cet ouvrage, et qui sont relatifs à la neutralité chinoise, sont entièrement inédits ; l'auteur espère qu'on les jugera de quelque valeur pour la science du droit international.

Ceux utilisés dans la *Deuxième* et la *Troisième Parties* ont été publiés en anglais dans un *Livre Blanc* que le Gouvernement chinois a fait paraître en 1919 sur le modèle des *Livres Bleus* anglais. Ce *Livre Blanc* est un recueil de Documents diplomatiques sur la Guerre Européenne : il contient 191 pièces classées dans leur ordre chronologique, mais sans explications et sans commentaire. Dans le présent livre, ces pièces, dont les principales ont été reproduites, ont été accompagnées d'appréciations au point de vue du droit international.

Indépendamment de ces sources, l'auteur a encore été autorisé par le Gouvernement de Pékin à consulter les documents conservés au Cabinet et aux archives du Bureau des Affaires de la Neutralité. Ces documents ont été soigneusement analysés et utilisés.

Pour les questions intéressant le Japon en même temps que la Chine, l'auteur a parfois mis en œuvre des matériaux fournis par ses amis japonais.

Nous espérons que ce livre, si modeste qu'il soit, contribuera à faire connaître au monde la situation juridique de la Chine dans ses relations internationales.

Dr. Nagao Ariga.

PREMIÈRE PARTIE

LA NEUTRALITÉ DE LA CHINE

CHAPITRE I

LA SITUATION DIFFICILE DE LA CHINE COMME ÉTAT NEUTRE

1. — Notice historique

Le 27 juillet 1914, le Ministre d'Autriche-Hongrie à Pékin adressait au Gouvernement chinois une note annonçant que, la limite de quarante huit heures étant passée sans que la Serbie eût répondu d'une manière satisfaisante à l'ultimatum autrichien du 23 juillet 1914 au sujet des tentatives de cette puissance de provoquer l'agitation dans les frontières austro-hongroises, le Gouvernement d'Autriche-Hongrie donnait des instructions à son Ministre à Begrade pour notifier au Gouvernement serbe la rupture des relations diplomatiques avec la Serbie et quitter Belgrade.

Quelques jours après, le 3 août, le Chargé d'Affaires de Russie à Pékin notifiait au Ministre des Affaires Etrangères de Chine que suivant un télégramme de son Gouvernement, la Russie se trouvait actuellement en guerre avec l'Allemagne, et, de son côté, à la même date, le Chargé d'Affaires d'Allemagne à Pékin faisait connaître au gouvernement chinois que l'Allemagne était, depuis le 1er août, en état d'hostilités avec la Russie.

Le lendemain, 4 août, le représentant de l'Allemagne, Baron von Maltz a, prévenait encore le Gouvernement chinois que, la France ayant à plusieurs reprises attaqué les territoires allemands, l'Allemagne lui avait déclaré la guerre ; le Gouvernement français avait, le même jour, notifié à tous les représentants des Puissances à Paris qu'à partir du 3 août, la France était dans un état d'hostilités avec l'Allemagne.

Mais d'autres Etats devaient bientôt prendre part à ces conflits. Dès le début de sa guerre contre la France, l'Allemagne avait violé la neutralité de la Belgique : l'Angleterre, comme puissance garante de cette neutralité, déclara la guerre à l'Allemagne le 4 août à 11 heures du soir. Et, l'Autriche-Hongrie ayant donné son concours militaire à l'Allemagne, le Gouvernement français notifia le 13 août au Ministre de Chine à Paris que les relations diplomatiques étaient rompues, à partir du 10, entre la France et l'Autriche-Hongrie : cette rupture se transforma en une déclaration de guerre à compter du 12 à minuit, lorsque le Gouvernement français eut appris que l'Empire austro-hongrois continuait à donner à l'Allemagne l'assistance de ses forces militaires.

C'est ainsi que commença la grande guerre européenne. La Chine se trouva alors brusquement appelée à tenir sa position d'Etat neutre. Le Gouvernement républicain qu'elle venait de se donner était à peine constitué. Seule, la loi sur l'élection présidentielle avait été votée, et le parlement se trouvait dissous avant même que la constitution eut été établie. Heureusement pour la Chine, Yuan-Shi-Kai, secondé par son très distingué ministre des affaires étrangères, M. Lou-Tseng-Tsiang, fut élu Président de la République. C'était un homme ferme et versé dans les affaires extérieures. Il organisa aussitôt le gouvernement provisoire en s'inspirant du système américain, et il prit lui-même la direction des affaires étrangères. Grâce à lui, la Chine parvint à sortir de la situation difficile où elle se trouvait à l'ouverture des hostilités.

2. — Création des organes spéciaux pour les affaires concernant la neutralité

En Chine, il est d'usage de créer des organes spéciaux appelés comité ou bureau, lorsque surgissent des affaires importantes qui demandent beaucoup d'études et de discussions. Le 5 août 1914, un Bureau spécial fut institué à la présidence de la République, pour s'occuper des affaires de la neutralié, bien que celles-ci rentrassent dans la compétence du Ministre des Affaires Etrangères. Ce Bureau était composé de fonctionnaires détachés des Ministères des Communications, de la Guerre, de la Marine et de l'Intérieur. Les membres de la haute Direction des Affaires Militaires en faisaient également partie. Le Président Yuan y détacha encore trois conseillers du Cabinet, dont l'un était le Dr. Wu Tchao-tchu (1). La Présidence demanda toujours les conseils de ce Bureau pour les questions importantes. S'agissait-il d'une affaire civile, c'est le Ministère des Affaires Etrangères qui devait la mettre en pratique ; s'agissait-il d'une affaire militaire, c'est la Haute Direction des Affaires Militaires qui, au nom du Président, était appelée à donner l'ordre d'exécution.

Un bureau du même genre fut organisé à Tientsin, dans le « Yamen » du Gouverneur civil de la Province métropole.

A Shanghai aussi, où les affaires concernant la neutralité étaient nombreuses à cause des étrangers de toutes les nationalités qui s'y trouvaient et de l'activité des marines marchandes et militaires de tous les pays, qui s'y manifestait, un Comité des Affaires de la neutralité fut établi le 27 août.

---

(1) Le Dr. Wu Tchao-tchu, fils du célèbre Dr Wu Ting-fang, a fait ses études de droit en Angleterre et aux Etats-Unis. Très au courant des affaires diplomatiques, il a été l'un des délégués chinois envoyés à la Conférence de la Paix de Paris en 1919.

Le même jour on créa également un bureau de cette nature à Hé-Loung-Kiang (Province de l'Amour), là ou la frontière chinoise est contiguë à celle de la Russie et où le chemin de fer Chinois de l'Est se relie au Transsibérien.

La situation importante de Nankin sur le Yangtse amena encore à y établir, le 28 août, un Bureau de la Neutralité.

Les Bureaux de la Neutralité étaient, dans les provinces, composés du Commissaires des Affaires Étrangères (1) et des délégués des gouverneurs civil et militaire. Leur pouvoir était limité. Pour les questions importantes, ils devaient demander des instructions au Bureau central de la métropole.

3. — Proclamation de la neutralité chinoise

Le 6 Août 1914 un Ordre du Président de la République fut publié sur l'observation de la neutralité de la Chine pendant la guerre européenne. Cet ordre était ainsi conçu (nous en empruntons la traduction à la *Peking Gazette* du 7 août 1914) :

Attendu que nous nous trouvons heureusement en paix avec tous Souverains, Puissances et Etats.

Attendu qu'un état de guerre existe malheureusement entre l'Autriche-Hongrie et la Serbie, qui a mis en conflit plusieurs autres Puissances européennes,

Attendu que par la foi de traités d'amitié et de commerce nous sommes en termes d'amitié et de relations amicales avec chacune de ces Puissances,

Attendu que ledit funeste état de guerre affectera sérieusement le commerce de l'Extrême-Orient,

(1) Ce Commissaire est un fonctionnaire du Ministère des Affaires Étrangères détaché dans les provinces où il y a des ports ouverts, pour régler les questions internationales qui réclament une solution locale et immédiate.

Attendu qu'un grand nombre de nos citoyens résident, font le commerce, ont des propriétés ou des établissements **et** jouissent d'une protection ainsi que de divers droits et privilèges dans les possessions de chacune des susdites Puissances,

Et attendu que, désireux de maintenir la paix en Extrême-Orient et de conserver à nos citoyens les bienfaits de la paix, dont nous jouissons heureusement maintenant, nous avons la ferme intention et détermination d'observer une stricte et impartiale neutralité pendant la guerre existant entre les susdites Puissances,

Nous, Président, décidons de prescrire des règles sur la stricte observation de la neutralité pour tous nos citoyens, conformément aux lois et statuts existants ainsi qu'au droit international.

Les feld-maréchaux et les gouverneurs généraux de toutes les provinces reçoivent par le présent ordre d'avertir leurs subordonnés de suivre avec diligence et fidélité les préceptes posés par le droit international et de maintenir l'amitié avec toutes les Puissances avec lesquelles nous sommes heureusement en paix.

Fait à Pékin, le 6 août, troisième année, de la République.

Sceau du Président de la République.

Contresigné : Sun-Sun-Chang.

Secrétaire d'Etat.

Un autre Ordre présidentiel fut adressé le même jour aux autorités civiles et militaires dans les termes suivants :

Attendu que l'Allemagne et l'Autriche-Hongrie se trouvent actuellement en état de guerre avec la Serbie, la Russie, la France, l'Angleterre et la Belgique ;

Attendu que lesdites Puissances sont des pays amis de la Chine et que nous avons en conséquence déjà publié un Ordre pour l'observation d'une stricte neutralité de manière que les relations amicales demeurent maintenues avec chacune desdites Puissances,

Attendu que tous les citoyens de la République sont désireux de vivre en paix ;

Nous, Président, ordonnons aux autorités civiles et militaires de toutes les provinces et des frontières de prendre les précautions nécessaires suivant les préceptes de la neutralité. Dans les ports ouverts au commerce, les propriétés des ressortissants des pays étrangers, ainsi que les églises, seront soigneusement protégées. S'il y a des malfaiteurs qui font circuler de fausses nouvelles et causent des troubles, ils seront immédiatement arrêtés et sévèrement punis.

Nous ordonnons également au Ministre de l'Intérieur que, conjointement avec le Commandant de la Garde municipale et le Préfet de Pékin, il fasse faire des recherches pour que les malfaiteurs n'osent pas faire leur apparition dans la capitale,

Que les légations des Puissances étrangères à Pékin soient particulièrement protégées,

Que les Autorités responsables, tant dans la capitale que dans les provinces, reçoivent par le présent ordre d'informer les civils et les militaires, par le moyen d'affiches, des règles de la neutralité,

Q'un avis au public soit donné défendant tout acte qui pourrait produire des désordres afin que les citoyens chinois aussi bien que les étrangers puissent vivre en paix et exercer leur profession habituelle.

Fait à Pékin, le 6 août, troisième année, de la République.

Sceau du Président de la République.

Contresigné : SHU-SHI-CHANG.

Secrétaire d'État.

4. — Règlement sur la neutralité et difficultés pour sa mise en pratique

En même temps que les Ordres présidentiels qui viennent d'être indiqués, un règlement sur la neutralité en vingt-quatre articles fut publié sous le nom de « Règles de neutralité ». En voici le texte :

Art. 1. — Les belligérants ne sont pas autorisés à occuper une partie quelconque du territoire ou des eaux territoriales de la Chine ; ils ne peuvent y commettre un acte de guerre et s'en servir comme d'une base d'opérations contre leurs adversaires.

Art. 2. — Des troupes d'un des belligérants, ainsi que leurs munitions de guerre ou leurs approvisionnements, ne sont pas admis à traverser le territoire ou les eaux territoriales de la Chine.

En cas de violation de cette prescription, les troupes devront être livrées aux autorités chinoises pour être désarmées et internées, et les munitions de guerre et approvisionnements devront être retenus en garde jusqu'à la fin de la guerre.

Art. 3. — Si des vaisseaux de guerre ou des navires auxiliaires belligérants sont trouvés dans un port en dedans des eaux territoriales de la Chine où ils ne sont pas en droit de rester, la Chine peut leur ordonner de désarmer et en détenir les officiers et l'équipage jusqu'à la fin de la guerre.

Art. 4. — Les troupes internées et les officiers et équipages détenus conformément aux articles 2 et 3 respectivement seront, s'il est nécessaire, fournis de vivres et de vêtements jusqu'à la fin de la guerre. Les dépenses en résultant seront supportées par les belligérants respectifs.

Art. 5. — Les vaisseaux de guerre ou les navires auxiliaires belligérants, que les autorités locales ont autorisé à demeurer dans les eaux territoriales de la Chine, peuvent y rester pendant une période de temps qui n'excédera pas 24 heures. S'ils sont incapables de gagner la mer pendant cette période de temps soit à cause du mauvais temps, soit parce qu'ils n'ont pu achever la réparation de leurs avaries, soit parce qu'ils n'ont pas à bord une quantité suffisante de vivres, de provisions et de combustibles qui leur permettra d'atteindre le port le plus voisin de leur propre pays, ils devront s'en remettre aux commandants de la marine chinoise ou aux autorités locales qui examineront si une prolongation de délai doit être accordée. Ils devront partir aussitôt que les circonstances ayant motivé l'octroi du délai auront pris fin.

Art. 6. — Sauf les cas de mauvais temps ou de réparation d'avaries, le nombre de vaisseaux de guerre ou de navires auxiliaires appartenant à un belligérant qui peuvent en même temps demeurer dans un des ports ou des rades de la Chine ne devra pas être supérieur à trois.

Art. 7. — Quand des vaisseaux de guerre ou des navires auxiliaires appartenant à plusieurs belligérants se trouvent en même temps dans un des ports de la Chine, le vaisseau ou le navire arrivé le dernier ne pourra pas quitter le port avant 24 heures écoulées depuis le départ de celui qui y est arrivé le premier et avant d'avoir reçu un ordre d'un commandant de la marine chinoise ou des autorités locales.

Art. 8. — Il est interdit aux vaisseaux de guerre et aux navires auxiliaires belligérants de se ravitailler dans les eaux territoriales de la Chine dans une mesure supérieure à celle du temps de paix ou d'augmenter leurs forces de combat.

Art. 9. — Les vaisseaux de guerre et les navires auxiliaires belligérants ne peuvent pas faire de captures dans les eaux territoriales de la Chine et, à moins d'une absolue nécessité par suite de mauvais temps, de réparations d'avaries ou de recherche d'approvisionnements, ils ne peuvent pas conduire des prises dans un des ports de la Chine. Ils doivent partir aussitôt qu'ont pris fin les circonstances qui ont motivé leur entrée. Pendant leur séjour, il leur est défendu d'autoriser les prisonniers de guerre à aller à terre ou de vendre la prise et son contenu. Si des vaisseaux de guerre ou des navires auxiliaires belligérants ne se conforment pas aux dispositions ci-dessus, la Chine peut relaxer la prise et mettre en liberté les prisonniers de guerre, interner l'équipage de prise et confisquer le vaisseau ou le navire avec les marchandises.

Les prisonniers de guerre amenés sur le territoire de la Chine par des troupes belligérantes, comme ceux qui se sont sauvés en Chine, doivent être immédiatement mis en liberté. Les troupes qui ont amené des prisonniers de guerre sur le territoire chinois doivent être internées.

Art. 10. — Les articles 3, 5, 6 et 8 ne sont pas applica-

bles aux vaisseaux de guerre belligérants affectés exclusive-
ment à des buts scientifiques, religieux ou philanthropiques.

Art. 11. — Il n'est pas permis aux belligérants, dans les
limites du territoire et des eaux territoriales de la Chine, de
former des corps de combattants, d'équiper des navires de
combat, d'ouvrir des agences de recrutement, d'installer un
tribunal de prises ou d'établir un blocus d'un port.

Art. 12. — Les gardes attachées aux légations des différentes Puissances à Pékin et les troupes de ces Puissances
stationnées le long de la route entre Pékin et Shanhaikuan
restent soumises au protocole de paix du 25e jour du 7e mois
de la 27e année de Kouang-Siu, c'est-à-dire du 7 septembre
1901. Elles ne sont pas autorisées à s'immiscer dans la présente guerre.

Les troupes étrangères stationnées dans d'autres parties de
la Chine doivent agir de même.

Ceux qui ne se conformeront pas aux dispositions précédentes pourront être internés et désarmés par la Chine jusqu'à la fin de la guerre.

Art. 13. — Il n'est pas permis aux belligérants de dé-
pouiller les Chinois qui résident dans leurs possessions de
leur argent ou de leur propriété ou de les forcer à s'enrôler
dans leur service militaires. S'il est nécessaire, la Chine pourra envoyer des navires de guerre pour assurer la protection
de ces Chinois ou pour les emmener hors du pays.

Art. 14. — Le fait que la Chine use de divers moyens
pour résister à une tentative d'un belligérant de violer ces
préceptes de neutralité ne peut pas être considéré comme constituant un acte hostile.

Art. 15. — Les citoyens chinois, dans le territoire et les
eaux territoriales de la Chine, ne sont pas autorisés à s'enrôler dans le service militaire d'une puissance belligérante ou
comme membres de l'équipage d'un de ses vaisseaux de guerre
ou de ses navires auxiliaires. Il ne leur est pas permis de participer à la guerre.

Art. 16. — Dans le territoire et les eaux territoriales de
la Chine, aucune personne n'est autorisée à armer et équiper

pour un belligérant ou à fournir des navires, des munitions et des approvisionnements militaires, comme des balles et des cartouches, de la poudre à canon, du salpêtre, des armes, etc., dans le but d'accomplir des actes de guerre ou de faire des captures. Il n'est pas permis de pourvoir de fonds un des belligérants.

Art. 17. — Dans le territoire et les eaux territoriales de la Chine, il n'est permis à aucune personne de faire œuvre d'espionnage pour un des belligérants ou de préparer des dépêches concernant les opérations de guerre à son profit.

Art. 18. — Il n'est permis à aucune personne, dans le territoire ou les eaux territoriales de la Chine, sans l'autorisation du Commandant de l'armée ou de la flotte ou des autorités locales, de vendre du charbon, du combustible ou des vivres aux troupes ou à un vaisseau de guerre ou navire auxiliaire des belligérants.

Art. 19. — Aucune personne ne peut, dans le territoire et les eaux territoriales de la Chine, sans la permission des autorités locales, réparer, charger ou décharger une prise au profit d'un belligérant, ni vendre, échanger, accepter en donation ou prendre en garde cette prise et toutes choses ayant fait l'objet d'une prise.

Art. 20. — Les navires chinois et toutes personnes se trouvant à leur bord doivent observer les règlements en vigueur dans tout port effectivement bloqué par un des belligérants, et ils ne doivent ni charger de la contrebande de guerre, ni transmettre des dépêches militaires, ni transporter des marchandises pour un des belligérants, ni commettre quelque autre acte en violation des lois de la guerre.

Art. 21. — Toute personne qui dans le territoire ou les eaux territoriales de la Chine a violé ces préceptes de neutralité sera, si elle est de nationalité chinoise, punie conformément aux lois et ordonnances ; les marchandises seront confisquées. Si elle est de nationalité étrangère, on agira vis-à-vis d'elle conformément aux traités et au droit des nations.

Art. 22. — Les citoyens chinois qui violent les lois de la guerre et sont capturés par un belligérant seront déférés aux tribunaux de celui-ci conformément au droit international. Si la capture par le belligérant est illégale, ils seront indemnisés de tous torts et dommages.

Art. 23. — Il n'est pas permis aux belligérants de retenir les armes ou la contrebande de guerre transportées par des navires chinois entre des ports chinois ou à destination ou en provenance de quelque pays neutre. Les marchandises de commerce ordinaire transportées par des navires chinois et appartenant à un belligérant, aussi bien que toutes marchandises appartenant à la Chine et transportées dans un navire belligérant, sont autorisées à aller et venir sans empêchement et protestation.

Tous les belligérants doivent reconnaître les passeports et certificats délivrés par la Chine et leur donner effet.

Art. 24. — Les cas non prévus dans les présents articles seront résolus par la Chine conformément à la convention concernant les droits et les devoirs des puissances et des personnes neutres en cas de guerre sur terre et à la convention concernant les droits et les devoirs des Puissances neutres en cas de guerre maritime, conclues entre la Chine et les autres Puissances à La Haye en 1907.

La mise à exécution de ce règlement devait rencontrer de grandes difficultés à cause de l'exterritorialité dont les étrangers jouissent en Chine. Ainsi, alors que, d'après son article 21, un sujet chinois qui a violé les règles de la neutralité dans le territoire ou dans les eaux territoriales de la Chine doit être puni conformément aux lois et ordonnances, le sujet d'un pays à traités, qui les méconnaît, ne pourra être puni par la Chine : celle-ci devra agir vis-à-vis de lui en appliquant les dispositions des traités. Si quelqu'un des nombreux ressortissants des pays belligérants qui résident ou voyagent dans les diverses parties du territoire chinois vient à se rendre coupable d'un acte compromettant la neutralité de la Chine, tout ce que cette puissance aura le droit de faire, ce sera de constater le fait et de demander la punition de son auteur au Con-

sul du pays auquel il appartient. Mais le Consul du pays
belligérant voudra-t-il punir celui-ci ? Un acte commis
au détriment d'un pays neutre peut être favorable aux
intérêts de son propre État. Le Consul ne l'envisagera-t-il
pas dès lors comme un acte de patriotisme, digne des
plus grands éloges. Il peut, d'ailleurs, se faire que la
loi pénale du pays étranger ne considère pas un tel acte
comme criminel. Des violateurs des règles de neutralité,
s'ils sont des ressortissants d'un pays à traités, auront
donc la possibilité de demeurer impunis. Telle est l'une
des difficultés que la Chine eut à surmonter dans la mise
à exécution du règlement sur la neutralité. Mais il y en
avait d'autres. Si, à raison des principes de la juridiction
consulaire, la Chine se trouve empêchée de défendre la
violation de sa neutralité, il est à craindre que le belligérant, lésé par cette violation, n'agisse lui-même pour
se garantir contre les conséquences funestes qui peuvent
en résulter pour lui, et dès lors ne se livre dans le propre
territoire de la Chine et malgré la neutralité de celle-ci
à des actes d'agression contre son adversaire. Et, de fait,
c'est ce qui eut lieu fréquemment lors de la grande guerre.
Innombrables furent pendant cette guerre les cas où la
Chine fut exposée aux récriminations des puissances de
l'Entente par les actes de violation de sa neutralité commis au Shantoung par les Allemands.

5. — Le bail de Kiaotcheou et la situation impossible de la Chine comme État neutre.

La population chinoise ne croyait pas, aux premiers
jours de la guerre, que la conflagration qui venait de
naître en Europe pourrait s'étendre jusqu'en Extrême-
Orient. Tout au plus, envisageait-elle les conséquences
qu'elle serait susceptible de produire sur le commerce
et les finances de la République Chinoise. Comment, en

effet, supposer que le feu atteindrait un port de la Chine, tout près de sa capitale.

C'est le 15 août 1914, à 7 heures du soir, que le Gouvernement japonais télégraphia à son Chargé d'Affaires à Berlin de remettre un ultimatum au Gouvernement allemand. Et une notification semblable fut faite par le Cabinet du Japon à l'Ambassadeur d'Allemagne à Tokio. Cette notification était ainsi conçue :

Le Gouvernement japonais, en vue de conserver et garantir la paix perpétuelle en Extrême-Orient qui constitue l'objet de l'alliance anglo-japonaise, considère que, dans les circonstances actuelles, une question vitale pour lui est d'éliminer la cause de perturbation de la paix de l'Asie-Orientale et de prendre des mesures pour la défense de ses intérêts généraux. Il est sincèrement persuadé que le Gouvernement de l'Empire allemand effectuera les deux propositions suivanutes :

1° Que les bâtiments de guerre allemands se retirent des eaux du Japon et de la Chine. Ceux qui ne sont pas en état de pouvoir se retirer seront désarmés tout de suite.

2° Que le Gouvernement allemand remette aux autorités japonaises avant le 15 septembre 1914, sans compensation et conditions, la totalité du bail de Kiaotcheou en vue de le restituer ultérieurement à la Chine.

Le Gouvernement Impérial japonais déclare que, dans le cas où il ne recevrait pas du Gouvernement Impérial allemand une réponse affirmative sans conditions le 23 août 1914 avant midi, il prendra les mesures qui lui paraîtront nécessaires.

Cet ultimatum avait été remis au Gouvernement allemand le 16 Août, dans la matinée. Ce fut seulement le 23 Août que ce gouvernement y donna une réponse. Et enore celle-ci n'en était pas une. Ce jour là, avant midi, le Gouvernement de Berlin fit, en effet, communiquer verbalement ce qui suit au Chargé d'Affaires du Japon à Berlin :

Le Gouvernement allemand ne répondra pas à la demande

du Japon. Il rappellera son ambassadeur à Tokio et donnera des passeports au Chargé d'Affaires du Japon à Berlin.

Les gouverneurs civil et militaire du Shantoung, ayant appris dès le 10 Août 1914 que le Japon se préparait à envoyer un ultimatum à l'Allemagne, avaient adressé le télégramme suivant à la Haute Direction des Affaires Militaires :

Nous avons appris que le Japon se propose d'envoyer un ultimatum à l'Allemagne. Au cas où des hostilités se produiraient derrière Tsingtao, la zone neutre serait violée par le passage des troupes belligérantes et le transport des articles prohibés. Nous avons, conformément à votre ordre, détaché un régiment à Weichien. Mais, comme Weichien et Jetchao sont assez loin de Tsingtao, nous n'avons pas besoin encore de nous occuper de ces deux villes. Si les troupes belligérantes veulent violer le règlement de la neutralité, elles pourraient facilement débarquer tout le long des côtes, à n'importe quel point, car nos forces ne sont pas suffisantes pour défendre le littoral ; la neutralité de la Chine sera alors violée. Si nous essayons de prévenir par la force les infractions à la neutralité, il est à craindre que la lutte ne s'engage tout de suite des deux côtés. Vu l'importance de la question, nous attendons vos instructions avant d'agir. Comment faut-il envisager en temps de guerre la zone de 50 km. autour de la Baie de Kiaotcheou ? Ce point n'est pas déterminé par le traité. Veuillez nous indiquer la limite du théâtre de la guerre.

CHING YUN PANG
TCHAI JU KAI

Le 23 Août, à 6 heures du soir, le Japon déclarait la guerre à l'Allemagne.

CHAPITRE II

KIAOTCHEOU ET LA DÉLIMITATION DU THÉATRE DE LA GUERRE

---

1. — Kiaotcheou au commencement de la guerre.

Kiaotcheou était la seule place fortifiée que l'Allemagne possédât en Asie. Mais, quand la guerre éclata, cette place n'était pas suffisamment organisée pour la défense. L'Allemagne n'avait cependant pas attendu pour préparer cette défense que l'Angleterre lui eût déclaré la guerre et que le Japon eût saisi l'occasion de la déloger de son point d'appui en Chine. Dès les premiers jours de la guerre, il y avait en effet à Kiaotcheou une armée allemande de terre et de mer de 6.000 hommes comprenant 3 ou 4 mille volontaires, sous le haut commandement du colonel Mayer Walde . Et la garnison faisait tout son possible pour mettre les forts en état de résister à une attaque des troupes anglo-japonaises. Afin de se procurer les approvisionnements nécessaires, les Allemands de Tsingtao capturaient dans les eaux chinoises les navires-marchands neutres et, malgré la neutralité de la Chine, transportaient du matériel de guerre au travers des territoires en arrière de Tsingtao.

**2. — Activité de la marine militaire allemande
de Kiaotcheou**

La marine militaire allemande n'était pas non plus demeurée inactive.

Au mois d'août 1914, l'Allemagne possédait en Chine trois vaisseaux de guerre : l'*Emden*, le *Schernhorst* et le *Gneisenau*, neuf torpilleurs, deux croiseurs, le *Titan* et le *Jasan*, et huit navires de commerce. Il y avait encore trois vaisseaux de guerre autrichiens : le *Kaiserin Elisabeth*, l'*Eltis* et le *Jagiar*. Les Allemands de Tsingtao, enfin, avaient armé et équipé trois bâtiments comme navires auxiliaires : 1° le *Prinz Eitel Friedrich*, navire de commerce de 8,798 tonnes, d'une vitesse de 15 nœuds et qui appartenait à la Compagnie « Norddeutscher Lloyd » : les autorités allemandes de Tsingtao le réquisitionnèrent et l'armèrent de 12 canons ; 2° le *Senegambia*, navire de commerce de 3.780 tonnes, ayant une vitesse de 11 nœuds : les autorités allemandes le réquisitionnèrent à la « Hamburg America Linie » ; son armement est demeuré inconnu ; 3° le *Riasan*, navire de commerce de 1.962 tonnes, filant 14 nœuds et appartenant à la Compagnie russe de la « Flotte volontaire » : il avait été capturé par les Allemands et reçut le nom de *Cormolan*.

Ces bâtiments entrèrent en chasse parfois même avant la déclaration de guerre.

Le 31 juillet 1914, un navire américain, le *Hannamel*, avec un chargement de 600 tonnes de bestiaux et d'approvisionnements, était parti de Tsingtao à destination de Vladivostock. Un vaisseau de guerre allemand le poursuivit et le captura dans le voisinage de Port-Hamilton, et il fut amené le 1ᵉʳ août à Tsingtao, malgré les protestations des Etats-Unis.

Le 4 août, un vapeur anglais, le *Hocheng*, qui naviguait entre Tientsin et Newchwang, fut saisi par un navire de guerre allemand à la sortie de ce dernier port. (Télégramme de Newchwang.)

Le même jour, un autre bâtiment anglais, le *Lienchow*, chargé de marchandises, fut retenu à l'entrée de Tsingtao par les autorités allemandes.

Enfin, le *Riasan*, dont nous avons déjà parlé, et qui

avait quitté Shangaï le 5 août pour Vladivostok, fut capturé par l'*Emden* aux environs de Port-Hamilton. Conduit à Tsingtao, il y fut armé de huit canons et mis au service allemand, pour croiser dans l'Océan Pacifique : il fut saisi par les autorités américaines de l'île de Guam.

Le Gouvernement japonais avait donc pleinement raison lorsqu'il affirmait, dans sa déclaration de guerre à l'Allemagne, que cette puissance avait, de jour et de nuit, préparé la guerre et que ses bâtiments militaires avaient fait de fréquentes apparitions dans les mers de l'Extrême-Orient, menaçant le commerce de l'Empire et de ses amis et mettant en danger la paix de l'Asie orientale.

3. — Les préparatifs de l'armée de terre derrière Tsingtao

La Chine n'avait évidemment aucun moyen de savoir ce qui se passait à l'intérieur de la forteresse de Tsingtao. Mais les agissements de l'armée allemande qui procédait à un transport intensif d'armes et de matériel, achetait en grande quantité des vivres et des approvisionnements, appelait les hommes au service militaire dans les régions à l'arrière de Tsingtao, en dépit de la neutralité chinoise, montrent clairement que les troupes de l'armée de terre se livraient à une préparation active pour la défense de la forteresse. A cet égard, des faits nombreux peuvent être indiqués.

Le 9 août, les Allemands firent envoyer quinze caisses de fusils par le chemin de fer de Pékin-Moukden. Comme cette ligne se relie avec le chemin de fer Tientsin-Pukow qui passe à Tsinan, chef-lieu du Shantoung et lieu de jonction de la ligne Tsinan-Tsingtao, il est bien certain qu'ils se proposaient d'expédier à Tsingtao les fusils appartenant à la garde de la Légation d'Allemagne à Pékin. Le transport de fusils étant contraire aux règles de la neutralité de la Chine, les caisses qui les contenaient furent retenues sur l'ordre du Ministre des Communications (1).

Le 19 août, le Commandant de Yuenchow, dans le Shantoung, télégraphiait qu'un Allemand de la Compagnie Ulifan, demeurant chez l'ingénieur Muller (2), de la gare de Yuenchow, était venu dans cette ville pour y faire l'achat de chevaux. Trois jours avant déjà, le 16 août, il avait acquis huit mulets dont deux avaient été expédiés. Cet Allemand, accompagné de ses interprètes, se rendit ensuite dans le même but à Tsinian. Les autorités locales furent priées d'interdire aux habitants tout commerce de ce genre (3).

Le 20 août, dans le quatrième train allant de Pukow à Tsinan, on découvrit à la gare de Suchow deux malles et soixante-huit caisses de cartouches que transportaient avec eux douze Allemands. Comme ceux-ci niaient qu'elles leur appartinssent, elles furent débarquées et gardées par les autorités militaires de la localité (4).

Tous ces faits pouvaient faire craindre au Gouvernement chinois que les ennemis de l'Allemagne ne s'emparassent du chemin de fer Tsinan-Kiaotcheou, sous prétexte que cette ligne étant administrée par les Allemands, le contrôle de la Chine y était difficile à exercer. Aussi, le 24 août, le Président de la République donna-t-il l'ordre aux Gouverneurs civil et militaire du Shantoung

(1) Télégramme du Commissaire des Affaires Étrangères à Tientsin au Ministre des Communications, en date du 11 Août 1914.

(2) Le chemin de fer Kiaotcheou-Tsinan était administré par les Allemands ; on employait des ingénieurs allemands dans les gares importantes.

(3) Télégramme de M. Tien Tsos Yu à la Haute Direction des Affaires militaires en date du 19 Août 1914.

(4) Rapport du chef de bureau du chemin de fer Tientsin-Pukow au Ministre des Communications en date du 21 Août.

d'interdire sévèrement tout transport de matériel de guerre par le chemin de fer Tsinan-Kiaotcheou (1).

1. — La bataille de Kiaotcheou

Pour bien comprendre les événements qui se déroulèrent en Extrême-Orient au commencement de la guerre européenne, il n'est pas sans utilité de donner un aperçu de la bataille qui se livra à Kiaotcheou. Voici la narration qu'en fit le Ministre de la Guerre japonais à la séance du 8 décembre 1914 de la Chambre des Députés de Tokio :

Le lendemain de l'expédition de l'ultimatum à Berlin, l'ordre de mobilisation fut donné à la 18e Division et à quelques bataillons de l'artillerie, du génie et de la communication qui formaient une brigade mixte. La 18e Division indépendante, ainsi que la désigne l'ordre de bataille, avait pour objectif la prise des forts de Tsingtao. Elle s'embarqua le 28 Août, sous la protection d'une flotte japonaise. Après avoir traversé la mer, elle débarqua du 2 au 14 Septembre, dans le voisinage de Loungkow, sur la côte septentrionale de la presqu'île de Shantoung. Loungkow fut occupé le 14 sans combat. Ensuite, divisée en plusieurs colonnes, l'armée d'invasoin se dirigea, par un fort orage, vers Tsingtao. Elle se concentra autour de l'ancienne ville de Tchimou, à 50 li ou 25 milles de Tsingtao.

Un détachement de l'armée japonaise débarqua en même temps aux environs de la Baie de Laochan, après avoir battu les forces ennemies qui stationnaient en cet endroit. Du 26 au 28 Septembre l'armée japonaise réduisit le premier et le second postes avancés allemands près de Moutchin et de Fouchan.

Le 23 Septembre, 1225 soldats anglais sous le commandement du général de brigade Barnadiston vinrent se joindre à l'armée japonaise pour l'aider à prendre Tsingtao.

(1) Télégramme de la Haute Direction des Affaires Militaires aux Gouverneurs civil et militaire du Shantoung en date du 24 Août 1914.

Le 28, après s'être emparée des derniers avant-postes allemands, l'armée anglo-japonaise, sous un feu incessant de l'ennemi et en dépit du mauvais temps, commença de préparer le siège et le bombardement de la forteresse de Tsingtao. Les travaux préparatoires furent achevés dans la dernière quinzaine du mois d'Octobre, au moment où arriva la 29e brigade d'infanterie de Shizuoka et de Hamamatzou pour renforcer la 18e Division indépendante.

Le 31 Octobre, jour anniversaire de la naissance de l'Empereur du Japon, l'assaut général fut donné à la forteresse de Tsingtao. L'infanterie et le génie japonais avancèrent graduellement malgré la canonnade violente et les sorties réitérées de l'ennemi. Et, le 6 Novembre, ils parvinrent à une distance de 100 à 150 mètres de l'ennemi. Le 7, à une heure et demie du matin, le fort central de Tsingtao fut enlevé. Plus au nord, un autre fort fut également occupé par l'armée japonaise. Et ensuite, successivement, tombèrent les forts Moltke, Bismarck et Iltis. A 7 heures et demie du matin, l'ennemi hissa le drapeau blanc sur l'Observatoire et sur les forts de la côte. Puis à 9 heures 20 minutes, le commandant en chef de Tsingtao envoya un parlementaire à l'armée anglo-japonaise. Les délégués des deux partis se réunirent dans le baraquement Moltke, et la capitulation y fut signée à 4 heures 50 de l'après-midi.

Au moment du bombardement général, l'armée japonaise fut aidée par la flotte combinée du Japon et de l'Angleterre. Des aéroplanes japonais prirent part aussi à l'assaut en lançant des explosifs. Un détachement japonais fut envoyé pour prendre possession du chemin de fer de Shangtoung ; et la tâche fut accomplie du 3 au 6 Octobre.

Le blocus du golfe de Kiaotcheou avait été déclaré le 27 août 1914 par l'amiral Kato, commandant la 2e escadre japonaise : il fut levé le 7 novembre suivant. Telle est l'histoire de la bataille de Kiaotcheou.

5. — La protestation allemande et la réfutation chinoise

Le Chargé d'Affaires d'Allemagne à Pékin, après la remise de l'ultimatum du Japon au Gouvernement allemand, ayant appris que le Japon entrerait immédiatement en action s'il ne recevait pas une réponse satisfaisante, crut utile d'envoyer au Ministre des Affaires Etrangères de Chine la note de protestation suivante :

Pékin, le 20 Août 1914.

Monsieur le Ministre,

Je sais de source sûre que le Japon, à lui seul ou de concert avec l'Angleterre, la Russie et la France, a l'intention de débarquer des troupes dans un port du Shantoung et d'attaquer Tsingtao ainsi que le territoire de Kiaotcheou cédé à bail à l'Allemagne. Il est de mon devoir d'adresser au Gouvernement chinois la protestation la plus formelle contre toute atteinte qui serait portée à la neutralité de la Chine et de lui demander d'interdire le passage des troupes étrangères à travers le territoire neutre de la Chine.

Je profite.... etc.

Signé : BARON VON MALTZAN.

Dans sa réponse, le Ministre des Affaires Etrangères de Chine fit remarquer que c'était l'armée de terre et de mer allemande qui avait violé tout d'abord la neutralité de la Chine. Cette note était ainsi conçue :

Pékin, le 23 Août 1914.

Monsieur le Chargé d'Affaires,

J'ai l'honneur d'accuser réception de la note que vous avez bien voulu m'envoyer à la date du 20 courant, et par laquelle vous me faites savoir que le Japon, à lui seul ou de concert avec l'Angleterre, la Russie et la France, a l'intention de débarquer des troupes dans un port du Shantoung et d'attaquer

Tsingtao ainsi que le territoire de Kiaotcheou. Vous demandez au Gouvernement de la République d'interdire le passage des troupes étrangères à travers le territoire neutre de la Chine. Depuis que la Chine a proclamé sa neutralité, elle a toujours protesté contre la moindre violation ; et elle ne saurait garder le silence s'il se produisait un fait comme celui que vous mentionnez dans votre note.

Je dois, toutefois, vous faire remarquer que le traité de Kiaotcheou de 1898, quoiqu'il accorde le libre passage aux troupes allemandes et autorise à construire des forts pour la défense de Kiaotcheou, ne permet pas à l'armée de terre ou à l'armée de mer de faire des préparatifs de guerre et n'autorise pas la capture des navires de commerce ennemis dans la Baie de Kiaotcheou. De tels actes, s'ils avaient lieu, seraient en dehors du traité et feraient de Kiaotcheou une base militaire.

On a noté de plus, qu'à Pékin et à Tientsin, des troupes, des armes, des munitions et des approvisionnements allemands ont été successivement transportés par le chemin de fer à destination de Kiaotcheou. Les représentants des autres puissances à Pékin ont réclamé au Ministre des affaires étrangères des explications à ce sujet. Je me vois donc obligé de protester contre les faits susmentionnés qui ont constitué une atteinte à la neutralité de la Chine.

Je profite... etc.

Signé : Soun Pao Ki.

En réalité, le fait annoncé par le Chargé d'Affaires allemand ne tarda pas à devenir une réalité. Une semaine ne s'était pas passée, que la 18ᵉ Division japonaise et le contingent anglais traversaient la mer et commençaient leur débarquement. Ceci avait lieu le 2 septembre 1914. De tels actes, aux yeux du Chargé d'Affaires d'Allemagne à Pékin, constituaient une violation flagrante de la neutralité. Il se demanda même si la Chine n'avait pas été ici la complice du Japon, de l'Angleterre et de la France. Il adressa en conséquence, le 3 septembre, au Ministre

des Affaires Etrangères de Chine une nouvelle note libellée en ces termes :

Monsieur le Ministre,

J'ai eu l'honneur d'adresser le 20 Août dernier à Votre Excellence une note protestant contre toute atteinte à la neutralité que commettrait le Japon, en débarquant, à lui seul ou
de concert avec l'Angleterre, la Russie et la France, des troupes
dans un port du Shantoung pour attaquer Tsingtao et le territoire de Kiaotcheou cédé à bail à l'Allemagne.

Par une note du 23 Août, Votre Excellence m'a fait savoir
que, depuis que la Chine avait proclamé sa neutralité, elle avait
protesté contre le moindre fait de violation de celle-ci et
qu'elle ne pourrait jamais garder le silence sur un acte tel
que celui mentionné dans ma note.

On m'a confidentiellement déclaré que, bien que la Chine
eût de la sympathie pour l'Allemagne, sa situation militaire
et diplomatique ne saurait lui permettre de résister énergiquement à toute atteinte dirigée contre sa neutralité. Elle ne
pourrait rien faire d'autre que de protester. Je n'ai pas manqué
de faire connaître ces circonstances à mon Gouvernement.
Mais, maintenant, le Japon a déclaré la guerre à l'Allemagne.
Et il a débarqué des troupes à Loungkow en passant par le territoire neutre de la Chine pour attaquer Kiaotcheou, territoire
cédé à bail à l'Allemagne. Cet acte constitue une atteinte à
la neutralité de la Chine qui nuit considérablement aux intérêts allemands.

Il y a quelques jours, Votre Excellence m'a dit que le Ministre du Japon à Pékin avait assuré Votre Excellence qu'au
cas où l'armée japonaise attaquerait Kiaotcheou, elle ne vio-
lerait pas le territoire neutre de la Chine, etc. Je serais obligé
à Votre Excellence de me faire savoir les mesures qui ont été
prises par le Gouvernement chinois contre la violation flagrante de sa neutralité commise par le Japon. Etant donné que la
Chine se trouve dans l'impossibilité de résister par la force,
j'espère que, tout au moins, en outre d'une protestation envoyée à cette puissance, elle remettra ses passeports au Ministre du Japon à Pékin.

Je comprends très bien la difficulté de la situation actuelle de la Chine. Mais, malgré les bonnes relations qui existent entre la Chine et l'Allemagne et les relations personnelles que j'entretiens avec les autorités chinoises et leurs concitoyens, je dois, à mon grand regret, déclarer à Votre Excellence que le Gouvernement allemand a décidé maintenant ou aura à décider à l'avenir de prendre lui-même les mesures nécessaires pour résister contre la violation de la neutralité de la Chine et les conséquences qui peuvent en résulter. Le Gouvernement chinois sera rendu responsable des pertes financières que causera à l'Allemagne le fait de cette violation.

Je profite.... etc.

Signé : Baron von Maltzan.

6. — Tentative de formation de corps de combattants à Tientsin

Un fait décida le Gouvernement chinois à délimiter le théâtre de la guerre, en reconnaissant les territoires environnant la Baie de Kiaotcheou comme régions où les armées des deux parties belligérantes pourraient se combattre librement sans que la Chine fût responsable de ce qui s'y passait. Ce fait fut la résolution que les résidents français et anglais en Chine, incapables, à cause du danger de la navigation, de rentrer chez eux pour y faire leur service militaire, prirent de former des corps de combattants à Tientsin, en vue d'attaquer les Allemands à Tsingtao. Il y eut, à ce sujet, un important échange de correspondances entre le Ministre des Affaires Etrangères de Chine et le Ministre de France à Pékin.

Le 15 août 1914, le Ministre chinois des Affaires Etrangères écrivit au représentant de la France, M. Conty :

Pékin, le 15 Août 1914.

Monsieur le Ministre,

D'après les nouvelles parvenues à ce Ministère, les résidents français de Chine n'ayant pu rentrer chez eux pour s'enrôler dans le service militaire se sont rendus à Tientsin dans la concession française pour former des corps de combattants en vue d'attaquer Tsingtao. Cependant, aux termes de l'article 4 de la Convention V de La Haye de 1907, des corps de combattants ne peuvent être formés, ni des bureaux d'enrôlement ouverts sur le territoire d'une puissance neutre au profit des belligérants. De plus, selon l'article 11 du règlement sur la neutralité pris par le Gouvernement chinois le 6 de ce mois, il n'est pas permis aux pays belligérants dans les limites du territoire de la Chine de former des corps de combattants, etc. Ainsi, il est expressément prévu par les stipulations des conventions que chacune des puissances belligérantes ne peut pas former des corps de combattants dans le territoire neutre de la Chine.

En conséquence, je prie Votre Excellence de vouloir bien faire une enquête à ce sujet. Si lesdites nouvelles correspondent au fait, la formation de ces corps devra cesser, afin de montrer que le Gouvernement français respecte toujours la stricte neutralité de la Chine. Je serais reconnaissant à Votre Excellence de me faire connaître le résultat de cette enquête.

Je profite... etc.

Signé : Soun Pao Ki.

À cette note, le Ministre de France à Pékin répondit en ces termes :

Pékin, le 16 Août 1914.

Monsieur le Ministre,

Par une lettre en date du 15 de ce mois, Votre Excellence m'expose qu'aux termes de l'article 4 de la Convention V. de La Haye, des corps de combattants ne peuvent être formés ni des bureaux d'enrôlement ouverts sur le territoire d'une puissance neutre au profit des belligérants.

Je n'ai jamais perdu de vue les stipulations des Conventions de La Haye, et c'est uniquement par déférence pour le Gouvernement chinois que je ne l'ai pas encore rappelé au respect du traité auquel il a formellement adhéré.

Je puis, en effet, faire remarquer à Votre Excellence qu'une base militaire et navale a été constituée et renforcée par l'Allemagne en territoire chinois à Tsingtao. Sur ce point sont réunis non seulement des troupes de l'armée active et les réservistes allemands de Chine, mais encore des bâtiments de guerre allemands et autrichiens qui entravent le commerce et la liberté des mers de Chine.

Je serais reconnaissant à Votre Excellence de me faire connaître les mesures que le Gouvernement chinois compte prendre pour maintenir sa neutralité en supprimant cette base militaire.

En ce qui concerne les troupes françaises auxquelles Votre Excellence fait allusion dans sa communication du 15 de ce mois, j'ai l'honneur, sur instructions spéciales de mon Gouvernement, de rappeler au Gouvernement chinois qu'elles sont au Tcheli (Province métropole) en vertu du Protocole de 1901 et que rien ne limite le pouvoir qu'a mon Gouvernement soit de les faire sortir de Chine, soit de les accroître à son gré.

Veuillez... etc.

Signé : A. R. CONTY.

Le Ministre de France a parfaitement raison quand il dit que l'Allemagne a constitué une base militaire et navale à Tsingtao. Et si l'on compare à cet acte de violation de la neutralité chinoise les autres actes comme la formation de corps de combattants ou la création d'un bureau d'enrôlement, on peut dire que ces derniers faits paraissaient bien minimes et ne pas mériter vraiment une protestation. Mais, dans la dernière partie de sa note, le Ministre français semble considérer les Français formés en corps de combattants à Tientsin comme faisant partie des troupes stationnées en Chine, en vertu du protocole de 1901. A cet égard, on doit remarquer que la quantité des soldats composant ces troupes a toujours été limitée et que, d'après l'article 12 du règlement chinois sur la neutralité, ils ne sont point autorisés à s'immiscer dans la présente guerre.

Le 18 août, le Commissaire de police de Tientsin rapporta à la Haute Direction des Affaires Militaires que les troupes anglaises et françaises étaient prêtes à partir pour le Shantoung. Deux navires, le *Cheng-Kin* et le *Koei-tchow*, affrétés par les Anglais, et un bâtiment nommé *Taloutse*, affrété par les Français, devaient les y transporter. Les frais de l'affrètement étaient à la charge des amiraux des deux pays (1).

Deux jours plus tard, le 20 août, le Gouverneur militaire de la Province métropole télégraphia à la Haute Direction des Affaires Militaires que les officiers français de la 16ᵉ compagnie avaient établi un bureau d'enrôlement à Tientsin et appelé tous les résidents français de Chine en âge de servir. Les troupes anglaises et françaises stationnées à Tientsin devaient être incorporées dans les corps de combattants. Si on en croit un rapport du Commissaire des Affaires Etrangères, des pourparlers furent engagés à ce sujet avec le Consul de France à Tientsin, mais celui-ci prétendit qu'il n'avait aucun pouvoir pour s'immiscer dans les affaires d'ordre purement militaire. Le mieux était donc de négocier avec les ministres de France et d'Angleterre à Pékin (2).

La rumeur circula à ce moment que des soldats anglais et des soldats français formeraient un corps de combattants pour attaquer Tsingtao et qu'on n'attendait pour cette attaque que l'arrivée de la flotte devant Tsingtao. Il faut noter qu'une pareille force combinée ne pouvait marcher secrètement par terre que jusqu'au point d'embarquement. Le Ministre des Communications attira donc spécialement à ce point de vue l'attention des Bureaux de chemin de fer de Pékin-Moukden et de Tien-Tsin-Pukow. A la suite de ses indications, les Bureaux de che-

(1) Dépêche confidentielle de M. Yang Yi-teh en date du 18 Août 1914.

(2) Télégramme du Gouverneur militaire du Tcheli au Ministère des Affaires Etrangères, en date du 20 Août 1914.

mins de fer répondirent qu'à Tientsin et à Tangkou il n'y avait aucun transport de troupes, mais que, dans les deux derniers jours, c'est-à-dire le 26 et le 27 août, des soldats anglais et des sikhs stationnés aux gares de Feng-taï, d'Anting, de Houang-sun, de Lotaï et de Shanhaik-wang avaient été déplacées, de telle sorte qu'il ne restait plus à chaque gare que quelques dizaines de soldats : les autres avaient tous été envoyés à Tientsin (1).

Les faits qui précèdent étaient certes de nature à donner quelque inquiétude au Gouvernement chinois. S'il n'agissait pas d'une manière nette et décidée, on pouvait craindre de voir le théâtre de la guerre s'étendre sans limite : toute la province du Shantoung et une partie de la Province métropole étaient exposés à devenir des lieux de combats ou à être occupés par l'un ou l'autre des belligérants.

7. — La note Chinoise sur la délimitation du Théâtre de la guerre

Dans ces conditions, le 3 septembre, le Ministre des Affaires Étrangères de Chine adressa au Chargé d'Affaires d'Allemagne à Pékin la note suivante :

Monsieur le Chargé d'Affaires,

Par une note du 20 Août dernier, vous m'avez exposé que le Japon, à lui seul ou de concert avec l'Angleterre, la Russie et la France, a l'intention de débarquer des troupes dans un port du Shantoung et d'attaquer Tsingtao ainsi que le territoire de Kiaotcheou et vous avez demandé au Gouvernement de la République de défendre le passage des troupes étrangères dans le territoire neutre de la Chine. J'ai déjà eu l'honneur de vous accuser réception de cette note à la date du 23 du mois dernier. D'autre part, j'ai à plusieurs reprises entretenu de ce sujet les ministres de l'Entente à Pékin. L'argumentation

(1) Rapport du Ministre des Communications au Conseil des Ministres, en date du 28 Août 1914.

qu'ils ont fait valoir est que l'Allemagne a d'abord violé la neutralité chinoise en se préparant pour la guerre dans le territoire de Kiaotcheou et en capturant des navires de commerce
ennemis. Notre protestation est par conséquent demeurée sans
effet.

Un rapport des autorités locales du Shantoung nous annonce que les troupes anglo-japonaises ont commencé les hostilités dans les régions de Loungkow, de Kiaotcheou et de Laitcheou, etc.

C'est vraiment une circonstance tout à fait exceptionnelle
que cet acte inattendu se soit produit dans le territoire d'un
pays qui est à la fois ami de l'Allemagne, du Japon et de
l'Angleterre. Le cas actuel est tout pareil à celui qui s'est produit en 1904, lors de la guerre entre le Japon et la Russie,
quand ces pays combattirent dans la presqu'île de Liaotoung.
En présence de cet état de choses le Gouvernement chinois
ne peut faire autrement que de déclarer Loungkow, Laitcheou
et les régions adjacentes de Kiaotcheou comme sphères strictement nécessaires pour les opérations de guerre entre les deux
belligérants. Notre gouvernement ne saurait être responsable de ce qui s'y passera. En dehors de ces régions, le règlement sur la neutralité sera toujours rigoureusement appliqué. Inutile d'ajouter que l'administration des régions susmentionnées, ainsi que la vie et les propriétés des fonctionnaires et des citoyens chinois qui s'y trouvent doivent être respectées par tous les pays belligérants, à qui une notification a
été faite en ce sens.

En vous priant de vouloir bien communiquer ce qui précède
à votre Gouvernement, je profite... etc.

Signé : Sous Pao Ki.

Le Baron von Maltzan répondit comme suit à cette
note :

Pékin, le 4 Septembre 1914.

Monsieur le Ministre,
En ce qui concerne la violation de la neutralité de la Chine
par l'armée anglo-japonaise dans le territoire chinois, j'ai

eu l'honneur de recevoir la note de Votre Excellence en date du 3 courant par laquelle vous m'avez exposé que l'Allemagne avait violé d'abord la neutralité en se préparant pour la guerre dans le territoire de Kiaotcheou et en capturant des navires de commerce ennemis. Je me permets de vous faire remarquer que, Kiaotcheou étant un territoire qui a été cédé à bail à l'Allemagne, cette dernière puissance a le droit d'y réparer les forts comme elle le veut : elle a le droit de se défendre militairement dans la limite dudit territoire. Quant à la capture des bâtiments de commerce ennemis, le droit international permet de la faire en dehors des ports neutres.

Les expressions de Loungkow, de Laïtcheou et des régions adjacentes de Kiaotcheou que vous employez pour la délimitation du théâtre de la guerre sont trop vagues. Les circonstances actuelles ne sont pas du tout les mêmes que celles qui se présentèrent dans la guerre russo-japonaise, en 1904. A ce moment la limite du Liaotoung avait été déterminée d'une manière précise. Je ne puis non plus comprendre pourquoi cette délimination est faite après la violation de la neutralité par les armées anglo-japonaises. Un tel procédé leur donne la facilité d'attaquer Kiaotcheou en traversant le territoire neutre, ce qui cause un grand préjudice à l'Allemagne. Je dois protester à cet égard et rapporter les faits à mon Gouvernement.

Veuillez agréer etc.

Signé : BARON VON MALTZAN.

Le même jour, le Gouvernement chinois adressa aux Ministres des autres puissances à Pékin une circulaire qui déclarait et expliquait la délimitation du théâtre de la guerre. Le 4 septembre, le contenu de cette circulaire fut communiqué télégraphiquement aux autorités civiles et militaires du Shantoung. A la fin de la dépêche, il était dit que, si les soldats chinois stationnés à l'intérieur de la zone délimitée rencontraient les troupes des belligérants, ils devaient les bien accueillir afin d'éviter tout conflit (1).

(1) Télégramme de la Haute Direction des Affaires Militai-

8. — La position du Japon vis-à-vis de
la délimitation du théâtre de la guerre

Il y avait effectivement une différence entre la délimitation du Liaotoung faite en 1904-1905, lors de la guerre russo-japonaise, et celle du Shantoung réalisée en 1914. Cette différence consiste en ce que la première avait été faite par la Chine de concert avec les deux Etats en guerre (1), tandis que la seconde eut lieu de la part de la Chine seule, sans le consentement du Japon. Cette dernière puissance eut certainement consenti à la délimitation si on avait pris comme frontière la ligne Weichien-Tchutcheng. Mais, alors que le Vice-Ministre des Affaires Etrangères de Chine et le Secrétaire de la Légation du Japon à Pékin en étaient encore aux premiers pourparlers, la Chine, pressée par la nécessité d'agir, se vit contrainte de lancer sa note du 3 septembre. A la proposition de délimitation que cette note contenait, le Japon répondit que la question était passée déjà de la sphère diplomatique dans celle de la nécessité militaire, et qu'au point de vue militaire, c'était uniquement de l'action de l'ennemi que dépendait l'étendue, grande ou petite, du théâtre de la guerre et qu'ainsi celui-ci ne pouvait être déterminé à l'avance. Le Japon se déclarait, en conséquence, dans l'impossibilité de consentir en principe à une délimitation. Toutefois, en fait, le plan stratégique décidé par l'armée japonaise s'étendit jusqu'à la ligne qui joignait les deux villes de Weichien et de Tchutcheng. La sphère strictement nécessaire pour l'armée japonaise dans ses opérations de guerre contre l'armée allemande de Kiaotchéou se trouvait ainsi moins grande que celle que la Chine avait elle-même indiquée : le Ja-

res au Gouverneur militaire du Shantoung, en date du 4 Septembre 1914.

(1) V. notre ouvrage : *La guerre russo-japonaise au point de vue du droit international*, paragraphe 133.

pon aurait pu consentir à cette limite stricte non pas en vertu d'un arrangement diplomatique avec la Chine, mais à raison du plan stratégique qu'il avait adopté et qui ne fut pas changé. L'action du Japon demeura donc tout à fait indépendante du consentement de la Chine (1).

9. — Justification de la délimitation du théâtre de la guerre

Pour comprendre la situation difficile dans laquelle la Chine se trouvait au début de la bataille de Kiaotcheou, il faut savoir que le traité cédant, en 1898, Kiaotcheou à bail à l'Allemagne n'avait pas prévu le cas où l'Allemagne se trouverait en guerre avec une tierce puissance, amie de la Chine. Les cessions à bail comme mode imparfait d'acquisition de territoires s'étaient, peu d'années auparavant, introduites dans la pratique des États modernes. La première application en avait été faite en Afrique, en 1894. Mais en ce qui concerne le traité du 12 mai 1894, qui fut alors conclu entre la Grande-Bretagne et le Congo, une déclaration de neutralité permanente avait été exigée conformément à l'article 10 de l'acte final de la Conférence de Berlin de 1885 ; au contraire, dans le traité de bail de Kiaotcheou, signé quatre ans plus tard entre la Chine et l'Allemagne, l'obligation de respecter ou de faire respecter la neutralité en cas de guerre avec une tierce puissance ne fut point imposée à l'un ou à l'autre des signataires.

Ce défaut de précision dans le traité de bail a eu comme conséquence que la Chine ne pouvait satisfaire aucun des belligérants.

D'après l'article 1er du traité de 1898, la Chine avait la faculté de faire stationner ses troupes autour de Kiao-

____

(1) Pourparlers entre M. Obata, Secrétaire de la Légation du Japon, et M. Tsao Ju Ling, Vice-Ministre des Affaires Étrangères de Chine, en date du 31 Août 1914.

tcheou avec le consentement de l'Allemagne, de sorte qu'elle aurait pu, d'une part, défendre à l'Allemagne de se préparer à la guerre dans le territoire de Kiaotcheou, et, d'autre part, empêcher l'armée anglo-japonaise d'attaquer ce territoire. Voici effectivement le texte de l'article 1ᵉʳ du traité de 1898 :

Sa Majesté l'Empereur de Chine, obéissant au désir de fortifier les relations amicales entre la Chine et l'Allemagne et en même temps d'augmenter la préparation militaire de l'Empire Chinois, s'engage, tout en se réservant tous ses droits de souveraineté dans une zône de 100 lis (50 km.) entourant la Baie de Kiaotcheou à marée haute, à accorder le libre passage des troupes allemandes dans la limite de cette zone, en tout temps, comme à s'abstenir de prendre aucune mesure ou d'y publier aucun règlement, sans le consentement préalable du Gouvernement allemand, et, en particulier, de mettre quelque obstacle à tout règlement concernant les cours d'eau qui pourrait être reconnu nécessaire. S. M. l'Empereur de Chine se réserve en même temps le droit d'avoir des troupes en station dans cette zone, d'accord avec le Gouvernement allemand, et de prendre toutes autres mesures militaires.

En vertu de ce traité, la Chine avait donc le droit de demander aux Allemands de laisser stationner ses troupes dans une zone de 50 kilomètres autour de Kiaotcheou pour maintenir sa neutralité, et l'Allemagne devait y consentir. Mais si cette puissance refusait, la Chine se trouvait malgré elle acculée à la guerre. Le Gouvernement chinois ne pouvait ainsi faire respecter son traité avec l'Allemagne qu'en employant la force. Or, c'est cette force qui lui manquait. La Chine, pays essentiellement non militaire, avait à peine des troupes suffisantes pour garantir chez elle la paix intérieure, elle était, comme les événements du siècle dernier l'ont montré, incapable de résister aux empiétements de pays étrangers. L'armée de terre et de mer de la jeune République n'était pas d'ail-

leurs encore réorganisée. La situation étant telle, il était
plus que certain que les ennemis de l'Allemagne ne se
tiendraient point tranquilles, et qu'agissant par eux-mêmes ils s'efforceraient d'empêcher les Allemands de faire
la guerre en Extrême-Orient en prenant la Baie de Kiaotcheou et Tsingtao comme bases d'opérations. La Chine,
voyant que ce qu'elle pouvait redouter devenait une réalité, suivit le précédent de la guerre russo-japonaise de
1904-1905 au lieu de recourir aux règles du droit international, parce que ce droit n'existait pas sur ce point.
C'est tout ce qu'il lui était possible de faire dans les circonstances où elle se trouvait.

CHAPITRE III

INCIDENTS DE LA NEUTRALITÉ CHINOISE CONCERNANT LES GAR-
DES ATTACHÉES AUX LÉGATIONS ET LES TROUPES DES ÉTATS
BELLIGÉRANTS STATIONNÉES EN CHINE.

I. — Les troubles des boxeurs en 1900 et les clauses VII et IX du Protocole du 7 Septembre 1901

On se souvient qu'en 1900, une agitation anti-étrangère d'une nature très sérieuse se produisit en Chine. Le 19 juin de cette année, les ministres de toutes les puissances accréditées à Pékin étaient invités à quitter la capitale dans un délai de vingt-quatre heures, et le 20, le baron von Kettler, ministre d'Allemagne à Pékin, était tué tandis qu'il se rendait au Ministère des Affaires Étrangères. Du 19 juin au 17 juillet, les légations étrangères demeurèrent exposées à une fusillade et à une canonnade incessantes, et ce ne fut que l'arrivée, le 14 août, d'un corps de troupes internationales qui les sauva. La famille impériale et les principaux membres du gouvernement avaient pris la fuite quelques jours auparavant. Une Conférence diplomatique s'ouvrit alors à Pékin, à laquelle le prince Kung et le ministre Li Hong Tchang représentèrent le gouvernement chinois ; et le résultat de cette Conférence fut un Protocole final du 7 septembre 1901. Les articles VII et IX de ce Protocole déclarèrent ce qui suit :

Art. VII. — Le Gouvernement chinois a accepté que le quartier occupé par les Légations fût considéré comme un quartier spécialement réservé à leur usage et placé sous leur police exclusive où les Chinois n'auraient pas le droit de résider, et qui pourrait être mis en état de défense.

(*Suit la fixation des limites dudit quartier*).

Par le Protocole annexé à la lettre du 16 janvier 1901, la Chine a reconnu à chaque Puissance le droit d'entretenir une garde permanente dans le dit quartier pour la défense de sa Légation.

Art. IX. — Le Gouvernement chinois a reconnu aux Puissances, par le Protocole annexé à la lettre du 16 janvier 1901, le droit d'occuper certains points, à déterminer par un accord entre elles, pour maintenir les communications libres entre la capitale et la mer.

Les points occupés par les Puissances sont : Houang-sun, Lang-fang, Yang-sun, Tientsin, Tchiung-léang-scheng, Tang-kou, Lo-tai, Tang-chan, Louan-tcheou, Tchang-li, Ts'in-wang-tao, Shanhaikwang.

La route ordinaire qu'il faut suivre pour aller à la mer descend de Tientsin par le Peiho; mais, comme Takou est gelé en hiver, les troupes étrangères ne peuvent pas l'emprunter en tout temps. Il fallut donc les faire stationner le long du chemin de fer Pékin-Moukden jusqu'à Shanhaikwang, endroit où se trouve un embranchement qui conduit vers Ts'in-wang-tao, rade qui est, en général, libre de glaces.

C'est aux puissances elles-mêmes qu'il devait appartenir de déterminer le nombre des soldats attachés aux légations. Le total de ces soldats fut établi à 2.000, qui se divisèrent comme suit :

Allemagne	300
Angleterre	250
Autriche	200
Etats-Unis	150
France	300
Italie	200
Japon	300
Russie	300
	2.000

En ce qui concerne les troupes qui, d'après l'article ix du protocole, devaient être stationnées en Chine, leur ré_partition eut lieu de la manière suivante :

Pour Tientsin, Shanhaikwang et Ts'in-wang-tao, un arrangement fut conclu directement par les puissances: à Tientsin, il y a un contingent de 2.000 soldats allemands, anglais, français, italiens et japonais ; à Shanhaikwang et à Ts'in-wang-tao le contingent de 1.500 soldats comprend en dehors des soldats des puissances indiquées, des soldats de la Russie.

Quant à Houang-sun, il est gardé par des soldats italiens. A Lang-fang et Yang-sun, ce sont des soldats allemands ; à Tchiung-léang-tcheng et Tangkou, des soldats français ; à Louang-tcheou et à Tchang-li, des soldats japonais. L'Autriche a le droit d'avoir ses soldats à Shanhaikwang. Le total des soldats stationnés dans les gares de ces différentes villes est de 300 y compris 50 soldats appartenant à l'arme de la cavalerie (1).

Quelle fut, pendant la grande guerre, au point de vue de la neutralité chinoise, la situation des gardes attachées aux légations et des troupes stationnées en Chine ?

L'article 12 des règles chinoises sur la neutralité dit à ce sujet :

Les gardes attachées aux légations des différentes Puissances à Pékin et les troupes de ces Puissances stationnées le long de la route entre Pékin et Shanhaikwang restent soumises au Protocole de paix du 25e jour du 7e mois de la 27e année de Kouang-Siu, c'est-à-dire du 7 septembre 1901. Elles ne sont pas autorisées à s'immiscer dans la présente guerre.

Les troupes étrangères stationnées dans d'autres parties de la Chine doivent agir de même.

Ceux qui ne se conformeront pas aux dispositions précédentes pourront être internés et désarmés par la Chine jusqu'à la fin de la guerre.

(1) *Histoire de la guerre de Chine septentrionale*, publiée par l'État-Major japonais, t. vi, p. 59 et suiv.

Ce qui est plus important, et en vérité plus gênant pour les pays belligérants, c'est l'article 2 desdites règles. Il déclare :

Des troupes d'un des pays belligérants, ainsi que leurs munitions de guerre ou leurs approvisionnements, ne sont pas admis à traverser le territoire ou les eaux territoriales de la Chine.

En cas de violation de cette prescription, les troupes devront être livrées aux autorités chinoises pour être désarmées et internées, et les munitions de guerre et approvisionnements devront être retenus en garde jusqu'à la fin de la guerre.

Cet article était gênant pour les pays belligérants. En effet, l'étendue, de plus en plus grande, de leurs fronts en Europe demandait chaque jour plus d'hommes et de munitions de guerre, et il eut été pour eux fort avantageux s'ils avaient pu retirer de Pékin une partie de leurs forces ou des munitions pour les envoyer en Europe. C'est surtout chez les Allemands qu'au début de la grande guerre se fit sentir le manque d'hommes et de munitions. Tsingtao n'était pas préparé pour la défense et il n'y avait aucune possibilité d'y obtenir une augmentation des forces ou des approvisionnements ; l'utilisation en Europe de leurs hommes et de leur matériel existant à Pékin ne leur était pas d'ailleurs moins précieuse. Les autres pays belligérants se trouvaient plus ou moins dans les mêmes conditions. Mais, pour faire les transports de Pékin à Tsingtao ou aux fronts européens, il fallait passer par le territoire neutre de la Chine. Indiquons comment les divers États s'efforcèrent de se soustraire à cette nécessité.

On verra, par les faits qui seront mentionnés aux paragraphes suivants, que le principe appliqué en cette matière par le Gouvernement chinois fut d'éviter le plus possible les difficultés aux belligérants des deux partis

et de leur procurer les plus grandes convenances en tant
que cela était compatible avec la neutralité de la Chine.

2. — Envoi clandestin de soldats et de munitions de guerre par l'Allemagne

Géographiquement, l'Allemagne était dans une position qui lui permettait d'éviter facilement la gêne résultant de l'application de l'article 2 des règles chinoises
sur la neutralité. Il y avait en effet une communication
indirecte par chemin de fer entre Pékin et Tsingtao. La
ligne Pékin-Moukden, après avoir passé les gares où sont
stationnés les soldats étrangers, rejoint à Tientsin la
ligne Tientsin-Pukow qui traverse Tsinan, chef-lieu de
la Province du Shantoung. Or, de Tsinan à Tsingtao,
existe le chemin de fer Tsinan-Kiaotcheou, construit et
administré par les Allemands eux-mêmes. Le voyage de
Pékin à Tsingtao demande à peine trente heures.

Pour transporter ses soldats à Kiaotcheou, l'Allemagne n'eut donc pas besoin de recourir aux formalités diplomatiques. Il lui suffit de les habiller en civils et de les
faire passer comme de simples voyageurs. Une grande
partie des soldats allemands à Pékin et de Tientsin purent ainsi être expédiés à Tsingtao sans qu'on les remar-
quât.

Quant à l'envoi des munitions allemandes de Pékin
à Kiaotcheou, il fut plus difficile. Les faits suivants indi-
quent comment les Allemands s'y prirent pour tenter
de les envoyer clandestinement.

Le 20 août, dans le quatrième train partant de Pukow
vers Tsinan, les soldats chinois attachés à la gare découvrirent douze Allemands qui avaient avec eux deux malles et soixante-huit caisses de munitions. Comme les Allemands niaient que ces effets leur appartinssent les malles et les caisses furent toutes débarquées du train et re-

tenues en garde par le Gouverneur Militaire de la province (1).

Il résulte, d'autre part, d'un télégramme du gouverneur militaire de la Province métropole que, vers la même époque, les Allemands, afin d'éviter l'inspection de la douane chinoise, chargèrent, dans des barques, près de Pékin, quatre-vingt-quatre malles et quarante-huit caisses qu'ils prétendaient contenir des instruments pour l'exploitation des mines de Taingan : ces barques, en passant frauduleusement par Tientsin, suivaient le long du Grand Canal.

Quelques mots sur l'histoire et la géographie de ce canal sont ici nécessaires pour bien comprendre à ce sujet la conduite des Allemands.

Le Grand Canal ou Yun-ho (Canal des transports) va de Hang-Tcheou-Fou (Chekiang) à Tientsin. Il a environ 400 lieues de longueur. Commencé, semble-t-il, au VI° siècle avant Jésus-Christ, il ne fut achevé qu'en 1283 après Jésus-Christ. La dernière partie de ce Canal fut fait par Che-tsou, empereur de la dynastie des Yuan, qui venait de transporter la capitale de Hang-tcheou-fou à Pékin. Comme les régions du Nord étaient peu fertiles et le cabotage peu sûr le long des côtes de Chine, il fallait faire venir du Sud le riz qui constituait le tribut annuel que les provinces méridionales devaient envoyer à Pékin. Malgré les chemins de fer, ce canal constitue encore aujourd'hui une voie importante. De Pékin à Tientsin, le transport par eau se fait au moyen de barques tirées par des cordes : c'est ainsi que l'on descend le long du petit canal qui part de l'extérieur de la ville de Pékin pour se terminer à Tongtcheou, là où le Pého devient navigable. Comme Tientsin est situé au point de jonction du Grand Canal et du Pého, le transport des muni-

(1) Rapport du chef de bureau du chemin de fer Tientsin-Pukow au Ministre des Communications, en date du 21 Août.

tions allemandes était facile à faire de Pékin à Tientsin en passant par Tongtcheou. A une distance d'à peu près 25 kilomètres de Tientsin, il y a une station de chemin de fer appelée Tulientching, située sur le Grand Canal. C'est après être arrivés à cette station que les Allemands se proposaient d'expédier leurs malles et leurs caisses par le chemin de fer Tientsin-Pukow jusqu'à Tsinan. Ils évitaient ainsi l'inspection de la douane de Tientsin. On espérait que tout irait sans entrave, une fois les colis dans le chemin de fer Kiaotcheou-Tsinan, car cette ligne était exploitée et administrée par les Allemands. On demanda à ce sujet l'opinion de l'ingénieur en chef de ce chemin de fer qui était un Allemand. Et celui-ci répondit que les malles et les caisses pourraient être transportées sans violer la neutralité de la Chine. On sollicita alors par télégramme les instructions du Gouvernement de Pékin. Mais le Bureau de la Neutralité, de concert avec le Ministère des Affaires Étrangères, télégraphia que les malles et les caisses seraient retenues et gardées dans l'arsenal de Tetcheng (1).

Après la délimitation du théâtre de la guerre, à Tchinhaïchien, entre Tientsin et Tsingtao, sur le Grand Canal, la police fluviale trouva, le 25 août 1914, dans le territoire neutre, trois barques chargées de matériaux de guerre allemands. Le Gouverneur civil de la Province métropole envoya sur les lieux quelques fonctionnaires. Ils découvrirent cinquante-neuf malles d'obus, neuf malles d'amorces, sept malles d'appareils photographiques et de télescopes, au total, soixante-quinze malles. Un Allemand, nommé Han-po-li (Humboldt ?), qui surveillait le transport, consentit à délivrer les malles aux fonctionnaires chinois. Par ordre de la Haute Direction des Affaires Militaires, les colis furent expédiés à l'ar-

(1) Télégramme du Bureau de la Neutralité au Gouverneur civil du Shantoung, en date du 23 Août 1914.

senal de Tetcheng pour y être gardés avec les malles et les caisses découvertes à Tulioutchin. (1)

3. — Transport des gardes anglaises avec leurs munitions

L'Angleterre voulait transporter à Hongkong une partie de ses soldats stationnés en Chine, et de là les diriger vers une destination inconnue, peut-être les Indes, l'Egypte ou l'Europe. Mais elle entendait procéder à ce transport ouvertement et régulièrement, non point secrètement et clandestinement. M. Jordan, ministre d'Angleterre à Pékin, écrivit donc dans le sens suivant à M. Liang Shi-Yi, Surintendant des douanes chinoises :

« A peu près 70 hommes de la garde anglaise stationnée à Tientsin s'embarqueront avec leurs munitions à Tientsin dans le vapeur *Tchang Chan* le 24 courant à destination de Hongkong. L'envoi de ces soldats est fait en vertu du Protocole de 1901 et il n'est pas en contradiction avec les règles sur la neutralité chinoise. Le Ministre britannique demande en conséquence à M. Liang Shi-Yi de donner à la douane chinoise les instructions nécessaires pour laisser passer librement les gardes anglaises avec leurs munitions. »

M. Liang Shi-Yi fut d'avis que le transport des gardes anglaises armées et équipées vers Hongkong différait de celui de soldats belligérants vers le champ de bataille à travers le territoire neutre. Un pareil fait lui semblait être permis par l'article 9 du traité de 1901 et n'être pas en contradiction avec l'article 12 des règles sur la neutralité.

Le Bureau de la Neutralité partagea l'opinion du Surintendant des douanes. Il estima qu'il n'y avait pas transport illégitime, parce que Hongkong où les soldats anglais devaient se rendre était, en fait et en droit, ter-

(1) Télégramme du Gouverneur civil de la Province métropole, en date du 26 Août 1914.

ritoire anglais, et qu'une fois parvenu dans cette ville, le transport se trouvait terminé, et que l'Angleterre était libre de réexpédier ses hommes où elle voulait. Cet avis reçut l'approbation du Président, qui donna l'ordre au Ministère des Communications d'agir en ce sens.

Une distinction était ainsi faite entre les moyens de transport suivant que leur destination était différente : le transport direct de soldats des pays belligérants vers le champ de bataille à travers le territoire neutre est contraire au droit international et aux règles sur la neutralité choinoise, mais leur transport par les pays belligérants vers un territoire qui leur appartient, et qui n'est pas devenu théâtre de la guerre, n'est pas en contradiction avec le traité de 1901. Ce fait montre comment il fallait procéder pour pouvoir envoyer sur le champ de bataille des soldats et des matériaux de guerre sans violer la neutralité de la Chine : les belligérants devaient les transporter tout d'abord à un territoire, non pas encore devenu théâtre de la guerre, qui leur appartenait ou dépendait de leur concession à bail, par exemple, Hongkong ou Weihaiwei, pour l'Angleterre, les Philippines pour les Etats-Unis, le Tonkin pour la France, Vladivostok pour la Russie, etc.

4. — Protestation du Consul d'Allemagne à Tientsin contre le transport par mer de cinquante malles de cartouches

Le 14 septembre 1914, le Consul d'Allemagne à Tientsin adressa au Gouverneur militaire de la Province métropole une note dans laquelle il s'éleva contre l'envoi que les Anglais avaient fait de cinquante malles de cartouches de Pékin à Tientsin, et de là, par le navire *Chaoching*, vers le champ de bataille. Informé que d'autres transports semblables devaient suivre, il pria le Gouvernement chinois de s'y opposer. Sur les instructions du Gouverneur militaire de la Province métropole, le Commissaire des Affaires Etrangères se mit alors en rapports avec le Consul d'Agleterre à Tientsin. Celui-ci lui répondit que les navires *Chaoching* et *Chuntien* avaient été affrêtés par le Gouvernement anglais pour transporter des troupes, et que si ces navires contenaient quelque objet de contravention avec le règlement sur la neutralité chinoise, c'était entre le Ministre des Affaires Etrangères de Chine et le Ministre anglais à Pékin que les pourparlers devaient avoir lieu, que lui-même était incompétent à cet égard. L'avis du Gouverneur militaire était que tous les pays belligérants avaient le devoir d'observer les règles sur la neutralité chinoise, et que si le transport des armes avait été défendu aux Allemands, il convenait de l'interdire aussi aux Anglais. Le Gouverneur militaire demanda en conséquence au Ministre des Affaires Etrangères de régler la question directement avec le Ministre d'Angleterre à Pékin. Mais, entre temps, le Consul d'Angleterre à Tientsin fit savoir au Commissaire des Affaires Etrangères que les trois navires *Chaoching*, *Chuntien* et *Koanping* étaient partis de Tientsin pour Weihaïwei après notification faite par le Ministre anglais au Waichiaopu (1) et que le navire *Antina*, parti de la veille de Ts'in-wang-tao avec un transport de soldats anglais, allait directement aux Indes, dans une colonie anglaise. L'envoi des cinquante malles de cartouches par le *Chaoching* contre lequel le Consul d'Allemagne avait protesté était donc destiné à Weihaïwei, cédé à bail à l'Angleterre, et non pas, comme il le croyait, au théâtre de la guerre. Dès lors, il n'avait rien d'irrégulier. C'est une réponse en ce sens qui fut donnée au Consul allemand. (2)

(1) Ce mot désigne le Ministère des Affaires Etrangères de Chine, connu autrefois sous le nom de Tson-li-Yamen.

(2) Télégramme du Gouverneur civil de la Province métropole au Waichiaopu, en date du 17 Septembre 1914.

5. — Les détachements stationnés à Hankow et le transport des soldats et des munitions russes à Vladivostok

Ce fut un des grands malheurs qui résultèrent des troubles des Boxeurs en 1900 que les Puissances étrangères acquirent, non point par le consentement mutuel, mais par la coutume, le droit de faire stationner leurs troupes à Hankow. Ces troupes ne font pas partie de la garde des légations ou des détachements qui se trouvent le long de la route entre Pékin et la mer. La seule raison d'être de leur stationnement à Hankow est que cette ville est le port le plus important de la Chine sur le Yangtse et le point qui sert de trait d'union entre le Nord et le Sud : il fallait aux puissances des troupes stationnées qui pussent protéger leurs nationaux résidant dans le Sud de la Chine, quelquefois le siège de troubles politiques et sociaux. Mais, on cherchera en vain dans les traités et dans les documents diplomatiques une clause donnant aux Puissances étrangères le droit de faire stationner des troupes à Hankow. La plupart d'entre elles y ont toutefois des garnisons dans leur quartier respectif.

Quelle était la situation de ces garnisons au point de vue de la neutralité chinoise? En fait, les troupes étrangères stationnées à Hankow doivent être assimilées à celles qui se trouvent le long de la route entre Pékin et la mer. Le deuxième paragraphe de l'article 12 des règles sur la neutralité s'applique spécialement à elles, car il dit que « les troupes étrangères stationnées dans d'autres parties de la Chine doivent agir de même. »

Le 4 octobre 1914, le Général Tuan, du Houpé (1), télégraphia à la Haute Direction des Affaires Militaires que les troupes russes de Hankow avec leur matériel de guerre allaient être transportées à Vladivostok, et que,

(1) Province où se trouve Hankow.

d'après ce qui lui avait été dit, ce transport n'avait aucun rapport avec la guerre européenne. En conséquence, il demanda l'autorisation de les laisser passer. Le Bureau de la Neutralité partagea l'avis du Général Tuan, et le Président lui-même l'accepta. Des instructions furent données en ce sens à tous les gouverneurs des provinces se trouvant le long du Yangtse. (1)

6. — Le refus opposé à la demande de l'Autriche-Hongrie

Au mois de novembre 1915, un fonctionnaire de la Légation d'Autriche-Hongrie à Pékin se rendit au Ministère des Affaires Etrangères de Chine, pour demander que 30 soldats de sa légation, accompagnés d'un officier, eussent la permission de se rendre à Shanghai afin de maintenir l'ordre dans les trois navires de commerce autrichiens qui s'y trouvaient, et où plus d'une centaine de marins étaient en état de chronique mutinerie. Le Ministre des Affaires Etrangères répondit que, d'après le traité, les soldats de la légation ne pouvaient être stationnés qu'entre Pékin et Tientsin, qu'ils n'étaient pas autorisés à stationner ailleurs. Il ajouta qu'il lui était très difficile d'autoriser la circulation des soldats étrangers à travers un territoire neutre. Il déclara, enfin, que si une force militaire était nécessaire pour prévenir la mutinerie des marins autrichiens à Shanghai, les autorités locales chinoises étaient toutes prêtes à fournir leur assistance.

Le fonctionnaire autrichien répliqua que le settlement international de Shanghai était administré par l'Angleterre, à présent l'ennemi de l'Autriche-Hongrie, et que la police chinoise ne pouvait pas exercer ses fonctions dans un settlement étranger.

Finalement, on télégraphia aux autorités militaires de

(1) Télégramme de la Haute Direction des Affaires Militaires aux Gouverneurs des provinces se trouvant le long du Yangtse.

Shanghaï de se mettre en rapport avec le Consul autrichien, et de faire une enquête sur l'état du conflit entre les marins autrichiens et leur capitaine. (1)

7. — Les soldats Italiens envoyés à Shanghaï

L'Italie, après avoir formellement renoncé à la triple alliance le 3 mai 1915, déclara la guerre à l'Autriche-Hongrie le 23 de ce mois. Désireuse de faire rapatrier les gardes de sa légation à Pékin, son Consul général à Shanghaï se rendit le 10 juillet 1915, chez le Commandant de la garnison chinoise de cette ville pour lui communiquer verbalement que 148 soldats, 12 sous-officiers et 2 officiers attachés à la légation étaient arrivés à Shanghaï pour être rapatriés le 12 par un paquebot anglais. Le Commandant de la garnison chinoise soumit cette requête à la Haute Direction des Affaires Militaires. Et on demanda l'avis au Bureau de la Neutralité. Ce dernier déclara que, puisque le transport des gardes et des matériaux de guerre russes à Vladivostok et l'envoi des soldats anglais à Hongkong avaient été permis moyennant une déclaration de l'Etat expéditeur que le transport ou l'envoi n'était pas destiné au théâtre de la guerre, il n'y avait pas de raison pour ne pas autoriser aussi le rapatriement des soldats italiens moyennant une déclaration semblable. A défaut de celle-ci, toutes les restrictions devraient être appliquées : défense de porter un uniforme, interdiction de porter des armes, prohibition de s'organiser en corps avec un commandant à la tête. La question fut réglée par le Ministère des Affaires Etrangères suivant la décision du Bureau de la Neutralité.

(1) V. note du 4 Novembre 1915 adressée à la Haute Direction des Affaires Militaires par le Waichiaopu.

———————————

CHAPITRE IV

**1. — Protestation anglaise contre la non intervention de
la douane chinoise en matière de neutralité.**

A l'époque où les Allemands préparaient jour et nuit
la défense de la forteresse de Kiaotcheou, le Ministre
d'Angleterre à Pékin crut devoir appeler l'attention du
Gouvernement chinois sur certains faits qu'il reprochait
à la douane chinoise. Dans une note qu'il lui envoya
le 14 août 1914, et qui avait l'allure d'une protestation,
il lui fit savoir que, d'après un rapport du Consul d'An·
gleterre à Shanghaï, deux navires, le *Meily* et le *Meidai*,
contenant des munitions de guerre, et gardés dans l'en·
trepôt de Shanghaï, avaient pu quitter le port de cette
ville sans que la douane chinoise fût intervenue, et que,
le 11, un bateau à vapeur était parti de Shanghaï, avec
la permission de la douane, chargé de matériel de guerre
pour servir à la défense allemande de Kiaotcheou (1).
Cet avertissement n'était pas le premier que l'Angleterre donnait à ce sujet à la Chine. Le Consul anglais
avait précédemment protesté déjà auprès du Commis·
traire au règlement sur la neutralité. En réponse à
n'avait pas, semble-t-il, voulu se rendre compte que la

(1) Note du Ministre d'Angleterre à Pékin au Waichiaopu,
en date du 14 Août 1914.

Chine devait prendre la responsabilité des actes contraire au règlement sur la neutralité. En réponse à la réclamation du ministre britannique, le Waichiaopu télégraphia au Commissaire des Affaires Etrangères à Shanghaï et à l'inspecteur de la Douane de la même ville de procéder à une enquête minutieuse.

L'administration de la douane chinoise était en 1914 entre les mains des Anglais. Mais, d'après la coutume alors en vigueur, on y permettait l'entrée à beaucoup d'étrangers, nationaux des pays qui ont avec la Chine les plus importantes relations de commerce. Aussi les Anglais, les Japonais et les Allemands étaient-ils nombreux dans les douanes de Shanghaï, de Tientsin, etc. Ce système, qui datait de la direction de Sir Robert Hart, offrait en temps de paix de grands avantages, mais il n'était pas sans présenter, en temps de guerre, de graves inconvénients pour la neutralité chinoise. On pouvait craindre, en effet, que si le Japon et l'Angleterre se trouvaient en état d'hostilité avec les Allemands, les inspecteurs de la douane, agissant avec partialité, ne laissassent passer les munitions de guerre de leur propre pays, et, au contraire, ne missent tous les obstacles possibles au passage de celles des pays ennemis. Le gouvernement chinois vit bien, dès le début de la guerre, les dangers que cet état de choses devait faire courir à la neutralité chinoise. Liang Shi-Yi, Surintendant des douanes chinoises, jugea donc de son devoir d'adresser au Commissaire général et à tous les inspecteurs étrangers des douanes chinoises une circulaire leur rappelant qu'ils devaient subordonner leur patriotisme aux obligations que leur imposait leur qualité de fonctionnaires impartiaux de la Chine neutre. Le gouvernement fit davantage encore. Le Bureau de la Neutralité remit au Président de la République le memorandum suivant concernant l'inspection des navires de commerce chargés des armes et des munitions de guerre passant par des ports neutres :

L'article 2 de la Convention de La Haye de 1907 relative aux droits et aux devoirs des Puissances et des Personnes neutres en cas de guerre sur terre, déclare : « Il est interdit aux belligérants de faire passer à travers le territoire d'une Puissance neutre des troupes ou des convois, soit de munitions, soit d'approvisionnements ». Et l'article 7 de la même Convention stipule « qu'une puissance neutre n'est pas tenue d'empêcher l'exportation ou le transit, pour le compte de l'un ou de l'autre des belligérants, d'armes, de munitions, et, en général, de tout ce qui peut être utile à une armée ou à une flotte ». Il résulte de ces dispositions que le transport des armes et des munitions n'est pas interdit, mais qu'il est interdit de faire passer à travers le territoire neutre des colonnes escortées par des troupes. Par conséquent, suivant le droit international, notre pays n'a pas le devoir d'intervenir et notre douane n'a pas besoin de défendre l'exportation ou le transit d'armes ou de munitions. Cependant l'article 2 du règlement chinois sur la neutralité porte ce qui suit : « Des troupes d'un des belligérants, ainsi que leurs munitions de guerre ou leurs approvisionnements, ne sont pas admis à traverser le territoire ou les eaux territoriales de la Chine ». De sorte que notre règlement sur la neutralité est plus strict que les stipulations votées à la 2ᵉ Conférence de La Haye. C'est selon le règlement chinois sur la neutralité que nous devons agir. Tout transport d'armes à travers le territoire ou les eaux territoriales de la Chine devra donc être retenu, sans distinction de navires, soit neutres, soit belligérants. Mais l'attention doit être attirée sur l'interprétation qu'il faut donner à l'article 2 du règlement chinois sur la neutralité : l'expression « *les munitions de guerre des pays belligérants* » signifie « les munitions appartenant aux gouvernements des pays belligérants ». En d'autres termes, les munitions qui appartiennent aux négociants des pays belligérants ne tombent pas sous le coup de la prohibition. Si des négociants font le commerce en transportant des armes, naturellement ils agissent à leurs risques et périls ; leurs armes et le navire qui les transporte pourront être capturés sur mer par les autres belligérants, mais l'acte de transport n'est pas en lui-même interdit par le droit.

international et par le règlement; sur la neutralité chinoise,
Nous n'avons donc pas l'obligation de les détenir. Quant à
l'examen minutieux des papiers à bord pour vérifier si les ar·
mes transportées appartiennent au gouvernement d'un pays
belligérant ou sont la propriété d'un simple négociant, c'est
une pure question de fait (1).

Cet avis du Bureau de la Neutralité fut adopté par le
Président de la République, et ce dernier envoya des
instructions en conséquence à toutes les douanes chi·
noises.

2. — Protestation allemande contre l'intervention de la douane chinoise en matière de neutralité

Le 22 août 1914, un navire de commerce nommé
Kangwei jetait l'ancre dans le port d'Amoy. L'inspec·
teur de la douane qui le visita n'y trouva aucune mar·
chandise. Mais à bord de ce navire il y avait plusieurs
dizaines d'Allemands. Le 25, à 4 heures de l'après·midi,
ces Allemands affrétèrent un navire chinois, le *Kien·
tchang*, afin de partir pour Ningpo, d'où ils iraient à
Shanghaï s'enrôler dans le service militaire de leur pays.
Le *Kientchang* devant partir le jour même à 5 heures,
on ne put le soumettre à l'inspection douanière, et le
temps manqua pour consulter les autorités locales sur
les mesures qu'il convenait de prendre à l'égard de na·
tionaux d'un pays belligérant voulant s'embarquer à
bord d'un navire chinois. Mais ce navire chinois ne
devait pas aller directement à Ningpo, il devait n'y ar·
river qu'après s'être arrêté dans plusieurs ports non
ouverts au commerce étranger ; et ce fait était de nature
à causer des difficultés à la douane. Aussi, finalement, le

(1) Mémorandum du Bureau de la Neutralité, en date du 15
Août 1914.

capitaine du navire *Kientchang* refusa de prendre les Allemands comme passagers.

A la suite de cette décision, le lendemain matin, le Consul d'Allemagne à Amoy adressa une note arrogante à l'inspecteur de la douane. Ce dernier lui répondit en invoquant les trois raisons susmentionnées, et en le priant en outre de l'aviser à temps à l'avenir lorsque des Allemands voudraient partir, afin que les autorités douanières pussent faire tout ce qu'il y avait à faire. Mais le 27, le Consul allemand fit parvenir au Commissaire des Affaires Etrangères à Amoy une note dans laquelle il lui exposa d'un ton menaçant que l'intervention de l'inspecteur de la douane dans une affaire qui ne le regardait pas pourrait susciter une grave question diplomatique ; il demanda en conséquence que cet inspecteur fût suspendu de ses fonctions ou qu'on lui défendît d'exercer une autorité quelconque pour empêcher les navires de commerce chinois, quittant le port, de transporter des Allemands. Le Commissaire des Affaires Etrangères à Amoy alla le 28 voir le Consul afin de discuter l'affaire verbalement avec lui. Il lui dit que l'inspecteur de la douane, quoique de nationalité étrangère, était chargé par les autorités chinoises des fonctions d'inspecter, que les voyageurs étrangers doivent être soumis à la visite des douanes, mais qu'ils peuvent quitter librement le port s'ils ne violent pas les règlements en voulant prendre passage sur un bateau chinois dans l'intention de s'enrôler. Le Consul d'Allemagne prévint le Commissaire qu'il y avait dans le Kangwei 60 Allemands qui devaient partir prochainement en deux groupes, dont l'un, de trente personnes, quitterait le surlendemain Amoy pour Shanghaï, et dès lors lui demanda de l'assurer que ces Allemands pourraient s'en aller avec un laissez-passer spécial qu'il leur délivrerait. Le Commissaire déclara que, pour cela, le mieux était qu'il s'adressât à la Compagnie de navigation, car les autorités chinoises n'étaient pas tenues d'intervenir dans semblable affaire et de donner un laissez-passer (1).

Saisi de la question, le Ministère des Affaires Etrangères, dans le télégramme qu'il envoya à son Commissaire, insista sur les trois points suivants : 1° Aucun des voyageurs prenant passage sur le bateau chinois ne devra être en uniforme militaire ni porter des armes. 2° Les voyageurs ne devront pas être organisés militairement avec un commandant à leur tête. 3° Le traitement devra être égal pour les passagers de toutes les nationalités (2).

Le Ministre d'Allemagne à Pékin s'était également préoccupé de la question. Il avait protesté directement auprès du Ministère des Affaires Etrangères contre l'action de l'inspecteur de la douane à Amoy, se plaignant de ce que celui-ci avait empêché le navire de commerce chinois de transporter les Allemands à destination de Shanghaï et de plus les avait obligés à présenter des cartes à la douane pour que cette dernière pût mieux exercer son contrôle sur les Allemands et savoir s'ils allaient à Tsingtao en qualité de réservistes. Il prétendait que le but du voyage des Allemands n'intéressait pas la neutralité de la Chine et que, Tsingtao étant fermé à l'entrée, le contrôle sur les Allemands au départ était tout à fait inutile, qu'en tout cas l'inspecteur de la douane n'avait aucun droit de contrôle sur les Allemands.

L'avis du Surintendant des douanes en cette affaire fut que, si les faits contre lesquels le Ministre allemand protestait étaient fondés, l'inspecteur de la douane à Amoy avait dépassé la limite de ses pouvoirs. Il ordonna donc une enquête à ce sujet. Il fit observer, en ce qui concerne le voyage des Allemands, que, s'il s'agissait de simples voyageurs et si aucun soupçon ne peut être porté sur eux,

<hr>

(1) V. télégramme du Commissaire des Affaires Etrangères à Amoy au Waïchiaopu, en date du 29 Août 1914.

(2) Télégramme du Waïchiaopu au Commissaire des Affaires Etrangères à Amoy, en date du 31 Août 1914.

l'intervention de la douane ne saurait avoir de raison
d'être (1).

3. — Les aventures des marins autrichiens sortant de Tsingtao et y retournant

Vers le 26 août 1914, plus de quatre cents marins arrivaient à Tientsin, venant de Tsingtao, où ils formaient
l'équipage des bâtiments de guerre autrichiens se trouvant dans ce port. Ils étaient tous en civil et ne portaient
pas d'armes. A la fin du même mois, une quarantaine de
ces marins, divisés en deux groupes, se mirent en route
pour aller à Tsinan, avec l'intention de rentrer à Tsingtao. Leur retour était dû sans doute à un ordre secret
qu'ils avaient reçu de Tsingtao par la voie de leur Consul à Tientsin. Mais un agent du Japon, qui avait eu
connaissance du fait, demanda immédiatement au Gouverneur civil de la Province métropole d'empêcher les
Allemands de rentrer à Tsingtao.

Les autorités chinoises décidèrent alors d'étudier la
question.

La Haute Direction des Affaires Militaires fit dire au
Gouverneur que les marins autrichiens, quoique habil-
lés en civil et sans armes, ne pouvaient pas se rendre à
Tsingtao, s'il était établi qu'ils appartenaient aux armées
de terre ou de mer belligérants, et qu'à ce sujet des mesures sévères devaient être prises. Le Commissaire des
Affaires Étrangères, sur les instructions du Gouverneur,
se mit, de son côté, en rapports avec le Consul d'Autriche-Hongrie à Tientsin. Ce Consul, après avoir consulté
l'officier qui avait commandé les quatre cents marins
autrichiens, déclara au Commissaire qu'aucun marin n'a-
vait été envoyé à Tsinan, que l'Autriche était décidée à
observer strictement les règles sur la neutralité chinoise,

(1) Instructions du Surintendant des douanes au Commissaire général des douanes avec ordre de les transmettre à l'inspecteur de la Douane à Amoy.

que l'agent japonais voyait dans tous les étrangers qu'il
rencontrait des marins autrichiens, que les marins qu'on
avait aperçus à Tsinan étaient sans doute ceux que les
Russes avaient expulsés de Harbin. Et, en même temps,
il fit placarder un avis prévenant les quatre cents marins
de Tsingtao qu'ils seraient protégés et logés dans la concession autrichienne à Tientsin.

Il semblait dès lors que l'incident fût clos. Et de fait,
un agent du Bureau des Affaires Étrangères, après avoir
vu l'affiche du Consulat autrichien, déclara qu'il était
certain qu'aucun marin autrichien n'était parti pour
Tsingtao.

C'est cependant tout autrement que les choses se pas-
saient.

Le Commissaire de la police avait détaché quelques-
uns de ses agents, avec un employé étranger qui leur
servait d'interprète, à Tientsin, aux deux gares du chemin de fer Tientsin-Pukow. Or, le 6 août, à 10 heures
du matin, un de ces agents surprenait un Autrichien
qui voulait partir pour Tsinan par le chemin de fer. Et,
questionné, celui-ci se déclara officier de l'armée autrichienne. Il fut aussitôt conduit au Consulat d'Autriche-
Hongrie à Tientsin. Le Consul et l'officier autrichiens,
en se voyant, se mirent tous deux à éclater de rire !

Le 9 septembre, trois autres officiers en civil furent encore découverts dans un train du chemin de fer Tientsin-
Pukow. Et, comme le premier, ils furent livrés au Consul d'Autriche. Ici encore ce fut par des éclats de rire
que le Consul les accueillit.

Le 10 septembre, par une lettre adressée à un des secrétaires du Bureau des Affaires Étrangères à Tientsin,
le Consul autrichien demanda pour soixante-quatorze
soldats dispensés de tout service militaire, la permission
de se rendre à Tientsin ou à Kiaotcheou pour y chercher
des places. On ne donna pas suite à cette requête, parce
qu'à cette époque l'Autriche avait sous ses drapeaux des
hommes âgés de plus de quarante ans.

On s'aperçut bientôt que le nombre des marins autrichiens laissés à Tientsin aux soins du Consul autrichien, diminuait de jour en jour, et ainsi on fut presque certain qu'ils s'échappaient de Tientsin pour rentrer secrètement à Tsingtao.

Les Japonais commencèrent à s'émouvoir.

Le 13 septembre, le Gouverneur civil de la Province métropole était prévenu par le Commissaire de la police et télégraphiait au Ministère des Affaires Etrangères que le Consul du Japon à Tientsin avait demandé pour quels motifs les autorités chinoises n'avaient pas interdit le passage à Tientsin à plus de quarante soldats autrichiens déguisés en négociants qui se rendaient à Tsinan par le chemin de fer Tientsin-Pukow.

Le Consul du Japon à Tientsin était, d'autre part, allé, le même jour, voir le Gouverneur civil de la Province métropole pour le prévenir qu'une dizaine de soldats autrichiens déguisés étaient en train de partir pour Tsinan et que, au moment où l'armée japonaise venait de débarquer derrière Tsingtao, ce fait était considéré par les autorités militaires comme des plus graves (1).

Dans ces conditions, le Gouverneur civil de la Province métropole, par une dépêche du 13 septembre, avertit le Ministère des Affaires Etrangères qu'il n'était plus dorénavant possible, sans inconvénients, de laisser passer des Autrichiens et pria par conséquent le Waïchiaopu de demander immédiatement au Ministre autrichien qu'il donne des ordres à son Consul à Tientsin pour empêcher le départ de soldats autrichiens déguisés.

Il était vraiment temps d'aviser. Dans la nuit même du 13 au 14 septembre, plus de quatre-vingt-dix soldats autrichiens déguisés en négociants arrivaient de Tientsin à Tsinan. Craignant d'être retenus dans l'hôtel européen où ils étaient descendus, ils s'échappèrent aussitôt

(1) Télégramme du Gouverneur civil de la Province métropole au Waïchiaopu, en date du 13 Septembre 1914.

par un train spécial que les Allemands avaient préparé pour eux, tandis que le Consul autrichien de Tsinan parlementait avec le Commissaire des Affaires Etrangères (1).

Tous ces faits finirent par décider le Gouverneur militaire, le Commissaire des Affaires Etrangères et la police de Tientsin à exercer une surveillance plus rigoureuse. Aussi les soldats autrichiens durent-ils chercher de nouveaux moyens de rentrer secrètement à Tsingtao. Voici, d'après le rapport de la police de Tientsin, l'un de ceux qu'ils employèrent :

Les marins autrichiens descendirent le Grand Canal dans des barques jusqu'à la province voisine, et là, ils prirent le train à un endroit où il n'y avait pas de police chinoise et d'agent de l'armée japonaise qui pussent les examiner et les arrêter. De la sorte ils purent arriver à destination avant que les ordres de Pékin ne parvinssent aux autorités de la province voisine.

Tout cela montre une fois de plus combien il est difficile à un Etat neutre d'observer strictement la neutralité, lorsque son territoire se trouve soumis à certaines restrictions internationales.

4. — Préparation pour l'éventualité de la retraite des Allemands

Dès le milieu du mois d'octobre 1914 le sort de Tsingtao se trouvait décidé. L'avancement graduel des armées anglo-japonaises ne laissait aucun doute aux autorités militaires commandant l'armée chinoise au Shantoung, que la capitulation en était imminente. Mais il se pouvait que, sans attendre la capitulation, les assiégés, démoralisés, battissent en retraite en gagnant le territoire

(1) Télégramme du Gouverneur militaire du Shantoung à la Haute Direction des Affaires Militaires, en date du 16 Septembre 1914.

neutre de la Chine, c'est-à-dire des régions en dehors de la délimitation du théâtre de la guerre. Que devrait faire le Gouvernement chinois si cette éventualité se réalisait? D'après la Convention de La Haye de 1907, les troupes belligérantes, entrées en territoire neutre, doivent être désarmées et internées par l'État neutre. C'est cette solution que les autorités militaires du Shantoung se proposaient d'appliquer : la preuve en est dans le télégramme suivant que le gouverneur Ching Yun Pan adressait à la Haute Direction des Affaires Militaires :

Les Allemands de Tsingtao sont isolés et sans espoir de secours. Si la situation devient tout à fait intenable pour eux, ils battront en retraite dans la direction sud-ouest de Kiaot-cheou. Nous avons télégraphié au Commandant de Division Chang que, étant donné la situation, il convient de partager les troupes, de tenir les positions importantes et de faire des préparatifs pour l'internement des Allemands en retraite. En effet, selon des renseignements qui nous sont parvenus, le gros de l'armée japonaise se trouvait hier et se trouve aujourd'hui encore au sud des régions de Tchimou et Litsoun. A l'ouest de la côte de Tsingtao, aux endroits les mieux situés pour un débarquement comme à Sing-an, à Houng-chi-ya et à Taputeou, il ne reste que très peu de forces japonaises, en nombre tout juste suffisant pour la surveillance. Il paraît que c'est à dessein que les Japonais ont agi ainsi : ils veulent laisser aux Allemands un côté ouvert pour leur permettre de sortir, ce qui écarterait chez l'ennemi la résolution de résister jusqu'au bout. Depuis quelques jours, les Allemands se sont servis du chemin laissé ouvert pour renvoyer les Chinois qui étaient dans la forteresse. Quand les Allemands battront en retraite, ils iront vers l'ouest de Tsingtao afin de débarquer aux endroits susmentionnés et se dirigeront par le grand chemin vers la ville fortifiée de Tchutcheng.

Je propose, en conséquence, de détacher un bataillon mixte qui, sous le commandement de la 18e Division à Tchu-tcheng, gardera les points stratégiques, et, en cas que les Allemands battraient en retraite, les désarmera et les internera.

Mais, pour éviter tout malentendu, le général Kamio, commandant en chef de l'armée japonaise, en sera averti.

Ching Yun Pan.

Une réponse télégraphique de la Haute Direction des Affaires Militaires au Gouverneur l'avertit que le Président de la République jugeait bonne la mesure qu'il proposait.

5. — Une grande quantité de dynamite confiée aux soins des autorités chinoises par les Allemands

Il existait près de Tsinan une mine de charbon de terre qui appartenait à une compagnie de mine allemande, et celle-ci y avait un grand dépôt de dynamite pour faire sauter les mines. Le 9 octobre, le Consul d'Allemagne à Tientsin avertit le Gouverneur civil de la Province métropole que quatre wagons de dynamite étaient expédiés de Tsinan à Tientsin et pria les autorités chinoises de vouloir bien les garder jusqu'à la fin de la guerre, soit à la douane de Tientsin, soit à tel autre endroit qu'elles jugeraient convenable pour la conservation de cette matière explosive. On pouvait craindre que la dynamite ne fût saisie par l'armée japonaise, si elle restait aux mains des Allemands. Mais, comme la dynamite peut sauter facilement d'elle-même par le froid, les fonctionnaires chinois du gouvernement local et de la douane de Tientsin, ainsi que la Haute Direction des Affaires militaires et le Bureau de la Neutralité à Pékin furent fort ennuyés de cette communication du Consul allemand. Ils se demandèrent ce qu'ils allaient faire de ce matériel de guerre ! Après un échange de correspondances entre les différentes branches du Gouvernement, on décida finalement de le garder dans les dépôts de l'ancienne forteresse de Takou, qui est suffisamment éloignée de la ville de Tientsin

et du village de Takou, pour que sa présence ne soit pas
un danger pour le public (1).

6. — Le voyage et les bagages du Consul d'Allemagne à Nankin

Le 25 août 1914, le Consul d'Allemagne à Nankin partit pour Tsinan par le chemin de fer Tientsin-Pukow.
Il avait avec lui quatre malles très pesantes. A la gare
de Pukow, on voulut les visiter, mais le Consul s'y refusa. Comme le train devait arriver à Tsinan le même
jour à 3 heures de l'après-midi, le Gouverneur militaire du Shantoung demanda télégraphiquement des instructions au gouvernement central : « En temps ordinaire, dit-il, les bagages d'un consul étranger sont
exempts de la visite, mais dans ce moment où les circonstances sont critiques, la solution peut être différente. Si
le Consul allemand, arrivé à Tsinan, ne repart pas pour
Tsingtao, on pourra encore lui accorder cette exemption ;
mais, s'il repart de Tsinan pour Tsingtao avec ses lourds
bagages, doit-on les laisser passer librement sans visite ?
Si on admet l'affirmative, il est à craindre qu'une telle
tolérance ne suscite la protestation des autres pays belligérants. Veuillez me répondre télégraphiquement. »

En fait, le Consul allemand n'alla pas à Tsingtao, et
dès lors il ne fut pas question de la visite de ses malles.
Il n'est cependant pas sans intérêt d'indiquer ici la réponse que la Haute Direction des Affaires Militaires fit à
la demande du Gouverneur. Elle est importante au point
de vue du droit international. Il en résulte en effet que
le Gouvernement chinois était décidé à ne pas respecter
l'immunité consulaire dans le cas où celle-ci serait en
conflit avec les obligations de sa neutralité. Sa réponse

(1) Télégramme du Gouverneur civil de la Province métropole à la Haute Direction des Affaires Militaires, en date du
4 Octobre 1914.

était ainsi conçue : « Si le Consul allemand a l'intention d'aller à Tsingtao, ses malles doivent être visitées selon les règlements en vigueur. Si ses malles contiennent des matériaux de guerre, il faudra les retenir en garde (1). »

7. — Les aventures d'un officier allemand autrefois au service du Gouvernement Chinois : Incident Denkermann

Un officier allemand, nommé Denkermann, était depuis de longues années au service du Gouvernement chinois. Son occupation apparente était l'étude des choses militaires en Chine ; en réalité, il était le conseiller personnel du Président de la République pour les matières militaires et quasi-diplomatiques. La présence d'un pareil conseiller n'était pas sans utilité. Nombreuses étaient les questions militaires, petites ou grandes, qui devaient se traiter entre la Chine et l'Allemagne : achat d'armes allemandes pour l'armée chinoise; engagements d'instructeurs allemands pour l'éducation des soldats chinois, envoi d'officiers chinois en Allemagne pour y étudier et observer les choses militaires. Toutes ces questions réclamaient de libres négociations avant d'être posées à la diplomatie et de faire l'objet de notes et de protocoles. Il est vrai qu'il y avait en Chine un attaché militaire de la légation allemande; mais cet attaché était un fonctionnaire de l'Allemagne et non pas de la Chine : il aidait son ministre à observer et à négocier les matières militaires, et dès lors ne pouvait être employé par le Président de la République dans l'intérêt de la Chine. L'Allemagne pouvait elle-même avoir intérêt à voir ainsi un de ses officiers occuper, comme conseiller, une position de confiance auprès du Président. Ce n'est pas là d'ailleurs un cas qui lui était particulier : la France, le

(1) Correspondances télégraphiques entre le Gouverneur militaire du Shantoung et la Haute Direction des Affaires Militaires, en date du 28 Août 1914.

Japon et la Russie ont eu ou ont encore des officiers au service de la Chine.

Dans le contrat d'engagement de ces conseillers militaires, il était stipulé qu'en cas de guerre, ils pourraient quitter leur poste pour entrer au service de leur propre pays. Quand le Japon eut déclaré la guerre à l'Allemagne, Denkermann abandonna donc ses fonctions en Chine et reprit sa place comme major dans l'armée allemande.

C'est à Tsingtao, au milieu de la bataille, qu'il fut appelé à servir. Ses services donnèrent lieu à un incident intéressant le droit international. Le 6 novembre 1914, en plein siège, un aéroplane sortait de Tsingtao et venait descendre dans la province du Kiangsou, sur la côte à l'est de Siutchow, près de la voie du chemin de fer Tientsin-Pukow, à 300 kilomètres environ, en ligne directe, de la forteresse de Tsingtao. Or, l'aviateur qui montait cet appareil n'était autre que Denkermann. La machine fut prise en garde par les autorités locales et, le 11 novembre, son pilote fut conduit à Nankin. Le même jour, au soir, le Consul allemand de cette ville l'invitait à dîner. Mais bientôt il disparaissait. Le Consul l'avait aidé à s'échapper. Celui-ci prétendit que l'officier était parti pour Shanghaï. En réalité, il s'était rendu à Pékin. La responsabilité du Consul allemand devrait, dans ces conditions, se trouver certainement engagée, au cas où Denkermann prendrait part ultérieurement à un acte de guerre.

A Pékin, la présence de Denkermann ne tarda pas à attirer l'attention des résidants étrangers, de la presse pékinoise et surtout des légations d'Angleterre, de France et du Japon. Comment la Chine pouvait-elle tolérer son séjour à Pékin, sans manquer à son devoir de neutralité ? C'est la question que tout le monde se posa, car on savait que Denkermann était un officier d'un pays belligérant qui avait participé aux combats de Tsingtao.

Le Bureau de la Neutralité fut dès lors appelé à donner son avis sur le traitement qu'il convenait d'appliquer à l'ancien conseiller militaire. L'opinion qu'il émit consista à dire que Denkermann devait être assimilé à un officier d'une armée belligérante reçu en territoire neutre, et qu'en conséquence il tombait sous le coup du troisième alinéa de l'article 11 de la convention de La Haye sur la neutralité sur terre, ainsi conçu : « La puissance neutre décidera si les officiers peuvent être laissés libres en prenant l'engagement sur parole de ne pas quitter le territoire sans autorisation (1). »

Conformément à cette opinion, Denkermann fut autorisé à habiter Pékin sous la surveillance du Gouvernement chinois. Mais il ne pouvait se tenir tranquille ! Il parvint à se soustraire à la vigilance de la police et s'en alla dans la province éloignée du Sintchiang où il s'occupa à agiter les mahométans chinois contre les puissances alliées. On put toutefois l'arrêter. Reconduit à Pékin, il se sauva de nouveau, et, cette fois, sa fuite fut plus heureuse car il échappa à toutes les recherches. On a appris plus tard qu'il s'était réfugié aux Indes ou en Perse. Ses amis de Pékin se souviennent-ils encore de lui ? Espérons qu'il vit toujours et pourra quelque jour entretenir le monde de l'histoire de ses aventures !

(1) Mémoire du Bureau de la Neutralité au Président de la République, en date du 14 Novembre 1914.

CHAPITRE V

INCIDENTS DE LA NEUTRALITÉ CHINOISE COMME CONSÉQUENCE DE LA CONTIGUÏTÉ DES FRONTIÈRES SINO-RUSSES.

I. — Demande du Consul russe à Harbin d'expulser les Allemands de Houlan (1)

Outre que la Mongolie se trouve limitée au nord par la Sibérie, la Chine est contigue à la Russie en trois endroits différents : 1° Le fleuve Amour ou Héloungkiang sépare la Chine de la Russie ; et sur ce fleuve, facile à traverser, est située la ville d'Aigun, centre d'un commerce considérable, vis-à-vis de la ville russe importante de Blagoveschensk. 2° Le chemin de fer transsibérien passe, avant d'arriver à Vladivostok, par les provinces chinoises de Kirin et de Héloungkiang, et son embranchement, le chemin de fer Chinois de l'Est, traverse le sud de la Mandchourie pour aboutir à Dalny, connu sous le nom chinois de Talienwan. 3° Vladivostok, port militaire sur le Pacifique, autrefois port chinois de Haïsan-wei, est l'un des débouchés du Transsibérien : la Russie y reçoit les armes et les matériaux de guerre du Japon et des États-Unis et les approvisionnements de toutes les parties de la Chine.

Cette situation géographique de la Chine par rapport à la Russie a donné lieu, pendant la grande guerre, à de

(1) Poste militaire chinois situé sur le Soungari.

nombreux incidents qui ont mis en jeu la neutralité chinoise. Ces incidents sont intéressants à étudier au point de vue du droit des gens.

Comme Harbin est une jonction importante du Transsibérien avec le Chemin de fer chinois de l'Est qui descend au sud vers Talienwan et Port-Arthur à travers la Mandchourie, un Bureau des Affaires Etrangères y fut installé pour régler les questions internationales, surtout celles concernant les chemins de fer.

Aux environs de Harbin, à Houlan, il existait une sucrerie où neuf Allemands étaient employés. Quelques jours après l'ouverture des hostilités entre la Russie et l'Allemagne, le Consul russe de Harbin demanda au Commissaire des Affaires Etrangères d'ordonner immédiatement l'expulsion ou l'internement de ces Allemands avec leurs familles. Le Gouverneur militaire refusa, par le motif que la sucrerie ne se trouvait pas dans les limites du territoire appartenant au chemin de fer russe et que dès lors le Consul de Russie n'avait pas le droit d'intervenir. Comme mesure de précaution, un officier chinois fut envoyé pour y protéger les Allemands. Ceux-ci, sur les conseils de cet officier, consentirent à quitter d'eux-mêmes Houlan. (1)

2. — L'achat des vivres par les Russes en Mongolie.

L'autorisation d'acheter des vivres pour l'approvisionnement d'une armée belligérante ne doit pas être considérée comme une violation de la neutralité (2). Mais l'achat de vivres par l'agent d'une armée belligérante assiégée dans une forteresse peut être assimilé à l'achat de vivres par l'agent d'un bâtiment de guerre. C'est

(1) Télégramme du Gouverneur militaire de Héloungkiang à la Haute Direction des Affaires Militaires, en date du 29 Août 1914.

(2) Bonfils-Fauchille, *Manuel de droit international public*, 7ᵉ édit., paragraphe 1475.

donc à juste titre que les autorités locales du Shantoung montrèrent une grande circonspection en ce qui concerne l'acquisition de denrées pour les armées allemandes de Tsingtao.

L'achat et la vente des denrées dans un pays frontière comme la Mongolie étaient, au contraire, soumis à des règles différentes.

Le 14 Juillet, des soldats envoyés en reconnaissance par le Résident général de Kalgan avaient remarqué que les Russes achetaient du bétail dans les villages de l'Etendard vert (1). Le 9 août, d'autres militaires chinois chargés de surveiller les Tufei (2) apprirent, en revenant de leur expédition, que, dans un district situé à plus de 300 li nord-ouest de Taloun, deux Russes, accompagnés de deux interprètes, avaient fait l'acquisition de plus de 300 vaches. Enfin, le 14 août, un groupe de soldats chinois rencontra huit Russes en train d'acheter plus de 100 vaches dans une localité à 300 li de l'Etendard blanc de Taoutala.

Prévenu de ces faits, le Résident général demanda par télégramme à la Haute Direction des Affaires Militaires si les articles 16 et 18 des règles chinoises sur la neutralité prohibaient l'achat du bétail (3).

La réponse que fit à cette demande la Haute Direction des Affaires Militaires n'a pas été trouvée dans les archives. Mais, étant donné la nature des faits mentionnés, nous estimons que l'achat du bétail sur le territoire chinois n'était pas interdit aux Russes par les

---

(1) Les habitants pastoraux de la Mongolie vivent sous des tentes et forment des groupes qui se distinguent par la couleur des drapeaux qu'ils y arborent.

(2) Les Tufei sont des bandits qui ravagent en groupes les provinces lointaines de la Chine.

(3) Télégramme de Tien Tsou Yu, Résident général de Kalgan, à la Haute Direction des Affaires Militaires, en date du 19 Août 1914.

règlements chinois : ces Russes ne faisaient pas, en effet, partie des troupes combattantes.

C'est aux environs de Kalgan, nom mongol de Chan-tchia-kow, que s'opéraient tous ces achats. Cet endroit est relié à Pékin par la ligne Pékin-Suiyuan, et il constitue l'un des points ouverts de la Grande Muraille qui divise la Province Métropole en deux parties : partie en deçà et pays au-delà du mur, contiguës toutes deux à la Mongolie. Il est curieux de constater que l'armée russe qui combattait en Europe devait se procurer ses approvisionnements dans cette partie du monde.

3. — La fuite des prisonniers de guerre allemands et autrichiens par la frontière de la Mandchourie

Au mois de janvier 1915, cinq prisonniers de guerre austro-allemands, évadés de la frontière russe, se réfugièrent dans la province chinoise de Kirin. Deux d'entre eux souffraient gravement d'engelures. Par ordre du Ministre des Affaires Étrangères, ils furent confiés aux soins du Magistrat de Yuentchi. La Légation d'Allemagne à Pékin demanda au Gouvernement chinois de les bien protéger, et celle de Russie exigea qu'on les gardât sérieusement pour qu'ils ne pussent pas s'échapper. Mais l'état d'un des deux malades devint bientôt si inquiétant qu'on se trouva dans la nécessité, pour assurer sa vie, de lui amputer la jambe. Faisant observer qu'à Tchiyuan le docteur et les médicaments n'étaient pas suffisants pour pratiquer l'opération, le prisonnier demanda à être transféré dans une autre ville : les autres prisonniers voulurent accompagner leur camarade. Les légations d'Allemagne et d'Autriche-Hongrie à Pékin sollicitèrent alors instamment le Wai-chiaopu d'envoyer un docteur allemand à Yuentchi pour donner ses soins au malade. Mais le Magistrat de Yuentchi fit remarquer que ce ne serait pas assez d'expédier un médecin allemand pour faire l'opération, car, la jambe amputée, il faudrait la remplacer par une jambe de bois, ce qui nécessiterait le transfert du prisonnier dans un hôpital allemand de Shanghai; il pria donc le Ministère des Affaires Étrangères, étant donné la situation, de faire droit à la demande du prisonnier malade, ainsi qu'à celle de ses camarades qui désiraient l'accompagner à Shanghai. Le Waichiaopu télégraphia au Gouverneur militaire de Kirin et au Magistrat de Yuentchi de transporter tous les prisonniers de guerre dans la ville de Kirin. Les deux prisonniers de guerre demandèrent ensuite la permission d'aller à Tientsin pour y suivre un traitement médical. De son côté, la Légation autrichienne de Pékin réclama à plusieurs reprises leur transport à Pékin pour y recevoir des soins appropriés à leur état : le ministre autrichien faisait valoir qu'ils étaient devenus invalides et garantissait qu'ils ne participeraient plus à la guerre après leur guérison. Le Gouvernement chinois finit par y consentir.

Un autre fait est rapporté par le Gouverneur civil de Kirin. Trois prisonniers de guerre allemands installés dans la ville de Kirin s'y montraient récalcitrants. Et l'on pouvait craindre que leur séjour à Kirin ne devînt un jour ou l'autre l'objet d'une protestation de la part de la Russie. Le Gouverneur demanda en conséquence qu'on les transportât à Nankin où il y avait déjà plus de soixante marins allemands internés. Le Ministre des Affaires Étrangères acquiesça à sa demande (1). Cette mesure était juste.

L'état de révolte des prisonniers allemands et autrichiens tenait à ce que Kirin et Yuentchi, où ils étaient internés, étaient des localités lointaines où il n'y avait pas assez d'hommes pour que la Chine pût les soumettre à son autorité ; à Nankin, ancienne capitale de la Chine et siège

(1) Note du Ministère des Affaires Étrangères à la Haute Direction des Affaires Militaires, en date du 20 Juillet 1915.

de la 16ᵉ division, commandée par le Général Fengkuo-tchang, on avait les moyens de leur imposer obéissance.

Des faits d'une nature analogue doivent encore être signalés.

Le 4 Septembre 1915, le Ministère des Affaires Étrangères adressait à la Haute Direction des Affaires Militaires la lettre suivante :

Un télégramme du Commissaire des Affaires Etrangères à Kirin nous annonce que neuf prisonniers de guerre autrichiens se sont réfugiés à Ilan. Or ce télégramme ajoute que cette dernière ville est tout près du camp russe, et qu'ainsi il n'est pas commode de les y interner. Mais, le Commissaire remarque que, pour les envoyer dans la ville de Kirin, il faudrait les transporter par le chemin de fer Chinois de l'Est et que ce chemin de fer est exploité par leur ennemi. Il est donc difficile de les retenir à Ilan ou de les expédier ailleurs. Un rapport du sous-préfet de Tonning nous avertit, d'autre part, que deux prisonniers de guerre autrichiens, échappés de la frontière russe, sont arrivés à Tonning où les Russes les recherchent avec ardeur, mais qu'il est impossible de les envoyer ailleurs, car à la sortie de la ville il y a de profondes forêts qui exposeraient à de graves dangers. On nous demande où il faut expédier tous ces prisonniers, s'il convient de les interner là où ils se trouvent. Le Ministère, après examen des faits, est d'avis qu'on doit laisser les prisonniers de guerre autrichiens dans les villes où ils sont actuellement et il estime que, pour assurer leur protection en même temps que pour maintenir la neutralité chinoise, il faut prier la Haute Direction des Affaires Militaires d'envoyer à la frontière de Kirin des officiers sachant le russe et l'allemand qui y stationneront avec quelques détachements militaires.

Si nous avons indiqué ces divers faits, c'est pour montrer combien il est difficile, dans un pays aussi vaste que la Chine, soumis à des restrictions internationales, lorsqu'il est neutre, d'interner et de protéger des prisonniers de guerre échappés d'un pays voisin en état de guerre.

4. — Capture par les Russes des prisonniers de guerre allemands et autrichiens réfugiés en territoire chinois.

Au mois de juillet 1915, trois prisonniers de guerre autrichiens et un prisonnier de guerre allemand s'étaient réfugiés à Soeiyuen. Le magistrat de cette ville détacha quelques agents de police pour les escorter jusqu'à Kirin. Mais, arrivés à Tongtchiangchen, ils furent capturés par des soldats russes. Le Ministre des Affaires Étrangères de Chine protesta vivement contre cette atteinte à la souveraineté chinoise. Le Ministre de Russie à Pékin répondit à sa protestation en déclarant que la Chine ferait mieux, afin d'éviter tout incident de frontière, d'interner les prisonniers de guerre évadés. Quant au Ministre d'Allemagne à Pékin, il prétendit à plusieurs reprises que la Chine était responsable de la capture, sur son territoire neutre, des prisonniers de guerre austro-allemands par des soldats russes.

Ce point souleva une question de droit international qui embarrassa grandement les juristes chinois. L'article 13 de la Convention de La Haye concernant la neutralité en cas de guerre sur terre déclare : « La puissance neutre qui reçoit des prisonniers de guerre évadés les laissera en liberté. Si elle tolère leur séjour sur son territoire, elle peut leur assigner une résidence. » C'est d'après cet article qu'on avait rédigé l'article 9 des règles chinoises sur la neutralité aux termes duquel : « Les prisonniers de guerre amenés sur le territoire de la Chine par des troupes belligérantes, comme ceux qui se sont sauvés en Chine, doivent être immédiatement mis en liberté. » Mais l'expérience a démontré que quand des prisonniers de guerre échappent à la captivité du pays ennemi en se réfugiant dans les provinces éloignées d'un État neutre à proximité de la frontière de ce pays ennemi, ils s'exposent à être recapturés par l'ennemi dès lors que celui-ci n'hésite pas, en passant sa frontière, à violer la souveraineté de l'Etat neutre. Dans cette situation, la Chine se considéra comme obligée de déroger à la disposition de son règlement sur la neutralité en internant à Nankin les prisonniers évadés (1).

5. — Le chemin de fer transsibérien et la neutralité de la Chine

On pouvait prévoir dès les premiers jours de la guerre que le Transsibérien serait utilisé par la Russie pour le transport des armes et des matériaux de guerre qu'elle importait du Japon ou des Etats-Unis par Vladivostok. Mais cette ligne traversait des provinces chinoises. Des difficultés devaient dès lors naître nécessairement en ce qui concerne la neutralité de la Chine.

Il existe des douanes chinoises à côté des douanes russes à l'entrée et à la sortie de la Mandchourie du nord. Le Gouvernement chinois, prévoyant des incidents, donna l'ordre aux douanes des deux gares Pogranitchnaya et Mandchourie de laisser passer les trains militaires russes sans les inspecter. Mais, manquant de tact, le Commandant militaire russe du Transsibérien jugea bon de faire placarder dans toutes les gares du réseau une proclamation qu'il avait rendue le 11/24 septembre 1914, et dans laquelle se trouvait un 3ᵉ paragraphe, ainsi conçu : « Aucune inspection des douanes chinoises et russes à Pogranitchnaya et à Mandchourie ne doit être exercée sur les trains militaires transportant des matériaux de guerre et les malles contenant des correspondances militaires. » Ce paragraphe n'était pas seulement inutile; il était positivement nuisible. Les autorités des douanes chinoises, constatant ainsi la

(1) Correspondance entre le Waïchiaopu et la Haute Direction des Affaires Militaires, en date des 31 Juillet et 4 Septembre 1915.

violation de leur souveraineté, en avisèrent immédiatement le Commissaire général des douanes, et prièrent le Gouvernement de Pékin de protester contre une pareille méconnaissance de ses droits (1). Le Ministre des Affaires Etrangères de Chine s'entretint de la question avec le Ministre de Russie à Pékin. Celui-ci, par une note du 18 novembre, notifia au Ministre des Affaires Etrangères de Chine que l'ordre du Commandant militaire russe placardé dans les gares, avait été détruit suivant le désir du Gouvernement chinois.

Mais cette question était à peine résolue, qu'une autre, plus sérieuse, s'élevait. Elle avait trait au transport par le Chemin de fer Chinois de l'Est, de matériaux de guerre et d'approvisionnements russes. A la date du 8 septembre 1914, le Chargé d'Affaires allemand à Pékin adressa au Ministre des Affaires Etrangères chinois la note suivante :

Pékin, le 8 Septembre 1914.

Monsieur le Ministre,

D'après un rapport parvenu à cette légation, depuis la déclaration de guerre entre la Russie et l'Allemagne, aux deux gares de Pogranitchnaya et de Mandchourie du Chemin de fer Chinois de l'Est, les règlements de la douane n'ont pas été appliqués. Des transports de soldats russes et de matériaux de guerre ont passé sans inspection. Des transports semblables se font, de plus, continuellement, de Vladivostok, dans les différentes stations dudit Chemin de fer dans les trois Provinces de l'Est : Moukden, Héloungkiang et Kirin. Les Russes achètent enfin des produits agricoles dans les trois Provinces de l'Est pour les importer chez eux, et les douanes chinoises ne les inspectent jamais. Il est donc de mon devoir d'élever une protestation contre cette violation des règlements de la douane chinoise.

Veuillez, etc.

Signé : BARON VON MALTZAN.

(1) Lettre du Commissaire général des douanes au Surintendant des douanes, en date du 28 Septembre 1914.

Le Gouvernement chinois répondit à cette note. Mais, n'étant pas satisfait de la réponse reçue, le Chargé d'Affaires allemand envoya le 31 décembre au Ministre des Affaires Étrangères de Chine une nouvelle note ainsi conçue :

Pékin, le 31 Décembre 1914.

Monsieur le Ministre,

D'après des nouvelles de source sûre, le Chemin de fer Chinois de l'Est continue à transporter en Russie des armes et des munitions, venant du Japon et des États-Unis, via Mandchourie, et les autorités douanières chinoises des différentes gares s'abstiennent absolument d'intervenir. Elles n'ont, en outre, jusqu'ici, jamais protesté contre ce transport. En présence d'une telle violation du droit international, on peut se demander ce qu'est devenue la neutralité de la Chine.

En attendant le rapport du Commissaire de la Douane à Harbin dont Votre Excellence a fait mention dans sa note du 25 Novembre dernier, je saisis cette occasion pour... etc.

Signé : BARON VON MALTZAN.

Si l'Allemagne ne se montra pas aussi sévère qu'on aurait pu le redouter, à raison de ces faits qui évidemment étaient contraires à ses intérêts, c'est parce qu'elle espérait amener la Chine à entrer dans la guerre contre les Alliés, ou comptait tout au moins l'empêcher de s'associer à ceux-ci contre elle et l'Autriche.

Le 28 février et le 12 mars de l'année suivante, deux rapports du Gouverneur militaire de Héiloungkiang parvinrent au Gouvernement chinois, qui donnent quelques chiffres intéressants au sujet du passage des trains militaires russes à travers la Mandchourie :

Du 11 au 20 Février 1915, il y passa en direction de la frontière russe :

18 wagons transportant environ 470 soldats russes;

15 wagons transportant 47 pièces de canon ;

136 wagons fermés ;

22 voitures à chevaux ;

170 chevaux.

Et, en sens inverse, de la Russie à destination de Vladivostok, il passa 213 wagons, qui transportaient des prisonniers de guerre autrichiens et turcs dont voici le détail :

150 officiers autrichiens ;

4.410 soldats autrichiens ;

25 officiers turcs ;

1.110 soldats turcs ;

et plus 520 soldats russes comme escorte.

Du 21 au 28 Février 1915, le passage fut le suivant :

Vers la frontière russe :

5 wagons transportant 47 soldats russes ;

11 wagons transportant 30 pièces de canon ;

15 wagons de cartouches pour fusil ;

37 wagons de cartouches pour fusil ;

110 wagons fermés.

De la Russie à destination de Vladivostok :

110 wagons transportant 50 officiers et 2.900 soldats turcs prisonniers de guerre, accompagnés de 9 wagons fermés et de 240 soldats russes comme escorte.

Les négociations diplomatiques qui eurent lieu entre la Chine et la Russie au sujet du transport des armes et du matériel de guerre russes à travers la Mandchourie furent lentes et souvent interrompues. Cela tint à ce que, à cause de la guerre, les communications de la Chine avec l'Europe étaient difficiles. Elles restèrent à peu près sans résultat.

Examinons la question au point de vue du droit.

Le Chemin de fer Chinois de l'Est avait été construit et était administré par une compagnie qui ressortissait à la Banque Russo-Chinoise, établie par la Russie conjointement avec le Gouvernement chinois. Un contrat spécial avait été signé le 27 août 1896 par le Gouvernement chinois et la Banque Russo-Chinoise pour la construction de cette ligne. Et l'article 8 de ce contrat disait : « La Société répond que des troupes et du matériel de guerre russes, expédiés en transit par cette ligne, seront acheminés directement d'une gare russe à l'autre, sans s'arrêter en route sous aucun prétexte plus qu'il n'est strictement nécessaire. » Ce contrat ne prévoyait ni le cas où la Russie se trouverait en guerre avec une teirce puissance, ni le cas où la Chine serait neutre. Le Chemin de fer Chinois de l'Est devait-il être obligé de transporter les troupes russes même dans le cas où la Chine resterait neutre ?

Pour résoudre cette question, il faut retracer l'histoire de la Convention du 27 août 1896. Si la Russie procéda à l'extension de son chemin de fer transsibérien, ce fut parce qu'elle voulait avoir une ligne directe jusqu'à Vladivostok à travers les provinces de Hélioungkiang et de Kirin. Et c'est dans les circonstances suivantes qu'elle manifesta cette volonté. Quand Li Hong Tchang, le célèbre homme d'État chinois, fut, en 1896, envoyé à Saint-Pétersbourg pour assister au couronnement du Tsar Nicolas II, la Russie l'obligea à signer un traité secret en récompense des services qu'elle avait rendus à la Chine lors de la négociation de la paix entre la Chine et le Japon. Cette dernière puissance avait demandé à la Chine la cession de certains territoires, qu'elle avait dû lui abandonner devant la force. Mais, par l'intervention de la Russie, conjointement avec la France et l'Allemagne, le Japon s'était vu contraint de renoncer à une grande partie de ses prétentions. C'est pour reconnaître ces services que la Chine signa le traité d'alliance défensive avec la Russie dont il vient d'être parlé, et que le monde ignorait jusqu'ici. Dans ce traité, il était dit que au cas où le Japon et l'Angleterre, unissant leurs forces, envahiraient ou occuperaient les territoires de la Russie, de la Chine ou de la Corée, chacun des alliés devrait donner son concours militaire à l'État envahi.

Et, pour cette aide mutuelle, la Chine consentait à laisser passer les troupes de la Russie à travers ses provinces de l'Amour et de Kirin. L'article 4 dudit traité faisait mention qu'une Banque Russo-Chinoise serait établie pour la construction et l'administration du chemin de fer. Telle est l'origine du Chemin de fer chinois de l'Est. Ce traité secret datait du 22 du quatrième mois de la vingt-deuxième année de Kouang-Siu, c'est-à-dire, d'après le calendrier russe, du 22 mai 1896, et il fut signé par Li Hong Tchang, Lobanoff, ministre des Affaires Étrangères de Russie, et Witte, à qui Lobanoff avait confié la négociation (1). On peut ajouter, en passant, que les documents relatifs à ce traité ne se trouvent pas dans les archives du Ministère des Affaires Étrangères chinois, car l'accord n'est jamais entré dans le cadre des affaires diplomatiques ordinaires; les documents qui le concernent ont été conservés dans les archives du Conseil d'Etat sous la dynastie des « Tsing ».

Cet exposé de l'histoire de la Convention du 27 août 1896, montre clairement que la Russie avait le droit de transporter ses troupes à travers les provinces de l'Amour et de Kirin. Mais la Russie possédait-elle ce droit même dans le cas où la Chine était neutre ? C'était la question. On peut à cet égard invoquer un précédent tiré de la guerre russo-japonaise de 1904-1905. Dans cette guerre, la Chine, qui était neutre, ne put faire autrement que de permettre à la Russie de transporter ses troupes par le Chemin de fer Chinois de l'Est. Et le Japon ne protesta pas contre ce fait, parce que la force des circonstances était telle qu'une théorie de la neutralité, même incontestable, eût été incapable de changer la situation. C'est ce précédent que le Ministre de Russie à

---

(1) On trouvera le texte chinois de ce traité secret dans notre *Histoire diplomatique des trente dernières années* (en langue japonaise.), t. II, p. 574 et 575, édit. 1910.

Pékin rappela au Gouvernement chinois lors des négociations dans la guerre mondiale.

En somme, la Russie avait le droit de faire passer ses troupes et la Chine en a toléré le transport. Naturellement le fait de transporter des troupes russes à travers les provinces chinoises était fort gênant pour l'Allemagne et pour l'Autriche; mais ces puissances étaient libres de l'empêcher par la force ou de ne plus considérer la Chine comme un pays neutre. La crainte d'une vengeance de l'Allemagne n'est-elle pas une des raisons qui firent que la Chine entra plus tard dans la grande guerre à côté des puissances de l'Entente ?

CHAPITRE VI

INCIDENTS DE LA NEUTRALITÉ CHINOISE EN CE QUI CONCERNE LE COMMERCE

---

1. — La question du transport du pétrole à travers le territoire neutre

Le 9 août 1914, le Consul de Russie à Tientsin demanda au Commissaire des Affaires Étrangères chinois de faire interdire à un commerçant allemand l'envoi par la ligne Tientsin-Pukow de quarante caisses de pétrole à destination de Tsinan. Le Commissaire, croyant que l'envoi de ce produit était contraire au règlement chinois sur la neutralité, télégraphia aux Gouverneurs civil et militaire du Shantoung de faire des recherches pour vérifier si les caisses de pétrole avaient été réexpédiées à Tsing-Tao et, au cas où elles l'auraient été, d'en empêcher le transport, conformément aux règles en vigueur. Le Gouverneur militaire du Shantoung estima que le pétrole était une marchandise ordinaire qui n'était pas classée parmi les articles à l'usage de la guerre, et au sujet de laquelle aucune mention n'avait été faite dans le règlement sur la neutralité. Il demanda donc par télégramme l'avis du Bureau de la Neutralité. Ce Bureau lui répondit que si le pétrole est bien une marchandise ordinaire, non classée dans la liste des articles dont le transport est interdit, il peut cependant être utilisé comme combustible pour les bâtiments de guerre au lieu et place de charbon, et que, dans ces conditions, le mieux était d'envoyer un agent faire une enquête sur les trois points suivants : 1° Les quarante caisses de pétrole ont-elles été réexpédiées à Tsing-Tao ? — 2° Le pétrole peut-il être utilisé comme combustible dans les bâtiments de guerre à la place du charbon de terre ? — 3° Sera-t-il utilisé à cette fin par les bâtiments de guerre allemands ? — Si, ajouta le Bureau de la Neutralité, la réponse est affirmative sur l'un de ces trois points, le transport de la marchandise devra être défendu ; sinon, il devra demeurer libre (1).

2. — La question du transport
de couvertures de lit à travers le territoire neutre

Le 15 août 1914, un membre de la Légation d'Allemagne à Pékin se rendit au Ministère des Affaires Étrangères de Chine pour l'avertir verbalement que des couvertures de lit allemandes, envoyées de Tsinan à Kiaotchéou, avaient été détenues par les autorités chinoises, comme constituant des articles prohibés, et il pria le Ministère de les laisser passer. Le Waïchiaopu demanda l'avis du Bureau de la Neutralité, qui lui répondit téléphoniquement en ce sens :

Sont considérés comme articles prohibés les vêtements et tous les objets à usage militaire. Si les couvertures en question ne sont pas fournies aux troupes allemandes, on doit les laisser passer librement (2).

(1) Télégramme du Bureau de la Neutralité au Gouverneur militaire du Shantoung, en date du 12 Août 1914.

(2) Communication téléphonique du Bureau de la Neutralité au Waïchiaopu, en date du 15 Août 1914.

3. — La question du transport de l'argent à travers le territoire neutre

Les Allemands assiégés à Tsing-Tao avaient employé, pour leur défense, des coolies chinois. Mais, pour les payer, ils avaient besoin de numéraire. Le 10 août 1914, la Banque sino-allemande de Shanghaï leur fit envoyer à Tsinan, par la Banque de Chine, 200.000 dollars en monnaie d'argent. Aux termes des règlements de cette dernière Banque, tout envoi de monnaies en grande quantité exigeait un préavis de vingt-quatre heures afin d'avoir le temps de le préparer ; ces règlements furent observés dans la circonstance : une partie de l'envoi fut faite à la gare de Siutchow et le reste à celle de Pukow ; mais les quarante malles de pièces d'argent adressées à Siutchow y furent retenues par le Bureau du chemin de fer

Cette retenue amena, le même jour, le Consul d'Allemagne et la Banque sino-allemande à Shanghaï à adresser, par la voie de leur Légation à Pékin, une protestation au Gouvernement chinois. Ils prétendirent, l'un et l'autre, que l'expédition d'argent d'un pays belligérant par l'intermédiaire de la Banque de Chine est purement et simplement une affaire de commerce qui doit être libre en territoire neutre. Ils faisaient, d'ailleurs, observer que la saisie d'une somme d'argent de cette importance aurait une répercussion fâcheuse sur le commerce chinois (1).

Le 11 août, le Ministère d'État adressa au Ministère des Communications une note ainsi libellée :

En ce qui concerne le télégramme du Commissaire des Affaires Étrangères à Shanghai relatif à l'envoi de 200.000 $ en

____

(1) Télégramme du Commissaire des Affaires Étrangères au Ministère d'État, en date du 10 Août 1914.

espèces à Tsinan et à Tientsin par la Banque de Chine pour le compte de la Banque Sino-Allemande, ce Ministère est d'avis que l'envoi de l'argent, étant une affaire de commerce, doit être libre. Cette somme est, d'ailleurs, destinée par la Banque Sino-Allemande à faire divers paiements à des commerçants à Tsinan et à Tientsin dont la plupart sont chinois. Sa retenue aurait un grand effet sur le marché et pourrait même causer une panique. Veuillez donner des instructions au Bureau du Chemin de fer Tientsin-Pukow pour qu'il télégraphie à la gare de Siutcho, de laisser expédier les 200.000 dollards (1).

4. — La question du renvoi des armes importées avant la guerre comme échantillons

En la première année du dernier Empereur de la dynastie des « Tsing », l'usine française « le Creusot » avait envoyé en Chine, comme échantillons, cinq pièces de canon avec leurs affûts, leurs projectiles et leurs caissons. Ces canons et leurs accessoires restèrent déposés au champ d'essai de Chan-chin-Tien, sans qu'ils fussent réclamés par cette usine, jusqu'au mois de mars 1914. Au cours de la grande guerre, le Ministre de France à Pékin demanda au Gouvernement chinois de délivrer au représentant de l'usine française à Pékin un permis pour que les cinq canons et leurs accessoires pussent être renvoyés en France : dans sa note, le Ministre de France citait l'article 7 de la Convention de La Haye sur la neutralité terrestre disant qu'« une puissance neutre n'est pas tenue d'empêcher l'exportation ou le transit, pour le compte de l'un ou de l'autre des belligérants, d'armes, de munitions, etc. »

Le Bureau de la Neutralité fut d'avis que, la guerre européenne n'étant pas terminée, il était difficile de délivrer un permis pour une exportation d'armes. D'ail-

(1) Note du Ministère d'Etat au Ministère des Communications, en date du 11 Août 1914.

leurs, l'article 2 de la Convention de La Haye sur la neutralité en cas de guerre sur terre s'exprimait à ce sujet dans les termes les plus clairs, puisqu'il déclarait : « Il est interdit aux belligérants de faire passer à travers le territoire d'une puissance neutre des troupes ou des convois, soit de munitions, soit d'approvisionnements ».

La question fut soumise à un nouvel examen de la part du Waïchiaopu. Et celui-ci décida d'interpréter les articles sus-mentionnés dans le sens suivant : l'article 2 de la Convention de La Haye s'occupe des troupes ou des convois d'armes et de munitions des belligérants, tandis que l'article 7 a trait uniquement aux individus, c'est-à-dire aux personnes privées, qui font le transport, pour le compte de l'un ou de l'autre des belligérants, d'armes, de munitions et, en général, de tout ce qui peut être utile à une armée ou à une flotte. Il n'y a donc, d'après lui, aucune violation de la Convention de La Haye à délivrer un permis pour permettre le renvoi des cinq canons et de leurs accessoires à l'usine française.

Cet avis du Waïchiaopu ayant été adopté par le Président de la République, l'ordre fut donné de délivrer la permission requise.

5. — La question du commerce de denrées et la neutralité

Le 15 août 1914, le Consul d'Allemagne à Canton adressa aux Gouverneurs civil et militaire du Kouangtoung une note conçue dans les termes suivants :

L'insuffisance du riz se fait souvent sentir à Hongkong. Généralement, on se procure cette denrée, comme les autres marchandises, dans les provinces du Kouangtoung et du Kouangsi. Puisque la Chine a déclaré son intention d'être parfaitement neutre dans la guerre européenne et puisque cette guerre est déjà commencée, la Chine doit remplir strictement tous les devoirs de la neutralité. Continuer à vendre le riz et d'autres denrées aux négociants de Hongkong équivaudrait à aider l'ennemi de l'Allemagne. Sur les instructions de son Ministre à Pékin, le Consul allemand a demandé au Gouverneur du Kouangtoung d'ordonner et d'expliquer au peuple chinois qu'il ne faut plus vendre le riz et les autres denrée à Hongkong, etc.

Les gouverneurs civil et militaire du Kouantoung, dans le télégramme qu'ils adressèrent à ce sujet au Gouvernement central, firent remarquer qu'actuellement il n'y avait pas à Hongkong de négociants qui fissent des achats du genre indiqué dans les provinces en question, mais qu'il y aurait toujours beaucoup de résidents chinois à Hongkong qui feront le commerce du riz et que, Canton étant un port ouvert, il sera impossible d'empêcher ce commerce avec l'extérieur. Ils observèrent, en outre, après avoir noté que l'expression « autres denrées » était trop large, que l'article 18 du règlement chinois sur la neutralité concernait seulement et spécialement la vente des vivres aux troupes de l'armée et aux bâtiments de guerre et que, Hongkong étant un port de commerce, cet article ne pouvait pas lui être appliqué comme à un bâtiment de guerre. D'ailleurs, ajoutèrent-ils, Kiaotchéou a également besoin de provisions venant d'autres provinces de la Chine : or, afin d'éviter l'accusation ultérieure que pourraient faire les Anglais, l'interdiction du commerce de riz et des autres denrées devrait être édictée simultanément à Kiaotchéou aussi bien qu'à Hongkong, ce qui gênerait beaucoup les Allemands (1).

Le même jour, la Légation d'Allemagne à Pékin envoya un de ses membres au Ministère des Affaires Étrangères de Chine pour l'entretenir verbalement de la difficulté.

(1) Télégramme des Gouverneurs civil et militaire du Kouangtoung au Ministère d'Etat, en date du 17 Août 1914.

Après avoir consulté le Bureau de la Neutralité, la Haute Direction des Affaires Militaires répondit télégraphiquement, le 18 août, aux Gouverneurs Lountchi-kuang et Likonyun ce qui suit :

Télégramme reçu. En effet, l'article 18 du règlement sur la neutralité défend seulement la vente des provisions aux troupes de l'armée, aux bâtiments de guerre et aux navires auxiliaires des pays belligérants. Le transport des denrées de Kouangtoung à Hongkong n'est pas la même chose. Le transport des denrées en vue de fournir des vivres au peuple doit être considéré comme une affaire de commerce ordinaire, qui ne rentre pas dans la prohibition. Nombreux sont nos nationaux résidant à Hongkong ; il ne faut pas les faire souffrir de la faim. Le mieux serait de détacher quelques fonctionnaires à Kouangtoung pour faire une enquête sur l'exportation des denrées. Le commerce du riz et des autres céréales est libre ; mais les denrées qui sont directement vendues aux troupes de l'armée et aux bâtiments de guerre des pays belligérants seront détenues.

En vous basant sur le principe du droit, vous voudrez bien discuter cette question avec le Consul allemand à Canton. Ici le Ministre des Affaires Etrangères agira selon le même principe.

Haute Direction des Affaires Militaires
Pékin, le 18 Août 1914.

Une note fut envoyée le 22 août par le Ministre des Affaires Etrangères de Chine au Chargé d'Affaires d'Allemagne, M. le Baron von Maltzan. Elle était ainsi conçue :

Pékin, le 22 Août 1914.

Monsieur le Chargé d'Affaires,

J'ai l'honneur de vous accuser réception de la note dans laquelle vous m'avez exposé que, en ce qui concerne les objets prohibés, d'après la déclaration internationale sur la guerre navale signée à Londres le 26 Février 1909, toute espèce de denrées est contrebande de guerre indirecte, et dans laquelle, vous m'avez, en conséquence, demandé de télégraphier aux gouverneurs civils et militaires des provinces littorales de la Chine d'interdire dans tous les ports le transport des denrées, ainsi que des articles prohibés, à destination de Hongkong. etc.

Il convient de remarquer que non seulement la déclaration internationale de Londres de 1909 sur la guerre navale n'a pas été signée et ratifiée par le Gouvernement chinois, mais qu'elle n'impose même pas aux pays neutres le devoir de prohiber la contrebande de guerre ; elle autorise simplement les pays belligérants à la chercher et à la capturer sur la mer. Au surplus, un grand nombre de résidants à Hongkong sont des Chinois dont les vivres proviennent de Kouangtoung, de sorte que Hongkong ne saurait être considéré comme un théâtre actif de la guerre.

Conformément au règlement sur la neutralité proclamé le 6 courant, le Gouvernement chinois a donné des instructions télégraphiques aux Gouverneurs civil et militaire du Kouangtoung de détacher quelques fonctionnaires pour faire une enquête sur les marchandises exportées en grande quantité de Kouangtoung. Le transport de celles qui seront constatées avoir été vendues directement à un pays belligérant et qui pourront être employées comme approvisionnements de l'armée sera prohibée. Quant au transport des denrées fait en vue de fournir le peuple de vivres journaliers, il doit être considéré comme une affaire de commerce ordinaire et, par conséquent, n'est pas susceptible de prohibition.

Veuillez..., etc.

Signé : Soun Pao Ki.

Si nous reproduisons cette note, ce n'est pas parce qu'elle contient quelque chose de nouveau, mais parce qu'elle provoqua, à la date du 1ᵉʳ septembre 1914, une nouvelle note du Chargé d'Affaires allemand, qui était ainsi conçue :

Selon le rapport du Consul allemand à Tsinan, l'inspection sur le chemin de fer du Shantoung a rencontré beaucoup de difficultés. Nous avons originairement, consenti à cette inspection à titre provisoire et sous la condition que le même traitement serait appliqué à toutes les autres nations. Mais le Chargé d'Affaires allemand trouve que la prohibition du transport des denrées et du fourrage à Kiaotcheou n'est pas en accord avec la note du Gouvernement chinois répondant à la protestation allemande contre le transport du riz à Hongkong. Dans cette note, il est dit que la nourriture journalière de la population n'est pas prohibée. Par conséquent, le Chargé d'Affaires allemand demande que le transport des denrées et du fourrage soit libre comme par le passé. Car, à Tsingtao, comme à Hongkong, il y a beaucoup de résidants chinois qui doivent participer au bénéfice des objets de nourriture journalière transportés librement.

A la suite de cette note, le Ministère des Affaires Étrangères envoya aux Gouverneurs civil et militaire du Shantoung, ainsi qu'au Commissaire des Affaires Étrangères de la même province, un télégramme disant qu'il y avait, à Tsing-Tao comme à Hongkong, un grand nombre de Chinois qui y résidaient, et que, si le transport des denrées a pour but de fournir le peuple de vivres journaliers, il doit aussi y être libre, puisque c'est cette raison qui a été invoquée pour réfuter la protestation allemande contre le transport du riz à Hongkong : l'Allemagne et l'Angleterre étant des pays amis de la Chine, un traitement inégal ne saurait être admis vis-à-vis d'elles (1).

6. — La question des chaloupes se livrant au ravitaillement des bâtiments de guerre anglais dans le port de Shanghaï.

Le Consul allemand de Shanghaï a appelé l'attention du Commandant naval chinois sur le fait que trois petits

_____

(1) Télégramme du Waichiaopu aux Gouverneurs civil et militaire et au Commissaire des Affaires Étrangères du Shantoung, en date du 1ᵉʳ Septembre 1914.

vapeurs transportent régulièrement des marchandises de toutes sortes pour ravitailler les bâtiments de guerre anglais et français qui sont mouillés dans le port de Shanghaï. Ce ravitaillement constitue, d'après lui, une violation de la neutralité chinoise. Il demande en conséquence aux autorités navales de faire une enquête à ce sujet. L'enquête réclamée fut faite. On constata qu'une chaloupe anglaise nommée *Victoria*, appartenant à un commerçant anglais, sortait chaque jour du port pour aller remorquer les bateaux transportant de l'eau et des légumes aux bâtiments de guerre anglais. Et cette chaloupe fut détenue par la douane.

Le 18 août, le Consul anglais, dans une lettre adressée au Commandant naval à Shanghaï, demanda que la douane libérât la chaloupe : il invoquait l'article 19 de la Convention de La Haye de 1907 concernant les droits et les devoirs des puissances neutres en cas de guerre maritime. Le Commandant lui répondit que l'article 19 impliquait des limitations ; qu'on ne devait pas faire de Shanghaï une base d'opérations navales et y ravitailler constamment les bâtiments de guerre. N'étant pas satisfait de cette réponse, le Consul anglais télégraphia au « Foreign Office » de Londres et à son Ministre à Pékin.

Le Ministre de la Marine chinois a porté le fait à la connaissance du Président de la République. Et celui-ci consulta le Bureau de la Neutralité. Ce Bureau a, le 21 août, rendu le mémorandum suivant :

En ce qui concerne la question du ravitaillement des bâtiments de guerre anglais par une chaloupe, le conflit vient de ce que l'argument de la douane chinoise est basé sur les règles chinoises sur la neutralité, tandis que celui du Consul anglais est fondé sur la Convention de La Haye. Les deux arguments ont chacun leur raison, mais les règles chinoises et la stipulation de la Convention de La Haye ne sont pas d'accord. De là, le conflit. L'article 18 des règles chinoises dit « qu'il n'est permis à aucune personne ,dans le territoire et les eaux territoriales de la Chine, sans l'autorisation du commandant de l'armée ou de la flotte ou des autorités locales, de vendre du charbon, du combustible ou des vivres aux troupes ou à un vaisseau de guerre ou navire auxiliaire des belligérants ». Or, la chaloupe *Victoria* a, sans la permission d'une autorité quelconque, vendu du combustible et des vivres aux bâtiments de guerre anglais ; elle a évidemment violé le règlement sur la neutralité. Mais l'article 19 de la Convention de La Haye autorise les navires de guerre belligérants à se ravitailler ou à prendre du combustible dans les ports et les rades neutres sous les limitations suivantes :

1° le ravitaillement ne peut se faire que pour compléter leur approvisionnement normal du temps de paix ;

2° le chargement du combustible ne peut se faire que pour gagner le port le plus proche de leur propre pays, c'est-à-dire, dans le cas actuel, pour pouvoir gagner Hongkong.

Pour savoir si la chaloupe anglaise *Victoria* a violé la stipulation de la Convention de La Haye, il faut faire une minutieuse enquête sur les deux points suivants :

1° si les approvisionnements pris ne dépassent pas la quantité requise pour gagner Hongkong ;

2° si les bâtiments de guerre anglais que la chaloupe a ravitaillés se trouvent dans les eaux territoriales de la Chine.

Ainsi, le règlement sur la neutralité et la stipulation de la Convention de La Haye ne sont pas d'accord. Quand se produit un tel conflit, c'est toujours la loi nationale qui doit prévaloir. Par conséquent, la douane de Shanghaï a eu le droit de détenir la chaloupe *Victoria*.

Mais on peut dire que l'article 18 du règlement sur la neutralité admet quelque liberté dans son application en ce qu'il permet de vendre du combustible ou des vivres aux navires de guerre belligérants moyennant l'autorisation des autorités militaires ou locales.

Donc, la question de la protestation du Consul anglais se réduit à ceci : faut-il que les autorités locales de Shanghaï donnent à la chaloupe *Victoria* la permission de ravitailler les bâtiments de guerre anglais ? Dans l'affirmative, il y a deux points dont on devra tenir compte :

1° l'approvisionnement ne peut être fait que dans la limite de l'article 19 de la Convention de La Haye.

2° cette permission, une fois donnée à un belligérant, devra être également accordée aux autres belligérants si ceux-ci la demandent.

Le Président de la République partagea l'opinion exprimée dans ce mémorandum ; et, en conséquence, ordre fut donné au Ministère des Affaires Étrangères d'agir dans le sens indiqué par lui.

Nous n'hésitons pas à déclarer que la solution donnée par le mémorandum chinois est parfaitement correcte au point de vue du droit international. Mais, en réalité, le règlement chinois sur la neutralité n'est pas contradictoire avec la stipulation de la Convention de La Haye, car aucune permission ne sera donnée si l'acte de ravitaillement n'est pas fait conformément à la disposition de la Convention de La Haye.

CHAPITRE VII

BATIMENTS DE GUERRE DES PAYS BELLIGÉRANTS DANS LES EAUX TERRITORIALES DE LA CHINE

I. — Bâtiments de guerre des pays belligérants en Chine au début de la guerre européenne

Tous les pays d'Europe et d'Amérique ayant avec la Chine d'importantes relations de commerce ont, pour la protection de leur commerce et de leurs ressortissants, des bâtiments de guerre stationnés dans les ports et sur les principaux fleuves chinois. C'est ainsi, par exemple, que l'Allemagne, l'Autriche-Hongrie, les Etats-Unis, l'Italie, la France et le Japon possèdent des bâtiments de ce genre à Shanghaï, à Canton et à l'embouchure du Peïho. Ces bâtiments sont de petit tonnage et spécialement cons-truits pour pouvoir naviguer dans des eaux peu profondes. Ils remontent le Yang-Tse, en passant par Hankow et Wou-Tchang, jusqu'à la province du Setchouan.

Le 6 août 1914, alors que la Chine, se déclarant neutre, notifia les règles de sa neutralité aux représentants des Puissances étrangères à Pékin, les bâtiments de guerre des pays belligérants furent obligés, d'après l'article 5 de ces règles, de partir ou de désarmer dans les vingt-quatre heures.

Il y avait à ce moment, dans les eaux du Yang-Tse, deux bâtiments de guerre allemands, le *Vaterland* et l'*Otter*. Le *Vaterland* fut visité, le 6 août dans l'après-midi, par le Commissaire des Affaires Étrangères à Nankin, accompagné d'un délégué du Gouverneur militaire. Après une enquête faite à bord de ce navire, le Commissaire télégraphia le lendemain au Waïchiaopu qu'il avait désarmé et substitué à son pavillon de guerre un pavillon de commerce : ses armes, au dire de l'équipage, avaient été jetées dans le fleuve et les objets restés à bord avaient été enregistrés et livrés à la douane chinoise par le Consul allemand de Nankin (1). Le Président de la République donna l'ordre au Ministre des Affaires Étrangères de télégraphier à Nankin au général Fengkuotchang d'interner tous les hommes à bord du *Vaterland* (2).

Quant au second bâtiment allemand, l'*Otter*, qui, descendant le Yang-Tse, était, le 8 août, mouillé en face de Nankin, le Consul allemand de Nankin assura qu'à la suite de pourparlers avec le Commissaire des Affaires Étrangères et le délégué du Gouverneur militaire, il avait été aussi désarmé et avait également changé son pavillon de navire de guerre contre un pavillon de navire de commerce.

Le 11 août, les deux navires *Vaterland* et *Otter*, descendant le Yang-Tse, se dirigèrent vers Shanghaï. Et Fengkuotchang, gouverneur militaire de Nankin, prescrivit aux autorités militaires de Shanghaï d'exercer sur eux une étroite surveillance (3).

Mais l'Allemagne possédait encore dans les eaux chinoises un autre bâtiment de guerre, le *Tsing-Tao*. Celui-ci quitta Canton dans la nuit du 4 au 5 août 1914 avec des Allemands à bord à destination de Kiaotcheou, où ils

(1) Télégramme du Commissaire des Affaires Étrangères à Nankin au Waichiaopu, en date du 7 Août 1914.

(2) Télégramme du Waïchiaopu au Général Fengkuotchang de Nankin, en date du 8 Août 1914.

(3) Télégramme du Commissaire des Affaires Étrangères à Nankin au Waïchiaopu, en date du 11 Août 1914.

s'enrôlèrent. Et après avoir fait ce transport, il retourna immédiatement à Canton.

Le 9 août, les gouverneurs civil et militaire du Kouangtoung télégraphièrent au Gouvernement de Pékin que les Consuls russe et français à Canton exigeaient la détention du navire allemand. De longues discussions eurent lieu alors entre le Consul allemand, la douane chinoise et le Commissaire des Affaires Étrangères, accompagné du délégué du Gouverneur civil. On tomba finalement d'accord que le navire serait amené à Whampoa, où il serait gardé et surveillé par le personnel européen de la douane chinoise, avec l'aide d'un bâtiment de guerre chinois. On décida de plus que les machines et les appareils de radiotélégraphie seraient détruits particlement de manière que ces objets ne puissent plus être utilises. *Le* Consul allemand n'avait fait aucune objection. Tous les Consuls étrangers se déclarèrent de même satisfaits. On constata, au cours du désarmement, que les vis des canons avaient été enlevées par le capitaine du navire. D'après le Consul d'Allemagne, toutes les armes avaient été jetées à la mer et les excentriques des engins du bateau avaient été enlevés et livrés à la douane chinoise. Le désarmement du bâtiment de guerre allemand *Tsing-Tao* avait eu lieu ainsi sans aucune opposition (1). Ce bâtiment, après son désarmement par les autorités chinoises du Kouangtoung conjointement avec le Commissaire de la douane, fut mouillé dans les eaux de Whampoa, rade importante située auprès de la ville de Canton, à l'embouchure de la rivière de Canton ou Tchou-Kiang (Rivière des Perles). C'est ce que le Commandant naval de Whampoa télégraphiait le 7 août au Ministre de la Marine. La canonnière allemande y fut laissée sous la surveillance des autorités chinoises. Il y avait à bord un canonnier, un soldat et deux chauffeurs allemands ; les au-

(1) Télégrame des gouverneurs civil et militaire du Kouangtoung au Ministère d'Etat en date du 9 Août 1914.

tres individus demeurés sur le navire étaient des Chinois ; les armes et les machines qui s'y trouvaient encore furent gardées par la douane chinoise (1).

2. — Circulaire aux Gouvernements militaires des provinces situées le long des grands fleuves et au Commandant naval à Shanghaï.

Après le désarmement des bâtiments de guerre allemands, la Haute Direction des Affaires Militaires adressa aux Gouverneurs des provinces situées le long des grands fleuves et au Commandant naval de Shanghaï la circulaire suivante :

Pékin, le 11 Août 1914.

Conformément au règlement chinois sur la neutralité, tous les bâtiments de guerre et les navires auxiliaires des pays belligérants qui se trouvent dans les eaux territoriales de la Chine, ou dans les ports où il n'est pas permis d'entrer doivent être avertis d'en partir par les autorités chinoises ; s'ils ne partent pas, la Chine leur demandera de désarmer et en détiendra leur équipage jusqu'à la fin de la guerre.

Le bâtiment de guerre allemand *Tsingtuo*, actuellement mouillé à Canton, a été désarmé par le gouvernement local de Kouangtoung, de concert avec le Consul allemand. Ses machines et ses appareils radio-télégraphiques ont été partiellement détruits. Les vis des canons ont été enlevées par les Allemands eux-mêmes ; les autres armes ont été jetées à la mer ; les excentriques des engins ont été également enlevés par les Allemands et livrés à la douane chinoise qui les gardera. Le navire lui-même est actuellement sous la surveillance des soldats européens de la douane chinoise.

Il en est de même pour un autre bâtiment allemand, le *Vaterland*, mouillé à Shakwan (Nankin). Il a été désarmé par le délégué du général Fenkuotchang (gouverneur militaire du

(1) Télégramme du Commandant naval à Whampoa au Ministre de la Marine, en date du 7 Août 1914.

Kiangsou) de concert avec le Consul allemand. Une partie de son armement à été jetée à l'eau ; l'autre partie a été enlevée et livrée à la douane pour qu'elle la garde. Le pavillon de guerre du vaisseau a été changé en pavillon de commerce.

Ces deux cas peuvent être pris comme exemples, car le procédé suivi par rapport à eux a été pleinement correct. Nous vous les communiquons en vous priant de faire une minutieuse enquête pour savoir s'il y a encore dans votre province des bâtiments de guerre allemands, anglais, autrichiens, français ou russes mouillés dans les eaux chinoises. Au cas où il y en aurait, des pourparlers devraient être immédiatement engagés avec le Consul du pays auquel le navire appartient ou avec le capitaine du bâtiment lui-même. Vous devez invoquer le règlement sur la neutralité et suivre les précédents des deux cas cités plus haut afin de maintenir notre neutralité et éviter toutes difficultés ultérieures.

Haute Direction des Affaires Militaires.

3. — Un bâtiment de guerre français désarmé à Shanghaï

Le 12 août, une canonnière française nommée *Tota*, chargée de charbon à Hankow, qui descendait le Yang-Tsé, se dirigea vers Shanghaï sans s'arrêter à Nankin. Arrivée le lendemain matin à Shanghaï, elle désarma après une négociation entre le Commissaire des Affaires Étrangères à Shanghaï et le Consul français de la même ville (1).

4. — Les deux bâtiments de guerre anglais désarmés dans la province du Setchouan.

Setchouan est une province de la Chine qui est située en amont du Yang-Tsé, province limitrophe du Yunnam. Les difficultés de la navigation sur le haut Yang-Tsé font

_____

(1) Télégramme du Commissaire des Affaires Étrangères à Shanghaï à la Haute Direction des Affaires Militaires, en date du 13 Août 1914.

qu'on l'atteint plus facilement par le chemin de fer du Tonkin, dont le terminus est à Natchi, sur le Yang-Tse. Les vapeurs d'une construction spéciale peuvent, aujourd'hui, remonter jusqu'à Tchoungking. Comme il existe, dans cette province, d'assez nombreux résidents européens, les canonnières des pays étrangers circulent fréquemment sur le haut Yang-Tse pour protéger leurs nationaux. A cette époque, il y avait dans le Setchouan deux bâtiments de guerre anglais. Le 3 septembre, le général résident et le gouverneur civil du Setchouan télégraphièrent de Tchengtou, chef-lieu de la province, qu'en ce qui concerne le désarmement des navires de guerre anglais on négociait depuis plusieurs jours avec le Consul anglais, mais que ce dernier attendait encore les instructions de son Ministre à Pékin. Ils prièrent en conséquence le Ministre des Affaires Étrangères de Chine d'avoir à ce sujet une conversation avec le Ministre d'Angleterre à Pékin afin d'obtenir le désarmement. C'est ainsi que procéda le Waïchiaopu.

5. — La note du Ministre anglais à Pékin appelant l'attention du Gouvernement chinois sur les trois règles de Washington.

Tous les bâtiments de guerre des pays belligérants qui se trouvaient en Chine au moment où elle se déclara neutre furent désarmés. Mais il n'y avait aucune convention internationale qui interdisait aux États belligérants désireux d'augmenter leur force navale de transformer leurs navires de commerce en navires de guerre en dehors des eaux territoriales. Un danger existait donc qu'un navire de guerre, une fois désarmé et changé en navire de commerce, pût de nouveau s'équiper et s'armer en guerre et croiser dans les eaux de l'Extrême-Orient. Dans cette situation, le Gouvernement anglais crut de son devoir d'appeler l'attention du Gouvernement chinois sur la vigilance qu'il devait exercer sur les navires partant de ses ports. À cet effet, le Ministre de Grande-Bretagne adressa, le 11 août 1914, au Ministre des Affaires Étrangères de Chine la note suivante :

Monsieur le Ministre,

Suivant les instructions télégraphiques de mon Gouvernement, j'ai l'honneur d'attirer l'attention la plus sérieuse du Gouvernement chinois sur les règles de droit international insérées dans la XIIIᵉ Convention de La Haye de 1907. D'après ces règles bien connues, un gouvernement neutre ne doit pas permettre l'équipement ou l'armement ou le départ hors de sa juridiction de tout navire de commerce destiné à être employé dans un but de guerre.

Vu que l'Allemagne prétend avoir le droit de convertir en haute mer les bâtiments de commerce en bâtiments de guerre, il convient au Gouvernement neutre de la Chine d'exercer la vigilance la plus rigoureuse pour empêcher les navires de commerce allemands propres à être convertis en navires de guerre de quitter les ports chinois dans le cas où il y aurait lieu de suspecter leurs intentions. Une telle suspicion serait fondée s'il y a des motifs de croire qu'un navire allemand fait acte d'armement, cache à bord des armes et des munitions, charge une quantité exceptionnellement grande de charbon, refuse de prendre des passagers quoique le navire soit destiné à un pareil transport, adopte pour se déguiser la couleur des bâtiments de guerre.

Si la Chine manquait de vigilance pour empêcher le départ d'un bâtiment dans les circonstances indiquées ci-dessus, elle deviendrait, comme Puissance neutre, responsable des dommages au commerce et à la navigation ainsi qu'à tous autres intérêts, causés par les navires en question.

Sous ce rapport, j'ai l'honneur d'attirer également l'attention spéciale de Votre Excellence sur les articles 5, 8, et 11 des règles de neutralité, annexées à la note de Votre Excellence en date du 7 courant, et d'exprimer en même temps ma confiance que le Gouvernement chinois prendra toutes les précautions nécessaires pour empêcher le départ hors des eaux chinoises des vaisseaux allemands suspects avant qu'un examen des circonstances qui ont donné lieu à suspicion ait été fait par les autorités locales.

Je profite..., etc.

Signé : JORDAN.

Le 15 août, le Ministre des Affaires Étrangères de Chine répondit comme suit :

Monsieur le Ministre,

J'ai l'honneur d'accuser à Votre Excellence réception de votre note du 11 courant. Par cette note vous avez bien voulu me communiquer que, suivant les instructions télégraphiques du Gouvernement anglais, vous avez attiré l'attention du Gouvernement chinois sur les régles de droit international insérées dans la XIIIe Convention de la Conférence internationale de la paix de La Haye de 1907, d'après lesquelles un gouvernement neutre ne doit pas permettre l'équipement, l'armement ou le départ hors de sa juridiction de tout navire de commerce destiné à être employé dans un but de guerre. Vous ajoutez encore dans la dite note que l'Allemagne prétend actuellement avoir le droit de convertir en haute mer les navires de commerce allemands en navires de guerre, et que, dans ces conditions, il convient au gouvernement neutre d'exercer la vigilance la plus sévère afin d'empêcher que les navires de commerce allemands ne soient convertis en navires de guerre, et de ne pas permettre à de tels navires de quitter les ports chinois au cas où il y aurait le moindre soupçon.

Dans l'article 8 de la Convention concernant les droits et les devoirs des Puissances neutres en cas de guerre maritime, il est dit ce qui suit : « Un gouvernement neutre est tenu d'user des moyens dont il dispose pour empêcher dans sa juridiction l'équipement ou l'armement de tout navire, qu'il a des motifs raisonnables de croire destiné à croiser ou à concourir à des opérations hostiles contre une puissance avec laquelle il est en paix. Il est aussi tenu d'user de la même surveillance pour empêcher le départ hors de sa juridiction de tout navire destiné à croiser ou à concourir à des opérations hostiles, et qui aurait été, dans ladite juridiction, adapté en tout ou en partie à des usages de guerre ». A l'avenir, si l'on constate qu'il y a des navires des p... belligérants se trouvant dans les circonstances mentionnées dans l'article 8 de ladite Convention, le Gouvernement chinois agira conformément à la Convention de La Haye et au règlement sur la neutralité proclamé par le Président de la République.

Je profite, etc.

Signé : Soun Pao Ki.

Le 12 août 1914, la Haute Direction des Affaires Militaires, ayant appris qu'il y avait un navire de guerre et quatre navires auxiliaires (navires de commerce armés de canons) allemands mouillés à Amoy et à Swatow, télégraphia aux Gouverneurs militaires du Kouangtoung et du Fokien d'appliquer à ces navires les règles de la neutralité.

6. — Circulaire aux autorités locales des provinces

Afin d'attirer l'attention des autorités locales sur les devoirs de neutralité auxquels le Ministre d'Angleterre avait fait allusion dans sa note du 11 août 1914, le Gouvernement chinois envoya le 13 août aux Gouverneurs civils des provinces littorales et aux Commissaires des Affaires Étrangères de tous les ports situés le long du Yang-Tsé et autres fleuves la circulaire suivante :

Le Ministre anglais, dans sa note adressée à ce Ministère, dit qu'il existe des bâtiments de commerce allemands qui ont été changés en bâtiments de guerre, et prie le Gouvernement chinois d'interdire à ces navires de quitter les ports chinois conformément à la XIIIe Convention de La Haye de 1907. Dans l'article 8 de cette Convention, il est dit : « Un Gouvernement neutre est tenu d'user des moyens dont il dispose pour empêcher dans sa juridiction l'équipement ou l'armement de tout navire, qu'il a des motifs raisonnables de croire destiné à croiser ou à concourir à des opérations hostiles contre une Puissance avec laquelle il est en paix. Il est aussi tenu d'user de la même surveillance pour empêcher le départ hors de sa juridiction de tout navire destiné à croiser ou à concourir à des opérations hostiles, et qui aurait été, dans ladite juridiction, adapté en tout ou en partie à des usages de guerre ». Veuillez donner l'ordre à tous vos subordonnés que, chaque fois qu'il y aura des navires des pays belligérants sortant d'un port chinois, on les inspecte sérieusement et qu'on les empêche de quitter le port s'ils ont à bord des canons ou un chargement d'armes, s'ils sont peints dans la couleur de bâtiments de guerre ou s'ils ont fait d'autres préparatifs pour des opérations de guerre. On pourrait toutefois laisser sortir ces navires après qu'ils auront démonté leurs canons ou tous autres objets ayant des relations avec les opérations de guerre, de manière qu'ils ne puissent plus être convertis en bâtiments de guerre. Ainsi, notre devoir de la neutraité serait rempli ».

WATCHMORE.

7. — Vente de bâtiments de guerre à une compagnie privée pour se soustraire à la rigueur du règlement sur la neutralité.

Chaque guerre apporte avec elle quelque chose de nouveau pour le développement du droit international. Dans les guerres précédentes, on a vu des bâtiments de commerce se transformer en bâtiments de guerre pour croiser et concourir à des opérations de guerre. On a vu de même des bâtiments de guerre se changer en bâtiments de commerce : c'est ce qui eut lieu notamment il y a quelques années pour des bâtiments de guerre russes de la Mer Noire désireux de pouvoir passer les détroits fermés aux bâtiments de guerre. Mais on n'avait pas encore vu un bâtiment de guerre se vendre à une compagnie privée afin de se soustraire à la rigueur des règles sur la neutralité. Ce fait a apparu pour la première fois en Chine, sur le Yang-Tsé, lors de la guerre mondiale de 1914-1919. Le 16 août 1914, le Commandant naval de Shanghaï adressait en effet au Ministre de la Marine à Pékin une dépêche télégraphique conçue dans les termes suivants :

Hier, nous avons détaché notre adjudant pour inspecter tous les bâtiments de guerre des pays belligérants qui se trouvent le long du Yongto. Il a reçu comme instructions que dans le cas où il y aurait quelques difficultés il devrait résoudre les questions de concert avec le capitaine du vaisseau de guerre chinois y stationné le plus proche.

Notre adjudant nous a rapporté qu'arrivé à Nankin, il s'est rendu d'abord à bord de la canonnière allemande *Vaterland* avec le capitaine du *Chen-an*. Ayant constaté que les canons et les armes de cette canonnière avaient été démontés, l'adjudant a demandé où ils avaient été placés. On lui a répondu qu'ils avaient été jetés à l'eau. Mais, après une minutieuse enquête, il a constaté que la plupart des armes avaient été mises dans le dépôt du Quai d'Anli. Entré dans la cabine de radiotélégraphie, il a remarqué que, quoique les fils électriques eussent été enlevés, l'appareil était resté, de sorte qu'on pouvait encore l'utiliser en cas de besoin. Le procédé d'enlèvement n'a donc pas été complet. Il s'est ensuite rendu à bord d'un autre bâtiment de guerre allemand l'*Otter*. Ici il a constaté que les canons et l'appareil radiotélégraphique avaient été complètement enlevés. Sur ce navire, comme sur le *Vaterlnd*, il n'y a que quatre soldats à bord, et pas un seul officier. Quand on leur a eu expliqué le but de l'inspection, ils ont prié l'adjudant chinois de parler au Consul allemand.

L'adjudant s'est effectivement rendu chez le Consul allemand. Il lui a montré la lettre du Commandant naval. Le Consul, après avoir lu cette lettre, a dit à l'adjudant : il y a un point que votre commandant a mal compris. Les bâtiments ne sont plus des bâtiments de guerre, ils sont devenus des bâtiments de commerce. L'adjudant répliqua : vos bâtiments ont été soudainement changés en navires de commerce après que la Chine eut déclaré sa neutralité ; vous voulez donc éviter l'application du règlement sur la neutralité. Le Consul répondit pour réfuter l'argument : les bâtiments ont été vendus à la Compagnie Arnold Karberg (Sweitchi) dans les 24 heures qui ont suivi le moment ou la Chine s'est déclarée neutre ; il n'y a donc pas eu violation de la neutralité.

L'adjudant, ayant trouvé cette réponse ambiguë, expliqua au Consul que la Chine entendait garder une stricte neutralité en se comportant impartialement envers toutes les Puissances amies, et que c'est pour cela qu'elle voulait surveiller et garder les deux bâtiments de guerre : *Vaterland* et *Otter*. Alors, le Consul déclara qu'il ne consentirait jamais à ce qu'on les surveillât et les gardât ; tout au plus admettrait-il qu'on fit stationner un bâtiment de guerre chinois à côté des navires allemands comme mesure de surveillance et de protection.

L'adjudant rappela au Consul allemand les règles chinoises sur la neutralité en disant que tous les vaisseaux soumis à la surveillance et à la garde d'un pays neutre doivent rester sous cette garde et surveillance jusqu'à la fin de la guerre. Le Consul a persisté à prétendre que les bâtiments étaient des navires de commerce que leur propriétaire avait le droit de faire partir s'il le jugeait nécessaire, à la seule condition d'avertir préalablement du départ les autorités locales. L'adjudant sentit qu'il y avait quelque ruse dans la prétention du Consul allemand. Aussi, malgré la longue discussion qui suivit, n'aboutit-on à aucun résultat. Le Consul ajouta que si à l'avenir on voulait aller à bord des deux navires de commerce, il faudrait d'abord demander son autorisation.

L'adjudant réclama la destruction complète de l'appareil radiotélégraphique sur le *Vaterland*. Le Consul déclara qu'il n'y avait plus de machine d'électricité à bord. Quand l'adjudant lui eut fait remarquer que le bâtiment de guerre *Tsingtao* avait été complètement désarmé à Kouangtoung et mis sous la protection des autorités chinoises, le Consul d'Allemagne observa que le *Tsingtao* était un bâtiment de guerre, tandis que les deux vaisseaux d'ici constituaient des bâtiments de commerce. Enfin l'adjudant prit congé du Consul allemand en le priant de répondre par écrit au Commandant naval de

Shanghai en ce qui concerne les concessions qu'il pourrait faire aux demandes de la Chine (1).

Tels sont les faits. Examinons-les au point de vue du droit international. La vente de bâtiments de guerre à une compagnie privée avant l'expiration des vingt-quatre heures suivant la déclaration de neutralité du gouvernement du pays dans les eaux territoriales duquel ils se trouvent, est un procédé nouveau qui a pour but de soustraire les bâtiments à la rigueur des règles sur la neutralité. L'argumentation de l'adjudant chinois était que le *Vaterland* et l'*Otter* étaient des bâtiments de guerre, et qu'il fallait les surveiller et les garder dès lors qu'ils se trouvaient dans les eaux territoriales neutres. Le Consul allemand prétendait, au contraire, qu'ayant été vendus à une compagnie privée, les deux vaisseaux n'étaient plus des bâtiments de guerre, et qu'ils étaient libres de partir si leur propriétaire le désirait. Il serait facile de démontrer qu'en pareil cas la vente n'avait pas eu lieu de bonne foi. Mais, à notre avis, pour que la Chine puisse remplir son devoir de neutralité, il n'est pas nécessaire de savoir si la vente a été faite ou non *bona fide*. Le fait qu'il est facile de convertir de nouveau en bâtiment de guerre un navire qui, peu de temps avant, était un bâtiment de guerre, suffit à lui seul pour justifier toute vigilance à son égard de la part de la Chine. Ce navire était originairement construit comme bâtiment de guerre. Il est par conséquent tout prêt à faire des croisières dès qu'il sera sorti des eaux neutres. Les places y sont toutes préparées pour recevoir des canons : on pourrait facilement monter ces canons en dehors des eaux territoriales de la Chine.

Enfin, la radiotélégraphie, imparfaitement détruite par des marins non professionnels, sera aisée à réinstaller, et

(1) Télégramme du Commandant naval à Shanghai au Ministre de la Marine, en date du 16 Août 1914.

cette éventualité probable est pleine de dangers pour le commerce des pays belligérants et des pays neutres. L'Allemagne, sans doute, n'a peut-être pas l'intention d'employer actuellement les deux bâtiments dans un but de guerre, mais il n'y a aucune assurance qu'ils ne seront jamais utilisés par elle pour des opérations hostiles, de sorte que la Chine court le risque de manquer aux devoirs de la neutralité que lui imposent les règles de Washington, devenues plus tard l'article 8 de la XIIIe Convention de La Haye. La facilité avec laquelle il est possible de reconvertir les bâtiments en bâtiments de guerre est, selon nous, l'unique raison qui oblige à considérer comme illégitime l'invention du Consul allemand de vendre des bâtiments de guerre à une compagnie privée : il y a là un moyen commode d'échapper à la rigueur des règles concernant la neutralité, qu'on doit déclarer illégal : les bâtiments en question doivent demeurer soumis aux rigueurs des règles sur la neutralité.

Le Consul anglais à Nankin se plaignit au Commandant naval de Shanghaï que les deux bâtiments allemands *Vaterland* et *Otter* continuaient d'employer secrètement la radiotélégraphie pendant la nuit et que la canonnière chinoise était trop éloignée d'eux pour pouvoir les surveiller d'une manière efficace : c'est ce que ce Commandant télégraphia le 18 au Ministre de la Marine. Le capitaine du navire chinois fit alors des remontrances au Consul allemand ; mais celui-ci nia le fait et ne permit pas qu'on allât à bord des deux navires pour constater son existence.

La Haute Direction des Affaires Militaires donna télégraphiquement au capitaine de vaisseau Li l'ordre de surveiller attentivement les bâtiments de guerre allemands afin que les puissances adversaires de l'Allemagne ne pussent avoir aucun motif de plainte.

8. — Une canonnière française désarmée à Tangkou

Tangkou est un petit port sur le Peïho, entre Tientsin et la mer. C'est l'une des stations qu'occupe une garnison française, en vertu du Protocole du 7 septembre 1901 (1).

Un télégramme du chef de la police de Tangkou annonça qu'une canonnière française, avec un officier et un canonnier, devait partir le 7 août pour Pékin. Les canons, après examen, furent enlevés de la canonnière et mis en dépôt par le chef de la police conjointement avec le Directeur de l'Arsenal de Tangkou. Et la canonnière elle-même fut gardée « par application de l'article 12 du règlement chinois sur la neutralité ». Cette solution était-elle régulière ? On peut en douter. En effet, l'article 12 a trait uniquement aux gardes attachées aux Légations des Puissances étrangères à Pékin et aux troupes de ces puissances stationnées le long de la route entre Pékin et la mer ; or, la canonnière française appartenait à l'armée de mer. En réalité, le désarmement de celle-ci était insuffisant. Le procédé qu'il fallait suivre à son égard était celui indiqué en ces termes par l'article 3 des règles sur la neutralité : « Si des vaisseaux de guerre ou des navires auxiliaires belligérants sont trouvés dans un port en dedans des eaux territoriales de la Chine où ils ne sont pas en droit de rester, la Chine peut leur ordonner de désarmer et en détenir les officiers de l'équipage jusqu'à la fin de la guerre. »

Le télégramme que la Haute Direction des Affaires militaires avait adressé le 11 août 1914 aux gouverneurs des provinces a montré comment il fut procédé au désarmement des bâtiments de guerre allemands à Kouangtoung et à Nankin. Le même télégramme ordonnait aux Gou-

____

(1) Voir Chap. III, paragr. 1.

verneurs des provinces de constater s'il y avait aussi des bâtiments de guerre allemands, anglais, autrichiens, français ou russes mouillés dans les eaux territoriales de la Chine et, en cas d'affirmative, d'entamer de suite à leur sujet des pourparlers avec les Consuls des pays auxquels les navires appartenaient ou avec les capitaines de ces navires, en se basant sur le règlement de neutralité et en suivant les exemples de Kouangtoung et de Nankin. En ce qui concerne la canonnière française, les pourparlers devaient donc être poursuivis entre le Commissaire des Affaires Étrangères et le Consul français à Tientsin. Mais suivant ce qu'a rapporté le Commissaire, le Consul français ne voulut pas entrer en pourparlers, sous prétexte qu'il n'était pas compétent en cette matière. Dans cette situation, le Gouverneur de la Province métropole télégraphia au Ministre des Affaires Étrangères de résoudre la question avec le Ministre de France à Pékin (1). Et c'est ce qui fut fait. Le 26 août 1914, le Waïchiaopu informa télégraphiquement le Gouverneur qu'un arrangement avait été fait avec le Ministre de France à Pékin, relativement à la canonnière française : on décida que les canons seraient démontés et gardés par la garnison française de Tangkou, à condition qu'ils ne seraient pas transportés sur le théâtre de la guerre.

9. — Bâtiments de guerre des Etats-Unis désarmés après que la Chine eut rompu ses relations diplomatiques avec l'Allemagne.

La rupture des relations diplomatiques entre la Chine et l'Allemagne sera étudiée dans la deuxième partie de ce livre ; il nous paraît toutefois utile de devancer quelque peu l'ordre des événements afin d'enregistrer dès mainte-

(1) Télégramme du Gouverneur militaire de la Province métropole au Waïchiaopu, en date du 20 Août 1914.

nant ce qui se produisit pour les bâtiments de guerre des États-Unis qui se trouvaient en Chine.

C'est le 6 avril 1917 que les États-Unis d'Amérique entrèrent dans la guerre, après que la Chine eut rompu ses relations diplomatiques avec l'Allemagne. Il y avait à cette époque dans les eaux chinoises, à Shanghaï, à Canton et à Tchoungkin, un certain nombre de bâtiments de guerre américains : l'*Helena*, le *Panpanga*, le *Wilmington*, le *Palos*, le *Monocacy*, le *Quiros*, le *Samar* et le *Villalobas*. La Chine avait rompu le 14 mars 1917 ses relations diplomatiques avec l'Allemagne, et ce ne fut que cinq mois plus tard, le 14 août, qu'elle prit part à la grande guerre contre l'Allemagne. Que fut, pendant cet intervalle de temps, le régime des bâtiments de guerre américains en Chine ? Le fait que la Chine n'avait plus de relations diplomatiques avec l'Allemagne a-t-il introduit quelques changements dans la neutralité chinoise vis-à-vis des puissances belligérantes ? Aux États-Unis, on soutint que la rupture des relations diplomatiques était une situation voisine de l'état de guerre et dès lors que la Chine n'avait plus besoin de demeurer strictement neutre, tout au moins dans la mesure où sa neutralité serait profitable à l'Allemagne. Mais la Chine ne l'entendit pas ainsi : elle estima que cette argumentation américaine était beaucoup plus politique que juridique. Elle continua d'agir en se conformant étroitement aux obligations de la neutralité. La neutralité est quelque chose d'absolu : elle exclut toute participation aux hostilités, quelles que soient les circonstances, et tout concours, même indirect, donné à un des belligérants (1). La Chine, dans l'application qu'elle fit de son règlement sur la neutralité, n'établit donc aucune différence entre les bâtiments de guerre des États-Unis et ceux des autres pays belligérants. Après des négociations entamées entre le

____

(1) Despagnet, *Cours de droit international public*, paragr. 686.

Waïchiaopu et le Ministre des Etats-Unis à Pékin et entre le Commissaire des Affaires Étrangères, le Commandant naval, le Gouverneur militaire chinois et les Consuls américains à Shanghaï et à Canton, etc., l'*Helena* et le *Panpanga* quittèrent immédiatement les eaux chinoises, le *Wilmington* en sortit à la fin du mois d'avril, après avoir terminé ses réparations, et les cinq autres canonnières furent internées en Chine après qu'eurent été démontés leurs canons qui restèrent déposés dans les consulats américains ; un officier, un médecin et la moitié de l'équipage demeurèrent sur chacun de ces cinq navires (1).

(1) Rapport du Ministre de la Marine, en date du 25 Avril 1917.

CHAPITRE VIII

LE BÂTIMENT DE GUERRE ALLEMAND *S. 90*

1. — Le *S. 90* chassé par l'ennemi touche à la côte chinoise.

Dans la nuit du 17 au 18 octobre 1914, le torpilleur de
chasse allemand *S. 90*, qui s'était échappé du port bloqué
de Tsing-Tao, attaqua le bâtiment de guerre japonais
Takatchiho. Poursuivi par l'ennemi dans le golfe du
Petcheli, le torpilleur s'échoua, dans la matinée du 18
octobre, par haut-fond, en un endroit situé à peu près
à 6 ½ milles anglais au nord-ouest de Chi-Tchou-So. Une
partie du pont du navire avait sauté. Son équipage, composé d'un officier et de soixante-quatre marins, gagnè-
rent la terre et fuirent vers Jitchaocheng. Le magistrat
de cette dernière ville, averti de l'événement, envoya dans
toutes les directions des cavaliers pour rechercher les
fuyards. On finit par les trouver au sud de la muraille de
la ville. Les Allemands avaient grand peur d'être pris par
les Japonais. Avec l'aide de soldats chinois, ils furent
amenés et logés dans un temple de Boudha, en dehors
de la ville. L'officier allemand et trois marins furent alors
conduits au Bureau du magistrat ; mais, à défaut d'un
interprète allemand, on ne put les interroger. La situation était difficile pour le magistrat. Comment devait-il
traiter les soixante et quelques hôtes qui lui étaient ad-

venus ainsi à l'improviste ? On parvint finalement à faire
signer par l'officier allemand l'attestation suivante :

Attestation signée par Bronard, capitaine de vaisseau,
commandant le torpilleur S. 90

Pour raison de guerre, j'ai dirigé ce matin le torpilleur
S. 90 vers la côte chinoise de Jitchaocheng et l'ai fait sauter ;
j'ai ordonné à l'équipage de quitter le bateau et de descendre
à terre. Toutes les armes ont été rendues inutiles ; par conséquent, elles ne pourront plus avoir d'effet ; la poudre a été
jetée à la mer. Sont restés dans nos mains 31 pistolets et 722
cartouches, plus 432 cartouches chargées dans les pistolets, ce
qui fait en tout 1154 cartouches, plus une épée.

Respectant la neutralité de la Chine, j'ai délivré tous ces
objets à cette dernière.

Je demande qu'il soit permis à l'équipage d'aller à Shanghai,
et je prie les autorités chinoises de vouloir bien lui donner
sa protection.

Signé : BRONARD.

Capitaine de vaisseau, commandant le S. 90.

Jitchaocheng, le 18 Octobre 1914.

Cependant, tandis que l'équipage du S. 90 était nourri
et logé dans le temple de Boudha, le magistrat de Jitchaocheng rapportait ce qui s'était passé aux autorités
supérieures de la province. Celles-ci demandèrent à Pékin
des instructions sur ce qu'elles devaient faire des marins
et du navire allemands. Entre temps, arrivèrent deux interprètes pour la langue allemande. Et on expédia les
soixante-cinq Allemands à Lin-Tchi-Cheng, centre de
défense de la localité. Le Gouvernement central, estimant
que Shanghaï ne saurait convenir pour l'internement de
ces Allemands, vu la présence dans cette ville de nombreux étrangers, ordonna au Gouverneur militaire du
Shantoung de les expédier à Yuenchow, où se trouvait la

résidence du Commandant de la garnison chinoise. De Yuenchow, ils furent ensuite transportés à Nankin, où on les interna sous la surveillance du général Fengkuo-tchang, devenu plus tard vice-président de la République chinoise.

2. — Arrivée du torpilleur de chasse japonais *Nenohi*

Le 20 octobre 1914, le torpilleur de chasse *Nenohi* arrivait à Jitchaocheng, alors que l'officier allemand venait d'en partir. Le capitaine de ce torpilleur Youkitchi-Kourada fit aussitôt débarquer un détachement de ses soldats pour procéder à une enquête sur les Allemands qu'il se proposait de poursuivre. Constatant que le torpilleur de chasse allemand était gardé par la police maritime chinoise, Youkitchi monta sur ce bâtiment partiellement détruit, y arbora le pavillon japonais et voulut en faire démonter les canons et autres objets qui s'y trouvaient. Mais le fonctionnaire chinois éleva des objections. Les Japonais n'en tinrent pas compte. Ils obligèrent les habitants paisibles de la localité à les aider à démonter les armes allemandes, et pour cette aide, ils leur donnèrent comme paiement des pièces de fer et du charbon de terre pris dans le bateau allemand. Tous les canons, les fusils et les autres objets furent enlevés, de sorte qu'il ne resta plus du navire qu'une coque vide. Le capitaine de vaisseau Kinzabouro Nimoura, qui commandait le bâtiment japonais *Mogami*, dont dépendait le torpilleur *Nenohi*, signa un inventaire des objets enlevés et le remit au fonctionnaire chinois.

Dans la matinée du 21 octobre, arrivèrent deux autres navires auxiliaires japonais pour transporter les objets qui avaient été pris sur le *S. 90*. Mais comme le délai de vingt-quatre heures venait d'expirer, les bâtiments de guerre japonais, après négociations avec les fonctionnaires chinois, consentirent à partir. Le 23 octobre, à 6 heu-

des du matin, les navires de guerre japonais, voyant que
le pavillon japonais était hissé sur le *S. 90*, se dirigèrent
vers le nord en laissant la coque vide du *S. 90* aux mains
des Chinois.

Le 24, à 9 heures du matin, un capitaine de la cavalerie japonaise, nommé Masatsoura Hirano, accompagné de cinq autres Japonais, arriva à Jitchaocheng. Il
s'informa auprès des autorités locales des circonstances
dans lesquelles le torpilleur de chasse *S. 90* avait été
désarmé et des négociations qui avaient eu lieu avec l'officier allemand. On lui montra l'attestation que ce dernier avait signée. Sur la demande du fonctionnaire chinois, le capitaine japonais et sa suite déposèrent leurs
armes ; puis ils se rendirent au bord de la mer : ils exa-
minèrent le vaisseau allemand endommagé et ensuite re-
partirent. Le document signé par l'officier allemand et
l'inventaire signé par le capitaine de vaisseau japonais
furent, avec un rapport détaillé, envoyés à la Haute Direction des Affaires Militaires par Wang-Tchiao-Tcheng,
magistrat de Jitchaocheng.

3. — L'équipage du *S. 90* interné à Nankin

L'équipage du *S. 90* avait été, sous escorte, conduit de
Yenchow à Nankin et, dans cette dernière ville, interné
sous la surveillance du général Fengkuotchang. L'intention de celui-ci, gouverneur militaire de la province du
Kiangsou, était d'enfermer les marins allemands en un
lieu d'où ils ne pourraient pas sortir, conformément à
l'article 11 de la Convention V de La Haye de 1907. Mais
la Légation d'Allemagne à Pékin fit des objections contre
cette manière de comprendre l'internement. Le Conseiller
de cette Légation adressa en effet, le 24 octobre, au Chef
de la Section politique du Ministère des Affaires Étrangères de Chine la lettre suivante :

Suivant le rapport du Consul allemand à Nankin, les 61 marins du torpilleur allemand échoué sur le rivage du Shantoung, et transportés par le Gouvernement chinois à Nankin, vont être enfermés dans un lieu approprié par le Général Fengkuotchang. Nous ne saurions consentir à cet internement, car la Chine n'a pas enfermé les Japonais qui ont dépassé la ligne de délimitation du théâtre de guerre à Shantoung. Si elle interne les Allemands à Nankin, qui est un port neutre, ce sera contrairement au principe de l'égalité de traitement entre belligérants, et nous ne pourrions en présence de ce fait garder le silence. Nous prions le Ministère des Affaires Étrangères de Chine de télégraphier au Général Fengkuotchang pour que la liberté de leurs mouvements soit accordée aux marins allemands à Nankin (1).

Comme réponse à cette lettre, le Waïchiaopu envoya un fonctionnaire à la Légation d'Allemagne à Pékin pour expliquer verbalement au Conseiller allemand que le fait d'enfermer les soldats allemands à Nankin n'avait pas d'autre but que de les protéger efficacement et que ce qu'on leur défendait c'était simplement de s'éloigner de la ville de Nankin.

4. — **Protestation du Gouvernement chinois contre la violation de la neutralité par le torpilleur de chasse japonais.**

Ainsi que nous l'avons dit, un torpilleur de chasse japonais le *Nenohi*, était venu le 20 octobre à l'endroit où le torpilleur allemand s'était échoué, et il en avait enlevé les canons et autres objets. C'est en vain qu'à ce sujet l'intendant du district de Chefoo avait essayé de négocier avec le capitaine japonais. Le 24, le Ministre des Affaires étrangères de Chine adressa au Ministre du Japon à Pékin la protestation suivante :

(1) Lettre du Conseiller allemand au Chef de la Section politique du Waïchiaopu, en date du 24 Octobre 1914.

Pékin, le 24 Octobre 1914.

Monsieur le Ministre,

J'ai l'honneur de faire savoir à Votre Excellence que, suivant un télégramme des autorités locales du Shantoung, un bâtiment de guerre allemand, après avoir touché à la côte chinoise de Jitchaocheng, a été désarmé d'après le règlement sur la neutralité et les marins allemands qui le montaient ont été transportés à la garnison chinoise à Yuenchow pour être réexpédiés à Nankin. Dans la matinée du 20 Octobre, un torpilleur de chasse japonais arrivé à l'endroit où le vaisseau allemand s'était échoué, y hissa le pavillon japonais et, déclarant que le bâtiment allemand était son butin, annonça qu'il viendrait l'enlever le lendemain matin. Un second télégramme des autorités du Shantoung dit que deux autres bâtiments de guerre japonais sont arrivés le 21 courant, etc. Est-il possible de considérer comme butin un bâtiment de guerre allemand qui s'est réfugié dans les eaux territoriales d'un pays neutre et auquel on a appliqué les règles sur la neutralité ? Le fait que le bâtiment de guerre japonais est entré sans autorisation dans les eaux territoriales neutres, et a disposé par la force d'un vaisseau de guerre appartenant à un autre belligérant, constitue une véritable violation de la neutralité. Si les deux autres bâtiments de guerre japonais venus plus tard ne désarmaient pas, il y aurait une nouvelle violation de la neutralité.

J'ai, en conséquence, l'honneur de prier Votre Excellence de télégraphier immédiatement à votre Gouvernement de donner l'ordre aux autorités navales japonaises d'agir conformément au droit international et de respecter la neutralité de la Chine

En attendant votre réponse, je profite etc.

Signé : Soun Pao Ki.

La protestation chinoise ainsi remise à Pékin fut immédiatement télégraphiée à Tokio par la Légation du Japon. Mais, à ce sujet, le Ministre des Affaires Étrangère de Chine donna encore, le 27 octobre 1914, des

Instructions télégraphiques au Ministre de Chine à Tokio pour qu'il protestât auprès du Gouvernement près duquel il était accrédité.

Dans le cercle des officiers de la Marine on s'efforça de contester, au point de vue géographique, les prétentions de la Chine, en alléguant que la délimitation du théâtre de la guerre communiquée le 7 janvier aux Gouvernements du Japon et de l'Angleterre n'avait pas été faite régulièrement, en ce sens que, comme nous l'avons déjà fait remarquer (1), elle avait eu lieu unilatéralement de la part de la Chine, et non pas avec le consentement des deux parties. On ajouta qu'elle était particulièrement vague et imprécise en tant qu'elle se rapportait à la mer. Répondre à la note chinoise du 24 octobre en discutant le point de savoir si l'endroit où le S. 90 s'était échoué se trouvait ou non dans les limites du théâtre de la guerre, ç'eût été rouvrir la question de la délimitation à laquelle le Gouvernement de Tokio n'avait jamais consenti en principe. Aussi le Japon se contenta-t-il de déclarer, le 4 novembre, que, le torpilleur de chasse S. 90 étant hors de combat, il n'en pouvait plus être question :

Pékin, le 4 Novembre 1914.

Monsieur le Ministre,

J'ai eu l'honneur de recevoir la note de Votre Excellence en date du 24 octobre 1914 (3e année de la République). En ce qui concerne le torpilleur de chasse allemand S. 90 dont l'équipage s'est réfugié sur la côte chinoise de Jitchaocheng et les agissements du bâtiment de guerre japonais relativement à ce torpilleur, j'ai tout de suite télégraphié à mon Gouvernement, dont les instructions me sont parvenues, hier. Ces instructions déclarent que le S. 90 voulait sortir de la Baie de Kiaotcheou bloquée par la flotte japonaise et que, poursuivi par le bâtiment de guerre japonais, il s'est échoué en haut-fond

____

(1) V. ci-dessus p. 47.

sur la côte de Jitchaocheng. Elles ajoutent que comme le torpilleur allemand est désormais hors de combat, il n'en saurait plus être question.

En communiquant cette réponse de mon Gouvernement à Votre Excellence, je profite etc.

Signé : Hioki.

5. — Les diverses protestations du Chargé d'Affaires allemand et la note en réponse de la Chine.

Dans une note du 31 octobre au Ministre des Affaires Étrangères de Chine, qu'une autre avait déjà précédée, le Chargé d'Affaires allemand protesta contre le traitement injuste qui avait été fait à l'équipage du torpilleur allemand *S. 90*. Mais, dans cette note, il fit de plus allusion à un second fait au sujet duquel il éleva également des récriminations. « J'ai, y disait-il, de nouveau un fait à communiquer à Votre Excellence. D'après un télégramme du Consul allemand de Hankow, les six officiers et les quarante-sept soldats de la canonnière anglaise désarmée ont passé hier à Shanghaï à destination de Hongkong. Cela constitue une nouvelle violation de la neutralité, contre laquelle j'ai le devoir de protester. » Le Ministre des Affaires Étrangères de Chine répondit à la note de la manière suivante :

Pékin, le 7 Novembre 1914.

Monsieur le Chargé d'Affaires,

J'ai l'honneur de vous accuser réception des deux notes que vous avez bien voulu me communiquer, et qui concernent, l'une le bâtiment de guerre anglais de Tchoung King, l'autre l'équipage du torpilleur de chasse allemand S. 90 Je vais répondre successivement à l'une et à l'autre :

En ce qui concerne la note relative au bâtiment de guerre anglais, j'ai télégraphié aux autorités locales du Setchouan de faire une enquête, et j'ai eu déjà l'honneur de vous en accuser réception en date du 20 Octobre dernier. D'après la réponse télégraphique qui m'a été adressée du Setchouan, le bâtiment de guerre anglais a été complètement désarmé le 9 Octobre et le pavillon de la marine anglaise a été baissé ; un seul Européen est demeuré à bord du navire pour le garder. Il n'y a donc aucune différence entre le traitement appliqué à ce navire et celui dont ont été l'objet les bâtiments de guerre allemands *Vaterland* et *Otter* désarmés à Nankin. Voilà le premier point que j'avais à éclaircir.

En ce qui concerne les officiers et les soldats internés à Nankin, ce sont des combattants qui venaient du théâtre de la guerre. A ce titre, ils ne peuvent pas recevoir le même traitement que l'équipage du bâtiment anglais. Ils doivent être surveillés par la Chine de manière à éviter tout danger. Le 26 du mois dernier, je vous ai envoyé un fonctionnaire de ce Ministère afin de vous expliquer le but de notre surveillance. J'ai, de plus, télégraphié au Gouverneur Militaire à Nankin de se mettre en rapport avec le Consul allemand. On nous répond que tout est tranquille, et qu'il n'a été fait de part et d'autre aucune objection. Par conséquent, il n'y a plus nécessité pour les marins allemands d'aller à Shanghai. C'est le second point au sujet duquel j'avais à m'expliquer.

Quand au torpilleur de chasse S. 90, le Gouvernement japonais, à la suite d'une protestation du Gouvernement chinois, a consenti à laisser ce bâtiment sous la protection chinoise. Ce point est le dernier auquel je devais vous répondre.

Veuillez etc.

Signé : SOUN PAO KI.

DEUXIÈME PARTIE

LA RUPTURE DES RELATIONS DIPLOMATIQUES

CHAPITRE IX

LES ÉVÉNEMENTS QUI CONDUISIRENT A LA RUPTURE
DES RELATIONS DIPLOMATIQUES AVEC L'ALLEMAGNE

---

1. — La guerre sous-marine à outrance.

La rupture des relations diplomatiques entre la Chine
et l'Allemagne et l'état de guerre entre ces deux pays ont
eu pour cause immédiate la note du 31 janvier 1917 par
laquelle l'Allemagne annonça au monde son intention
de faire une guerre commerciale sous-marine à outrance.
Cette note était adressée aux Représentants de tous les
pays neutres à Berlin. En voici le texte qui fut envoyé
au Ministre de Chine à Berlin :

Berlin, le 31 Janvier 1917.

Monsieur le Ministre,

Dans leur note du 12 décembre 1916, l'Allemagne et ses
alliés se sont déclarés prêts à entrer en négociations de paix
avec leurs adversaires. Ils indiquaient comme base de ces négociations la nécessité d'assurer l'existence, l'honneur et le libre
développement de leurs peuples. Leurs plans ne visaient, ainsi
qu'ils le proclamaient expressément, ni l'écrasement ni l'ex-
termination de l'adversaire, et s'accordaient parfaitement,
d'après leur conviction, avec les droits des autres nations. En
ce qui concerne la Belgique, le Chancelier avait déclaré quel-

ques semaines auparavant que jamais l'Allemagne n'avait eu l'intention d'annexer cet Etat. Dans la paix à conclure avec la Belgique, l'Allemagne ne voulait se préoccuper d'autre chose que d'empêcher ce pays, avec lequel le Gouvernement Impérial désire être en relations de bon voisinage, de pouvoir être exploité par les ennemis pour aider des projets hostiles. Une pareille précaution est d'autant plus urgente que dans leurs discours répétés et surtout dans les décisions de la conférence économique de Paris les chefs des Gouvernements ennemis onts exprimé, sans détour, l'intention de refuser à l'Allemagne, même après le rétablissement de la paix, tout droit de parité, et au contraire de continuer systématiquement la lutte

La tentative des quatre puissances alliées en faveur de la paix a échoué devant la soif de conquêtes des adversaires qui veulent la dicter. Sous l'étiquette du principe des nationalités, ils ont démasqué leur but de guerre, qui est l'écrasement et l'humiliation de l'Allemagne, de l'Autriche-Hongrie, de la Turquie et de la Bulgarie. Au désir de conciliation, ils opposent leur volonté d'anéantissement. Ils veulent la guerre à outrance.

Ainsi a surgi un nouvel état de choses qui impose aussi à l'Allemagne de nouvelles décisions. Depuis deux ans et demi l'Angleterre fait un usage illicite de sa puissance maritime dans le but criminel de réduire l'Allemagne par la famine. Par son mépris brutal du droit des gens, le groupe de puissances, conduit par l'Angleterre, ne supprime pas seulement le commerce légitime de ses adversaires ; en exerçant sur eux une pression sans égard il force encore les Etats neutres à cesser tout trafic qui ne lui convient pas ou à restreindre leur commerce d'après ses prescriptions arbitraires.

Les efforts entrepris pour rappeler l'Angleterre et ses alliés au respect du droit des gens et de la loi de la liberté des mers sont connus du Gouvernement Chinois.

Malgré cela, le Gouvernement Anglais persiste dans sa guerre de famine, qui, sans porter atteinte à la force militaire de l'adversaire, oblige des femmes et des enfants, des malades et des vieillards à souffrir pour leur pays des privations douloureuses et funestes pour la vitalité de la nation.

Ainsi la soif anglaise d'hégémonie accumule de sang-froid les maux sur le monde, au mépris des lois les plus saintes de l'humanité, au mépris des protestations des neutres gravement lésés, au mépris même du désir tacite de paix des populations des alliés de la Grande Bretagne. Chaque jour qui, prolonge la terrible lutte amène de nouvelles dévastations, de nouvelles misères, de nouvelles pertes de vies humaines. Chaque jour qui abrégera la guerre conservera, de part et d'autre, l'existence à des milliers de braves soldats, et deviendra un bienfait pour l'humanité tourmentée.

Le Gouvernement Impérial ne saurait assumer la responsabilité devant sa propre conscience, devant le peuple allemand et devant l'histoire, de ne pas utiliser tous les moyens pour hâter la fin de la guerre. Il avait le désir et l'espoir d'y parvenir par la voie de négociations. Les adversaires ayant répondu à sa tentative d'entrer dans cette voie par l'annonce d'un redoublement de la lutte, le Gouvernement Impérial, pour servir, dans le sens élevé, l'humanité et pour ne pas commettre une lourde faute à l'égard de son propre peuple, doit mettre en jeu toutes les armes, afin de continuer la lutte à laquelle il a été contraint pour défendre son existence. Il se voit donc forcé de supprimer les restrictions apportées jusqu'à présent dans l'emploi de son moyen de combat sur mer.

Dans la ferme confiance que le peuple et le Gouvernement Chinois se rendront aux motifs de cette décision et de la nécessité qui la dicte, le Gouvernement Impérial espère que la Chine appréciera le nouvel état de choses de toute la hauteur de son impartialité et qu'elle contribuera aussi pour sa part à empêcher une plus grande misère et des sacrifices évitables de vies humaines.

En se référant pour les détails des mesures navales projetées au mémoire ci-joint le Gouvernement Allemand se permet d'exprimer l'espoir que le Gouvernement Chinois voudra bien prévenir les bateaux chinois du danger qu'ils courent en entrant dans les zones interdites, décrites dans l'annexe, ainsi que mettre en garde ses nationaux de ne confier ni voyageurs ni marchandises aux bateaux qui fréquentent les ports des zones interdites.

Je profite de l'occasion pour Vous renouveler, Monsieur le Ministre, l'assurance de ma haute considération.

Signé : ZIMMERMANN.

Annexe :

MÉMOIRE

A partir du 1ᵉʳ février 1917, dans les zones interdites autour de la Grande Bretagne, de la France et de l'Italie et dans la Méditerranée orientale désignées ci-après, tous navires seront attaqués par tous les moyens armés sans autre forme.

a) Dans la mer du Nord, une zone autour de l'Angleterre et de la France limitée par une ligne tirée à vingt lieues marines à partir de la côte hollandaise jusqu'au bateau-phare de Terschelling, par le méridien du bateau-phare de Terschelling jusqu'à Udsira, par une ligne partant de là et passant par le point 62 degrés de latitude nord, 0 degré de longitude jusqu'au 62 degrés de latitude nord, 5 degrés de longitude ouest, puis jusqu'à un point situé à trois lieues marines au sud de la pointe méridionale des îles Faroë, traversant le point 62 degrés de latitude nord, 10 degrés de longitude ouest, ensuite le point 61 degrés de latitude nord, 15 degrés de longitude ouest, puis 57 degrés de latitude nord, 20 degrés de longitude ouest jusqu'à 47 degrés de latitude nord, 20 degrés de longitude ouest, puis jusqu'à 43 degrés de latitude nord, 15 degrés de longitude ouest, puis le long du 43ᵉ degré de latitude nord jusqu'à un point situé à vingt lieues marines de distance du Cap Finistère et à une distance de vingt lieues marines le long de la côte septentrionale de l'Espagne jusqu'à la frontière française.

b) Au sud, la Méditerrannée. Reste ouverte à la navigation neutre la zone maritime à l'ouest de la ligne Pointe de l'Espiquetto jusqu'à 38 degrés 20 minutes nord et 6 degrés est, ainsi qu'au nord et à l'ouest d'une zone large de 60 lieues marines le long de la côte de l'Afrique du nord, partant de 2 degrés de longitude ouest.

Pour permettre la communication dans cette zone maritime avec la Grèce, une bande d'une largeur de vingt lieues marines mène soit au nord soit à l'est de la ligne suivante :

38 . degrés de latitude nord et 6 degrés de longitude est jusqu'à 30 degrés de latitude nord et 10 degrés del longitude est, ensuite à 37 degrés nord et 11 degrés 30 minutes est, puis à 34 degrés nord et 11 degrés 30 minutes est jusqu'à 34 degrés nord et 22 degrés 30 minutes est.

De là une bande d'une largeur de vingt lieues marines entre dans les eaux territoriales de la Grèce à l'ouest du 22ᵉ degré 30 minutes de longitude est.

Les bateaux neutres circulant dans les sphères interdites le feront à leur propre risque. Nonobstant le fait que des précautions seront prises pour épargner pendant un délai convenable les bateaux neutres, qui à la date du 1ᵉʳ Février se trouveraient en route vers des ports situés dans la sphère interdite, il y a lieu de conseiller d'urgence de les avertir par tous les moyens d'avoir à modifier leur itinéraire.

Les bateaux neutres mouillés dans les ports des sphères interdites peuvent avec la même sécurité, quitter la sphère interdite pourvu qu'ils se mettent en route avant le 5 février et qu'ils prennent le chemin le plus court pour gagner la zone libre.

Ci-joint deux exemplaires des cartes sur lesquelles les sphères interdites sont marquées (1).

La dépêche du Ministre de Chine à Washington qui donnait le contenu de la note allemande, parvint à Pékin le 3 février.

Le 4 février, M. Reinsch, Ministre des Etats-Unis à Pékin, remit au Ministre des Affaires Étrangères chinois la note suivante :

Pékin, le 4 Février 1917.

Excellence,

J'ai l'honneur d'informer Votre Excellence que je suis chargé par mon Gouvernement de vous faire en son nom la notification suivante :

____

(1) Documents dans les archives du Waïchiaopu.

Ce Gouvernement, vu la récente annonce du Gouvernement allemand de son intention de poursuivre la guerre sous-marine sans distinction, ne peut faire autrement que de donner cours aux idées exposées dans sa note du 18 Avril 1916 au Gouvernement Allemand. En conséquence, il rappellera l'Ambassadeur des Etats-Unis à Berlin ainsi que sa suite, et remettra tout de suite à l'Ambassadeur d'Allemagne à Washington les passeports pour lui-même et sa suite.

Je suis également chargé par mon gouvernement d'ajouter que le Président des Etats-Unis ne croit pas que l'Allemagne mette actuellement en pratique les menaces faites au commerce neutre ; mais, si elle le fait, le Président demandera au Congrès l'autorisation d'user de la force nationale pour protéger les citoyens américains faisant un commerce pacifique et licite en haute mer. Cette manière d'agir est, selon les vues du Président, en conformité complète avec les principes exposés par lui dans son adresse au Sénat le 22 Janvier dernier, et, en conséquence, il croit qu'il serait de l'intérêt du monde que les autres Puissances neutres pussent agir de la même manière que le Gouvernement des Etats-Unis (1).

Je profite, etc.

Signé : Paul S. Reinsch.

Le 9 février, le Gouvernement chinois remit au Ministre d'Allemagne à Pékin une note de protestation ainsi conçue :

Pékin, le 9 Février 1917.

Monsieur le Ministre,

J'ai reçu une communication télégraphique du Ministre de Chine à Berlin me transmettant la note du Gouvernement Allemand datée du 1er Février 1917. Elle m'a fait connaître que le plan de blocus nouvellement adopté par l'Allemagne mettra en danger, à partir de cette date, les navires mar-

____

(1 Livre Blanc, 1917 : Documents officiels concernant la guerre. N° 2.

chands des pays neutres qui circulent dans certaines zones interdites.

Les nouvelles mesures de guerre sous-marine inaugurées par l'Allemagne, mettant en danger les vies et la propriété des citoyens chinois à un degré même plus élevé que celles prises jusqu'ici et qui ont déjà coûté tant de vies à la Chine, constituent une violation des principes de droit international actuellement en vigueur et une intervention dans le commerce légitime entre les États neutres et entre les États neutres et les pays belligérants. Nous soumettre à cette manière de faire la guerre équivaudrait de notre part à admettre que cette façon d'agir arbitraire et injustifiable est conforme au droit international. Le Gouvernement Chinois proteste donc contre le système de la guerre sous-marine annoncé le 1ᵉʳ Février par le Gouvernement Impérial Allemand, mais il espère que ce dernier, en vue de respecter les droits des pays neutres et de maintenir les bonnes relations entre nos deux pays, ne mettra pas ses mesures à exécution. Si, à l'encontre de son espoir, cette protestation devait rester sans effet, le Gouvernement de la République Chinoise se verrait contraint, à son profond regret, de rompre les relations diplomatiques existant entre les deux Pays. Il convient d'ajouter que l'attitude du Gouvernement Chinois est dictée par le désir de la paix mondiale et le maintien de la sainteté des principes du droit international (1).

Je profite, etc.

Signé : Wu Tsao Fang.

Le même jour, le Ministre des Affaires Étrangères chinois fit connaître au Ministre des États-Unis, ainsi qu'aux Représentants de tous les pays résidant à Pékin, le contenu de la note de protestation qu'il adressait au Gouvernement allemand.

En réponse à la note de protestation chinoise du 9 février, le Gouvernement allemand chargea son Ministre à Pékin de transmettre la note suivante au gouvernement chinois :

(1) Livre Blanc, 1917 : Documents concernant la guerre, N° 3

Pékin, le 10 Mars 1917.

Monsieur le Ministre,

J'ai l'honneur d'informer Votre Excellence que j'ai reçu ce 10 courant à 7 heures du soir les instructions du Gouvernement Impérial allemand avec l'ordre de transmettre au Gouvernement Chinois, la note suivante :

Le Gouvernement Impérial est fort étonné de la menace faite par le Gouvernement de la République de Chine dans sa note de protestation. Beaucoup d'autres pays ont aussi protesté, mais c'est la Chine seule, qui, malgré ses bonnes relations avec l'Allemagne, ajoute la menace à la protestation. La protestation du Gouvernement Chinois est d'autant plus étonnante que la Chine n'ayant aucun intérêt de navigation dans les zones bloquées, il n'y a point pour elle en conséquence de dommages à subir.

Le Gouvernement Chinois prétend que la présente méthode de guerre est de nature à mettre en péril la vie des citoyens chinois. Cependant le Gouvernement allemand se permet d'indiquer au Gouvernement de la République de Chine que celui-ci ne lui a jamais communiqué un seul cas ni adressé jusqu'ici aucune plainte à ce sujet. D'après les rapports reçus par le Gouvernement Impérial, si des sujets chinois ont perdu la vie, c'est parce qu'ils s'étaient engagés dans les lignes pour fouiller les tranchées ou pour accomplir quelque autre service : or, en s'employant dans de tels travaux militaires, ils doivent être considérés comme combattants, et ils s'exposent aux dangers qui accompagnent ces travaux. Le Gouvernement Impérial a protesté à plusieurs reprises contre les transports de Chinois pour des services militaires. Cependant, même durant la guerre, l'Allemagne a toujours donné à la Chine la preuve de sa bonne amitié. Vu les bonnes relations entre les deux pays, le Gouvernement Impérial est disposé à considérer comme non avenus les termes menaçants dont le Gouvernement Chinois s'est servi, et il espère que ce Gouvernement revisera ses vues sur la question.

Ce sont les ennemis de l'Allemagne qui ont les premiers proclamé le blocus contre l'Allemagne et ils sont en train

de mettre celui-ci à exécution sans aucune pitié. Il est difficile pour l'Allemagne d'abandonner son plan de guerre sous-
marine. Toutefois, le Gouvernement Impérial, accédant volontiers au désir du Gouvernement de la République chinoise,
est disposé à entrer en négociations avec lui pour arriver à
un plan de protection de la vie et de la propriété chinoises et
prendre en considération le droit maritime de la Chine. La
raison qui pousse le Gouvernement Impérial à agir ainsi avec
le Gouvernement chinois est que la Chine, si elle rompait
les relations diplomatiques avec l'Allemagne, non seulement
perdrait une véritable et bonne amie, mais se trouverait mê-
lée à d'inconcevables difficultés.

En communiquant à Votre Excellence les instructions ci-
dessus mentionnées de mon Gouvernement, je me permets
d'ajouter que si le Gouvernement Chinois le désire, je suis
autorisé à ouvrir des négociations en ce qui concerne la protection du droit maritime de la Chine (1).

Je profite, etc.

Signé : von HINTZE.

C'est pour la première fois qu'apparaît ici le nom de
ce diplomate allemand qui joua un rôle si important dans
les relations de la Chine pendant la grande guerre européenne. Amiral de la Marine Impériale, von Hintze était
attaché à l'ambassade d'Allemagne en Russie, quand le
Kaiser, ayant reconnu en lui les qualités d'un diplomate
de son goût, le nomma Ministre à Mexico. Dans ce poste,
il se rendit bientôt célèbre par ses intrigues. Alors le
Kaiser pensa à lui pour l'envoyer en Chine. Il arriva à
Pékin en qualité de Ministre d'Allemagne au mois de
janvier 1915, après que la guerre avait éclaté. Pour venir
en Chine, il se déguisa en chauffeur d'un bateau norvégien, disent les uns, en subrécargue d'un bateau suédois,
disent les autres. Quoi qu'il en soit, il passa inaperçu et
personne ne le reconnut. Il en fut ainsi jusqu'au mo-

____

(1) Livre Blanc 1917, Doc. N° 5.

ment où il présenta ses lettres de créance au Président Yuanshikai. Il sera souvent question de lui dans les chapitres qui vont suivre.

2. — Le Parlement chinois et la rupture des relations diplomatiques avec l'Allemagne

La Chine est une république parlementaire. Elle a donc des partis politiques et aucune question ne peut se passer chez elle sans que se produisent des critiques et des discussions dans les deux Chambres. Il ne manqua pas de gens dans les cercles politiques de Pékin pour penser que, le militarisme allemand étant invincible, la rupture des relations diplomatiques avec l'Allemagne était un véritable crime. De nombreux agents secrets au service de l'Allemagne répandaient d'ailleurs l'argent à profusion dans toutes les classes de la société pékinoise, de manière à les rendre favorables à leur pays. Aussi, la tâche du Gouvernement chinois apparût-elle tout d'abord difficile dans la voie qu'il avait choisie. Mais, à la fin, la cause de l'humanité et de la justice l'emporta. C'est dans les journées des 10 et 11 mars 1917 que le Parlement chinois s'occupa de la question. A la Chambre des députés, il y eut 331 voix contre 87 (c'est-à-dire les quatre cinquièmes des membres) qui se prononcèrent pour la rupture, et au Sénat, 158 voix contre 35 (c'est-à-dire plus des quatre cinquièmes) soutinrent la politique du Gouvernement (1).

3. — Quelques faits sur les pertes de vies de citoyens chinois.

Le 24 février, M. Tang, Ministre de Chine à La Haye, télégraphia que le navire marchand anglais *Perseus* avait

(1) Circulaire télégraphique aux gouverneurs de toutes les provinces et aux résidents généraux des Districts de l'Administration spéciale, en date du 11 Mars 1917.

été attaqué et que dans cette attaque trois Chinois avaient perdu la vie.

Le même jour, M. Koo, Ministre de Chine à Washington, annonça télégraphiquement que, d'après une dépêche du Consul de France à Malte, le navire français *Athos*, ayant à bord des marins chinois, avait été torpillé, mais il ajouta que le nombre et le sort de ces marins n'étaient pas encore connus. Le Gouvernement français a informé le Ministre de Chine à Paris que sur les 900 ouvriers chinois qui se trouvaient à bord de l'*Athos*, 543 avaient disparu et que les survivants, soignés par le Gouvernement français, étaient restés à Marseille.

Le Ministre de Chine à Londres a fait savoir à son Gouvernement par une dépêche du 24 février que, d'après une indication du *Times*, un navire norvégien, le *Skogland*, avait été torpillé, sur lequel il y avait un chauffeur chinois.

Le 12 mars, le Ministre de Chine à Washington télégraphia que, suivant une information du commandant naval à San Francisco, un torpilleur allemand se trouvait dans l'Océan Pacifique.

Le 13 mars, le Ministre de Chine à Rome prévint son Gouvernement que le navire marchand anglais *Broadmoor* avait été torpillé le 27 février précédent, mais que les 43 marins chinois qu'il avait à bord avaient été sauvés et débarqués à Marsa (île italienne). On sut plus tard que ces marins avaient été, le 28, envoyés dans l'île de Malte et remis aux officiers anglais.

D'autres rapports non moins émouvants étaient encore reçus presque chaque jour par le Gouvernement de Pékin. Mais les faits qui précèdent suffisent pour expliquer l'état d'esprit dans lequel devaient se trouver les dirigeants de la politique chinoise au moment où la Chine se décidait à mettre en pratique l'intention qu'elle avait annoncée dans sa note de protestation du 9 février.

4. — Proclamation du Gouvernement chinois expliquant la note de protestation adressée à l'Allemagne.

Comme la Chine est vaste, les intentions du Gouvernement central ne parviennent pas facilement dans toutes les parties du pays. Le Président du Conseil crut donc utile de donner au peuple chinois une explication des événements diplomatiques les plus importants sous la forme d'une proclamation adressée aux Gouverneurs de toutes les provinces. Voici le texte officiel du document qu'il publia sur la rupture imminente des relations avec l'Allemagne. Nous citons ce texte en son entier parce qu'il indique de la manière la plus nette les motifs diplomatiques de cette rupture :

La grande guerre européenne commença en juillet 1914. En peu de temps, elle s'étendit dans toutes les directions. A ce moment, la Chine, étant données la situation intérieure de l'État et les conditions de ses relations diplomatiques avec l'étranger, était décidée à garder une stricte neutralité. Elle remplit consciencieusement ses devoirs et défendit scrupuleusement ses droits. Le 6 Août de cette même année, elle a publié des règles sur la neutralité que la nation n'a jamais manqué d'observer.

Quand surgit l'affaire de Kiaotcheou, la paix de l'Extrême-Orient se trouva menacée. La Chine fut alors dans une situation extrêmement difficile. Pour se tirer d'embarras, elle agit comme en 1904-1905 pendant la guerre russo-japonaise : se servant de celle-ci comme de précédent, elle délimita la zone hors de laquelle elle sut faire respecter sa neutralité. Ce fait est bien connu de la nation tout entière. Il est inutile d'insister sur ce point.

La guerre dure déjà depuis plus de deux années. A son début, les États neutres firent tous leurs efforts pour remplir vis-à-vis des pays belligérants les devoirs de la neutralité, qui, déjà assez lourds, ne sauraient plus être augmentés. En retour, les pays belligérants ont dû respecter les droits qui appartiennent aux pays neutres. Mais depuis que l'Allemagne a commencé sa guerre sous-marine, les pertes de vies et de biens chez les ressortissants des pays neutres ont été innombrables. Tout récemment, l'Allemagne a encore annoncé un nouveau système de blocus maritime, grâce auquel les navires marchands neutres circulant dans les zones interdites seront exposés au danger d'être coulés et détruits.

Le Gouvernement des Etats-Unis, voyant que le droit des gens était foulé aux pieds par l'Allemagne, n'a pu rester indifférent. Il a proclamé la rupture de relations diplomatiques avec l'Allemagne. Et, par l'intermédiaire de son Ministre à Pékin, il a adressé une note circulaire aux Gouvernements de tous les pays neutres, les invitant à faire la même démarche que lui. Notre Gouvernement, après avoir mûrement réfléchi, est arrivé à la conclusion que nous ne pouvions pas faire autrement que de suivre la politique des Etats-Unis, et cela pour les cinq raisons suivantes :

1° — Si notre pays ne possède pas une marine marchande naviguant dans les mers d'Europe, beaucoup de nos nationaux sont au service des navires de commerce étrangers. Or, d'après les rapports de nos légations et de nos consulats à l'étranger, de nombreux citoyens chinois ont été noyés ou ont perdu la vie à la suite d'attaques par les sous-marins. Si l'Allemagne met son nouveau plan à exécution, les conséquences seront encore plus graves.

2° — Nos produits ne sont pas sans doute l'objet de nombreuses exportations en Europe par le fait des commerçants chinois eux-mêmes ; mais si les Européens, à cause des dangers qu'ils pourraient rencontrer sur leur route, ne viennent pas en Chine acheter ses produits, que deviendra notre commerce d'exportation ?

3°. — Même en temps de guerre il est, d'après le droit international, permis aux pays neutres de continuer de faire entre eux un commerce licite ; ils peuvent même commercer avec les Etats belligérants. Le nouveau plan allemand, en raison de la situation géographique des zones interdites, empêchera non seulement le commerce avec les pays belligérants, mais encore celui avec les pays neutres. Alors le droit de commerce qui appartient aux pays neutres se trouve complètement annulé.

4°. — Le maintien des bonnes relations entre les États n'est possible que parce que chaque nation prend pour base de celles-ci le droit international. Si l'Allemagne peut, par le précédent qu'elle vient de créer, le violer partiellement aujourd'hui, quelle garantie y aura-t-il qu'elle ne se prévaudra pas à l'avenir de ce précédent pour le démolir entièrement et mettre en danger la co-existence même des États sur la terre

5°. — Notre pays a gardé jusqu'ici une stricte neutralité et il n'a porté aucune atteinte aux intérêts des pays belligérants. L'Allemagne, en exécutant son nouveau plan de guerre sous-marine, attente au droit des pays neutres. Les États-Unis, pays essentiellement neutre et pacifique, ont trouvé intolérable l'attitude de l'Allemagne, et se dressent contre elle. Pourquoi ne ferions-nous pas de même ?

Pour toutes ces raisons, notre Gouvernement a à plusieurs reprises réuni le Conseil des ministres pour délibérer sur la conduite qu'il devait prendre. La décision à laquelle il s'est arrêté a été de rédiger une note de protestation, qu'il a remise le 9 du courant au Ministre d'Allemagne à Pékin. Nous espérons que le Gouvernement Allemand regrettera et abandonnera son plan de guerre sous-marine. Mais si, par malheur, notre protestation devait demeurer sans effet, nous nous verrions contraints de prendre la même attitude que les États-Unis en rompant les relations diplomatiques existantes avec l'Allemagne. Cette attitude est dictée par l'humanité et par le maintien de la sainteté du droit international. Il n'est pas de moyens d'agir autrement. Que toute la nation comprenne bien ce fait !

5. — La note du 14 Mars 1917 annonçant la rupture des relations diplomatiques avec l'Allemagne.

La note allemande du 10 mars n'ayant pas satisfait le Gouvernement de Pékin, le Ministre des Affaires Étrangères de Chine envoya, le 14 mars 1917, au Ministre d'Allemagne à Pékin la note suivante, qui consomma désormais la rupture des relations diplomatiques :

Monsieur le Ministre,

En ce qui concerne le nouveau système de guerre sous-marine allemande, le Gouvernement de la République de Chine, animé du désir de développer la paix du monde et de maintenir la sainteté du droit international, a adressé à Votre Excellence à la date du 9 Février 1917 une note de protestation et déclaré que si, à l'encontre de son désir, sa protestation restait sans effet, le Gouvernement chinois se verrait contraint de rompre les relations diplomatiques à présent existantes avec l'Allemagne.

Un mois s'est écoulé, et aucune attention n'a été donnée par l'Allemagne à la protestation du Gouvernement chinois. Elle a persisté dans son activité de guerre sous-marine. Et cette activité a continuellement causé la mort de nombreux citoyens chinois. Le 10 Mars 1917, nous avons reçu de Votre Excellence une note disant que le Gouvernement Impérial était disposé à entrer en négociations avec le Gouvernement Chinois en vue de formuler un plan de protection de la vie des citoyens chinois et de leurs biens, mais qu'il était impossible pour l'Allemagne d'abandonner son plan de blocus maritime. Cette réponse de l'Allemagne n'était pas en accord avec l'objet de la protestation. Le Gouvernement de la République de Chine considère donc, à son vif regret, que sa protestation est demeurée sans effet. Dans ces conditions, le Gouvernement de la République se voit obligé de rompre les relations diplomatiques qui existaient jusqu'à présent avec l'Allemagne.

J'ai l'honneur d'envoyer ci-inclus à Votre Excellence les passeports qui donneront à Votre Excellence, aux membres de Votre Légation, à leurs familles et à leur suite la protection nécessaire pour quitter le territoire chinois. En ce qui concerne les fonctionnaires consulaires allemands en Chine, des instructions ont été données aux Commissaires des Affaires Etrangères des différentes provinces pour leur fournir les passeports dont ils ont besoin pour quitter la Chine (1).

Je profite, etc.

Signé : WU TING-FANG.

(1) Livre Blanc, 1917. Doc. N° 8.

Le même jour, une proclamation présidentielle sur la rupture des relations diplomatiques avec l'Allemagne, contresignée par tous les ministres, fut publiée (2), et le Ministre des Affaires Étrangères chinois envoya aux représentants des États alliés et neutres à Pékin une note circulaire leur annonçant la rupture des rapports diplomatiques avec l'Allemagne, en les priant de la transmettre à leurs Gouvernements respectifs (3).

Un acte de la dernière importance se trouvait ainsi accompli par la Chine, qui marque une époque dans l'histoire de son existence internationale.

(2) Livre Blanc, 1917. Doc. N° 6.
(3) Livre Blanc, 1917. Doc. N° 9.

CHAPITRE X

CONSÉQUENCES IMMÉDIATES DE LA RUPTURE
DES RELATIONS DIPLOMATIQUES

I. — L'état actuel du droit international concernant la rupture des relations diplomatiques

Les rapports diplomatiques entre la Chine et l'Allemagne étant rompus, quel est le droit qui devait dorénavant régir les relations entre les deux pays ? Nous nous trouvons ici devant une situation qui n'est pas encore bien définie par le droit international. Celle-ci, sans doute, n'est pas absolument nouvelle, car l'histoire présente plusieurs cas de relations diplomatiques qui ont été rompues ou suspendues soit intentionnellement, soit par le fait naturel des événements. Mais, ce qu'on peut dire, c'est qu'il y a là un état de choses qui est toujours plus ou moins précaire. Cet état de choses, d'ailleurs, n'a pas jusqu'ici formé le sujet d'une étude vraiment approfondie de la part des auteurs de droit international. Les publicistes du passé connaissent seulement l'état de paix et l'éat de guerre ; ils ne reconnaissent pas une phase intermédiaire. Dès lors que l'état de paix a cessé entre deux pays, il y a déjà pour eux un état de guerre, sans qu'on doive avoir égard au fait que les hostilités commencent ou non immédiatemenet. Cette phase intermédiaire, toutefois, a existé en fait, sinon en droit. C'est elle, par

exemple, qu'on constate lors des guerres entre l'Espagne
et le Chili et entre la France et le Mexique, en 1862-1866 :
les relations diplomatiques de ces deux derniers pays ne
furent rétablies qu'en 1881. De même, les rapports diplomatiques ont été longtemps suspendus entre la France et
le Vénézuéla sans que ces États fussent en guerre l'un avec
l'autre. Et, déclare Paul Fauchille, « l'état de choses,
créé par un pareil procédé, est fécond en difficultés. Les
relations des deux adversaires et celles de leurs sujets
restent indécises et confuses » (1). La guerre européenne
de 1914-1919 a produit encore un certain nombre de cas
de rupture intentionnelle des relations diplomatiques.
Ainsi, l'Italie a déclaré la guerre à l'Autriche le 24 mai
1915 ; mais elle n'entra pas en guerre à ce moment avec
l'Allemagne, alliée de l'Autriche : les relations diplomatiques entre l'Italie et l'Allemagne furent seulement suspendues, et il en alla de la sorte jusqu'au 28 août 1916,
jour où se produisit la déclaration de guerre de l'Italie à
l'Allemagne. De même, par suite de la note allemande
du 31 janvier 1917 concernant la nouvelle méthode de
faire la guerre sous-marine, les États-Unis rompirent
leurs relations diplomatiques avec l'Allemagne, mais ce
fut seulement le 6 avril 1917 qu'une déclaration de guerre
fut lancée par les États-Unis à l'Allemagne : dans l'intervalle, il n'y avait que des relations diplomatiques rompues. Le Brésil, le Pérou, la Bolivie, l'Uruguay, le Guatemala, le Honduras, Costa-Rica, l'Équateur, le Nicaragua, Haïti et la République de Libéria ont plus tard suivi
les mêmes errements que la grande République de l'A-
mérique du Nord. En Asie, le Siam déclara, le 22 juillet
1917, la guerre aux Empires centraux, mais jusqu'à cette
date, il se trouvait en état de rupture des relations diplomatiques avec ces Empires sans l'avoir même annoncé
formellement.

(1) Bonfils-Fauchille, *op. cit.*, paragr. 1693.

Sachant que la Chine était décidée à rompre ses relations diplomatiques avec l'Allemagne et avant que la rupture en eut été notifiée aux Gouvernements des pays alliés et neutres, le Ministre d'un pays allié adressa à ce sujet, le 13 mars 1917, au Ministre des Affaires Étrangères de Chine le questionnaire suivant :

Quelle sera la portée de la rupture des relations diplomatiques avec l'Allemagne ? Et que fera le Gouvernement chinois en ce qui touche les points suivants :

1°. — L'Autriche-Hongrie sera-t-elle considérée comme comprise ou non dans la rupture des relations diplomatiques avec l'Allemagne ?

2° — Comment la Chine traitera-t-elle les secrétaires de la Légation d'Allemagne, les consuls allemands, les attachés financiers et commerciaux et les autres fonctionnaires allemands en Chine ?

3°. — A quelles règles soumettra-t-elle les concessions allemandes et autrichiennes sur le territoire chinois ? Quel droit devra régir ces concessions ?

4°. — Que décidera la Chine, de concert avec les Puissances alliées, à l'égard des garnisons allemandes et autrichiennes ?

Ce sont là des questions qui demandaient une solution immédiate. Mais ces questions n'épuisaient pas les conséquences de la rupture. Il y a encore d'autres questions non moins importantes et peut-être même plus compliquées encore. Nous les examinerons plus loin. Comment les résoudre ?

Il est un point qu'il faut d'abord déterminer. La rupture des relations diplomatiques est-elle une notion purement juridique ou implique-t-elle des éléments d'un caractère politique ? A notre avis, dans l'état actuel de la vie internationale, la rupture des rapports diplomatiques entre deux États ne constitue pas un acte dont la portée et les conséquences soient strictement définies par les règles ordinaires du droit international. C'est un acte juridique qui est en même temps un acte politique, susceptible de nombreuses variations suivant les circonstances politiques, la situation géographique, la nature des intérêts en cause. Dans le cas le moins grave, la rupture entraîne seulement une rupture des négociations diplomatiques, tant écrites que verbales, entre les représentants des États en cause : elle laisse subsister toutes les autres relations entre les Gouvernements intéressés ou entre leurs ressortissants respectifs. Dans le cas le plus accentué, la rupture peut être le prélude d'une guerre et à ce titre amener la cessation de tous les rapports aussi bien entre les Gouvernements qu'entre les particuliers. Mais, entre ces deux situations extrêmes, toutes les solutions intermédiaires sont possibles.

On peut toutefois fixer certaines règles, qui serviront comme points d'appui dans ce chaos des relations diplomatiques. Elles dérivent logiquement du fait même de la rupture.

1° Les relations diplomatiques se trouvant rompues, il n'y a plus aucune raison pour qu'existe encore l'organe diplomatique de représentation de ces relations. L'Ambassade ou la Légation doivent donc disparaître, avec les personnes et les choses qui en dépendent. Mais, si le fonctionnement de cet organe cesse, la protection et le respect auxquels ont droit les agents diplomatiques ne doivent pas par là même disparaître ; car l'inviolabilité des diplomates demeure intacte même en cas de guerre entre les pays qui les a accrédités.

2° Le fonctionnement de l'organe diplomatique ayant cessé, toutes les relations diplomatiques qui sont la conséquence de cette fonction cesseront en même temps. Par exemple, la plupart des traités internationaux, qui présupposent l'existence et l'action de cet organe représentatif, puisque celui-ci est nécessaire pour leur mise à exécution, seront atteints par la rupture des relations diplomatiques : ces traités continueront sans doute d'exister, mais ils ne seront plus exécutoires.

3° Même après une rupture des relations diplomatiques, les droits internationaux des sujets des deux pays demeureront intacts. La vie, la propriété et la liberté personnelle des ressortissants des pays respectifs devront donc continuer à être respectées, à moins que la sécurité publique d'un des États intéressé n'exige une limitation.

Ce sont, en réalité, ces trois règles qui guidèrent le Gouvernement chinois dans la conduite qu'il observa vis-à-vis des personnes et des biens des Allemands restés sous son autorité après la rupture des relations diplomatiques. Indiquons les diverses mesures qui furent prises à cet égard en tenant compte des circonstances politiques.

2. — Circulaire aux Gouverneurs civils et militaires des provinces et aux Résidents généraux des Districts de l'Administration spéciale.

La rupture des relations diplomatiques était, pour la Chine, une chose anormale et sans précédent. Aussi le public chinois en comprit-il assez mal la portée : il inclina, comme on le fait souvent, à confondre la rupture avec la guerre ; de sa part, cela n'avait rien d'extraordinaire, car il est peu habitué à la vie internationale. Mais une telle confusion aurait été incompréhensible et n'aurait pas été excusable chez les fonctionnaires chinois. Le Gouvernement chinois envoya donc, le 15 mars, aux Gouverneurs civils et militaires de toutes les provinces ainsi qu'aux Résidents généraux des districts de l'Administration spéciale, un télégramme expliquant avec quelque détail les effets de la rupture. Ce télégramme disait :

Nous avons rompu les relations diplomatiques avec l'Allemagne. Nous devons à ce sujet noter ce qui suit :

1. — Il est à remarquer que ce sont seulement les relations

diplomatiques existant entre la Chine et l'Allemagne qui sont rompues.

2. — Dans les lettres officielles de l'Administration chinoise, on aura soin de ne pas employer des expressions telles que celles-ci : non-amical, belligérant, pays ennemi, sujets ennemis, navires ennemis, propriétés ennemies, les adversaires, les prisonniers de guerre, etc.

Quand les relations normales seront rétablies, on ne devra pas parler du « rétablissement de la paix », mais du « rétablissement des relations diplomatiques ». Le respect continue d'être dû aux souverains étrangers. Ainsi, il faut éviter de prononcer des mots injurieux à l'égard de l'Empereur et de l'Impératrice d'Allemagne ou des autres souverains des États allemands.

Enfin, quoique nous ayons rompu les relations diplomatiques avec l'Allemagne, l'Autriche reste un pays ami, de sorte que l'emploi du mot « te-ao » (austro-allemand), très usité dans notre langue, n'est plus conforme aux circonstances du moment.

Vous êtes priés de communiquer ce qui précède à tous vos subordonnés (1).

3. — Départ du Ministre d'Allemagne à Pékin

Après l'envoi qui lui fut fait de la note du 14 mars 1917 sur la rupture des relations diplomatiques, le Ministre d'Allemagne von Hintze fut invité à quitter le territoire chinois dans un délai de quarante-huit heures. Mais ce Ministre ne voulait point partir ; il désirait rester en Chine, sinon comme ministre, du moins comme homme privé. Il adressa au Président du Conseil une lettre pour lui montrer que la manière d'agir du Gouvernement chinois était contraire au droit international et au sens commun. Mais il fut bien obligé de céder lors-

(1) Télégramme circulaire du Gouvernement Central aux Gouverneurs des provinces et aux Résidents généraux des districts de l'Administration spéciale, en date du 15 Mars 1917.

qu'entra en scène M. Beelaerts van Blokland, Ministre des Pays-Bas à Pékin, que l'Allemagne avait chargé de la protection de ses intérêts en Chine. Les intentions du Gouvernement chinois étaient, à moins que le Ministre allemand n'eût un autre projet, de faire prendre à M. von Hintze un train spécial qui le conduirait jusqu'à Woosung, à l'entrée du port de Shanghaï, d'où il pourrait s'embarquer sur un paquebot neutre à destination de Port-Saïd ou d'un port turc de la Méditerranée. Mais comme il n'y avait pas à ce moment de paquebot neutre en partance, et comme le Ministre allemand ne voulait pas prendre place sur un navire japonais jusqu'à Nagasaki où il aurait trouvé un paquebot neutre, le jour de son départ fut retardé.

Ce fut seulement le 20 mars que M. von Hintze annonça son départ au Gouvernement chinois. Ce jour-là, il l'avertit qu'il partirait à bord du vapeur hollandais *Rembrandt* qui devait quitter Shanghaï le 27 et gagner l'Amérique en passant par le port japonais de Nagasaki. Le Ministre se proposait de descendre à terre dans un port neutre des États-Unis, d'où, après avoir traversé le Continent américain, il irait s'embarquer à New-York ou à Halifax sur un paquebot hollandais qui l'amènerait à Amsterdam.

En remettant ses passeports au Ministre d'Allemagne, le Gouvernement chinois lui avait en même temps envoyé un itinéraire à suivre de Pékin à Shanghaï : « Il faudra, d'abord, prendre le chemin de fer Pékin-Moukden jusqu'à Tientsin ; puis, de Tientsin à Pukow, on suivra la ligne Tientsin-Pukow, et ensuite, de Nankin à Shanghaï, la ligne Nankin-Shanghaï. De Shanghaï à Woosung, on aura recours à un petit bateau à vapeur. »

Le jour du départ de M. von Hintze une fois fixé, le Ministère des Affaires Étrangères se mit en rapport avec le Ministère des Communications afin que le train spécial destiné au Ministre d'Allemagne et à sa suite fût mis à leur disposition. Dans ce train, les repas et les consommations leur furent gracieusement servis. Et un officier chinois les accompagna jusqu'à Woosung. Pour assurer la sécurité de leur voyage à travers le territoire chinois, le Ministre de l'Intérieur donna des instructions particulières aux autorités des provinces qu'ils devaient traverser. Ils trouvèrent à Shanghaï, par les soins du Commissaire des Affaires Étrangères de la ville, le bateau à vapeur qui devait les mener à Woosung. Le Ministre d'Allemagne arriva le 27 mars à Shanghaï et, le jour même, à 5 heures du soir, il s'embarqua à Woosung, à bord du vapeur hollandais *Rembrandt*.

C'est une courtoisie parfaite que le Gouvernement chinois montra au représentant du pays avec lequel il venait de rompre les relations diplomatiques. Le Ministre d'Allemagne en témoigna lui-même. Au moment de son départ à Woosung, il écrivit en effet l'attestation suivante :

M. Chen, secrétaire du Commissaire des Affaires Étrangères, a été chargé des arrangements consernant mon séjour à Woosung. Il s'est acquitté de ses devoirs avec courtoisie et prévenance. Sur sa demande, je me fais un plaisir de constater le fait par la présente (1).

Woosung, 27 mars 1917.

Signé : VON HINTZE.

4. — Rappel du Ministre de Chine à Berlin

Le 12 mars, le Gouvernement chinois avait télégraphié au docteur Yen, son Ministre à Berlin, que la rupture des relations diplomatiques entre la Chine et l'Allemagne était imminente et que, en cas de rupture, il devrait confier la protection des intérêts chinois en Allemagne aux soins de la Légation royale de Danemark à Berlin. C'est effectivement de la sorte que les choses se passèrent : le

____

(1) Livre Blanc, 1917. Doc. N° 66.

Gouvernement danois consentit, suivant le désir du Gouvernement chinois, à se charger des intérêts chinois en Allemagne ; le Ministre des Affaires Étrangères de Chine s'empressa d'en remercier le Ministre des Affaires Étrangères de Danemark par l'entremise de son Chargé d'Affaires à Copenhague (1).

La Belgique était à ce moment occupée par les troupes de l'Allemagne. Le Ministre de Chine à Bruxelles et le personnel de sa Légation durent donc quitter le territoire belge soumis au Gouvernement d'occupation allemande. Et dès lors force fut de confier à une tierce puissance neutre les intérêts chinois en Belgique. Le Ministre des Affaires Étrangères de Chine voulait charger son représentant à Berlin de demander au Ministre de Suède dans cette ville d'obtenir à cet effet le consentement de son Gouvernement. Mais comme il n'y avait plus désormais moyen de communiquer directement avec Berlin, c'est par la Légation de Chine à Copenhague qu'on demanda à la Suède de protéger les intérêts chinois en Belgique. Le 31 mars, le Ministre de Suède à Pékin adressa au Ministre des Affaires Étrangères de Chine la note suivante :

Pékin, le 31 Mars 1917.

Monsieur le Ministre,

En me référant à ma note du 28 courant, j'ai le plaisir de communiquer à Votre Excellence qu'un télégramme de Stockholm m'est arrivé ce matin disant que mon Gouvernement consent avec plaisir au désir du Gouvernement chinois en ce qui concerne la représentation des intérêts chinois en Belgique.

La Légation de Suède à Bruxelles a été instruite de prendre la charge des affaires chinoises (2).

Je profite, etc.

Signé : G. O. WALLENBERG.

(1) Livre Blanc, 1917. Doc. N° 26.
(2) Livre Blanc, 1917. Doc. N° 24.

Le 2 avril 1917, avec quarante-trois résidents chinois, les membres de la Légation de Chine à Bruxelles partirent pour la Suisse dans un train spécial.

Quant au Ministre de Chine à Berlin, il attendait toujours impatiemment ses passeports. Le Gouvernement allemand ne voulait pas les lui donner malgré les protestations réitérées du Gouvernement chinois. Le retard que mit le Gouvernement allemand à les lui délivrer était, de sa part, nous le verrons plus loin, tout à fait intentionnel. Ce ne fut que le 1er juillet, donc trois mois et demi après la rupture, que le Ministre Yen put les obtenir. Pour son départ, qui eut lieu le même jour, le Gouvernement allemand mit deux wagons spéciaux à sa disposition. Le Ministre Yen et le personnel de sa Légation furent accompagnés de Berlin jusqu'à la frontière par un officier allemand ; ils arrivèrent le soir du 1er juillet sains et saufs, à Copenhague.

On doit remarquer que le jour du départ du Ministre Yen coïncida avec celui de l'arrivée de l'amiral von Hintze à Rotterdam, d'où il était sûr de pouvoir regagner sa patrie.

Ce sont des coïncidences semblables qu'on peut isolément relever au sujet des autres ruptures des relations diplomatiques de l'Allemagne pendant la grande guerre : l'Ambassadeur américain des États-Unis dût attendre plusieurs semaines à Berlin ses passeports et il ne les reçut qu'après que son Gouvernement eût garanti la sécurité de l'Ambassadeur allemand à Washington et que celui-ci eût quitté les eaux américaines ; le Ministre de Roumanie en Allemagne ne put de même quitter Berlin qu'après plus d'un mois d'attente, quand le Ministre allemand à Bucarest eut regagné la Suède en traversant la Russie ; ce fut également le cas des Ministres de Cuba et du Brésil à Berlin. Voilà comment agit l'Allemagne à l'égard des diplomates des pays avec lesquels elle suspendit ses rapports.

Tous ces faits démontrent que le Gouvernement allemand considère comme une règle de sa diplomatie de ne jamais laisser partir un Ambassadeur ou un Ministre d'un État avec lequel il a rompu les relations diplomatiques avant d'avoir l'assurance formelle que se trouve garantie la sécurité de son propre représentant auprès de cet État.

5. — Détention du Ministre de Chine à Berlin

Tandis que le Ministre d'Allemagne et sa suite étaient en route pour l'Amérique, un télégramme de Washington apprenait à M. Beelaerts van Blokland, le Ministre des Pays-Bas chargé des intérêts allemands en Chine, que la navigation entre l'Amérique et la Hollande se trouvait pour le moment fermée aux passagers. Il en résultait cette conséquence que M. von Hintze et sa suite ne pouvaient plus, comme ils en avaient le projet, rentrer en Allemagne et étaient obligés pour réintégrer leur pays de faire un détour par la Suède, la Norvège et le Danemark. Dans ces conditions, à la date du 6 avril, M. Beelaerts van Blokland adressa une note au Ministre des Affaires Étrangères de Chine pour lui demander de faire reviser le sauf-conduit accordé à M. von Hintze afin qu'il pût traverser les pays scandinaves.

Ce ne fut pas la seule démarche que le Ministre des Pays-Bas eut à faire à cet égard. Les passeports délivrés à M. von Hintze par le Gouvernement chinois étaient sans limite de temps. Au contraire, les saufs-conduits qui lui avaient été donnés par les Gouvernements anglais, français et américain n'étaient valables que pour un délai de deux mois. Or, si ce délai était suffisant pour regagner l'Allemagne par la voie de l'Adriatique et de la Hollande, il risquait de ne plus l'être avec un détour par la Suède, la Norvège et le Danemark. Le 13 avril, le Ministre des Pays-Bas à Pékin adressa donc une seconde note au Ministre des Affaires Étrangères de Chine pour le prier de faire annuler la limite de temps spécifiée dans les saufs-conduits. Cette nouvelle note mérite d'être signalée, car on y trouve relevée la décision du Gouvernement allemand de détenir le Ministre de Chine à Berlin comme une espèce de gage. Le Ministre néerlandais, en rien d'extraordinaire ; elle ne nous paraît pas au contraire écrivant sa note, ne voyait sans doute dans cette décision sans importance au point de vue des principes du droit des gens. Voici comment s'exprimait à cet égard le Ministre :

Pékin, le 13 Avril 1917.

Monsieur le Ministre,

Dans ma note du 6 courant, j'ai eu l'honneur d'exposer que Son Excellence von Hintze, ministre d'Allemagne, et sa suite doivent passer par les Etats-Unis et par quelques pays neutres d'Europe afin d'atteindre l'Allemagne, et que les circonstances actuelles rendent difficile et incertaine la navigation entre l'Amérique et les pays neutres d'Europe.

On sait que les sauf-conduits donnés par Votre Excellence à M. von Hintze spécifient qu'ils sont valables pour une période de deux mois seulement. Vu les circonstances ci-dessus mentionnées, cette limite de temps paraît à peine suffisante pour assurer la rentrée en sécurité de l'Amiral von Hintze en Allemagne, et par conséquent les sauf-conduits ne sont plus pour lui que des papiers sans valeur. J'ai donc l'honneur de prier Votre Excellence d'annuler la limite de temps spécifiée dans les sauf-conduits pour l'Amiral von Hintze et les autres fonctionnaires allemands. *Aussitôt que le Gouvernement allemand aura appris l'annulation effective de la limite de temps, il se dépêchera de donner les passeports que le ministre de Chine à Berlin a demandés* (1).

Je profite, etc.

Signé : Beelaerts van Blokland.

(1) Livre Blanc 1917. Doc. N° 71.

A la suite de cette note, le Gouvernement chinois se mit immédiatement en rapports avec les Gouvernements anglais, français et américain, afin qu'ils fassent disparaître la limite de temps indiquée dans les saufs-conduits et que des ordres fussent donnés aux flottes britanniques opérant en mer, de manière que le Ministre d'Allemagne pût rentrer sans difficulté en Allemagne par la voie de la Suède, de la Norvège et du Danemark. M. Tchaï, Chargé d'Affaires de Chine à Copenhague, fut en même temps instruit télégraphiquement d'avoir à prier le Ministre des Affaires Étrangères de Danemark de donner des instructions télégraphiques à son Ministre à Berlin pour faire une vive protestation auprès du Gouvernement allemand contre la détention illicite du Ministre de Chine à Berlin (1).

Et, le 18 avril, M. Wu-Ting-fang, Ministre des Affaires Étrangères de Chine, répondit par lettre au Ministre des Pays-Bas à Pékin, en lui annonçant que des démarches avaient été faites auprès des Gouvernements anglais, français et américain pour obtenir l'annulation ou au moins la prolongation du délai mentionné aux saufs-conduits de M. Hintze.

Mais, ajoutait-il dans sa lettre, je suis grandement surpris en lisant la note de Votre Excellence du 13 courant qu'il y soit dit que le Gouvernement allemand délivrera immédiatement des passeports au Ministre de Chine à Berlin conformément à sa demande, dès qu'il aura appris l'annulation effective de la limite de temps spécifiée dans les sauf conduits. D'après les usages internationaux, un Ministre, qui est le représentant d'un Etat, doit être en tout temps traité avec une courtoisie convenable par le gouvernement auprès duquel il est accrédité, et ne peut être sujet à un désagrément quelconque. Aussi, le Gouvernement chinois a-t-il délivré des passeports à l'Amiral von Hintze conformément aux usages et ac-

cordé la protection qui lui était due lors de son départ pour
l'Allemagne. Mais le Gouvernement allemand, sous prétexte
que la limite de temps des sauf-conduits donnés à l'ancien
Ministre d'Allemagne est trop courte, refuse de délivrer des
passeports à M. Yen, ministre de Chine à Berlin. Un tel procédé revient pratiquement à détenir le Ministre de Chine comme otage et est contraire au droit des gens : c'est là un procédé auquel ne recourt aucune nation civilisée. Je proteste, en
conséquence, contre ce procédé et je me permets de prier
Votre Excellence de vouloir bien transmettre cette protestation par télégramme au Gouvernement allemand, en lui demandant que les passeports soient immédiatement donnés à
M. Yen et que la protection lui soit accordée à son départ (1).

    Je profite... etc.

Signé : Wu Ting-Fang.

    L'attitude de l'Allemagne, en cette circonstance, était
effectivement répréhensible au point de vue du droit international. Elle avait bien assurément le droit de fixer
le jour du départ du Ministre de Chine et de lui indiquer
la route qu'il devait suivre pour quitter le territoire allemand. Mais là n'était pas la question. Pouvait-elle retar-
der son départ sans raison suffisante et le détenir comme
une sorte de gage ? La réponse, à ce sujet, ne saurait être
que négative. S'il était possible aux États en rupture de
relations diplomatiques de détenir chacun le Représentant
de l'autre État pour assurer le départ de son propre Ministre, il en résulterait que les diplomates des deux pays
ne seraient jamais en situation de rentrer chez eux. Le
système des otages est depuis longtemps aboli dans la
pratique des nations ; or, la détention de diplomates
étrangers sent un peu trop la prise d'otage.

    En fait, le délai qui avait été spécifié dans les saufs-
conduits délivrés au Ministre d'Allemagne fut ample-
ment suffisant pour que celui-ci regagnât l'Allemagne,

____

(1) Livre Blanc, 1917. Doc. N° 78.

et les Gouvernements de France et d'Angleterre n'eurent point dès lors à le modifier. C'est ce qui ressort du télégramme suivant que le Ministre de Chine à Washington envoya le 4 avril au Ministre des Affaires Étrangères de Chine :

L'ex-ministre allemand en Chine et sa suite, faisant au total vingt-sept personnes, se sont embarqués à bord du vapeur hollandais *Ryndam* aujourd'hui à une heure de l'après-midi et sont partis pour Rotterdam, via Halifax. On a arrangé les choses ainsi parce que le navire ne voulait pas faire un détour par la Norvège.

« En ce qui concerne les sauf-conduits anglais et français dont l'ex-ministre allemand est porteur, cette légation les a reçus de ce dernier par la voie de la Légation de Suède et les a envoyés aux ambassadeurs anglais et français pour être renouvelés. Mais ces ambassadeurs ont considéré qu'il n'y avait aucune nécessité de les renouveler, puisque la route et la destination indiquées dans les sauf-conduits originaux étaient conformes aux faits et aussi parce que la limite fixée était encore suffisante pour le but qu'on devait atteindre. Ils ont donc simplement visé les sauf-conduits originaux et les ont renvoyés à cette légation ; nous les avons fait remettre à l'ex-ministre allemand par l'entremise de la Légation de Suède (1).

(1) Mémorandum du Ministre des Affaires Étrangères de Chine au Ministre néerlandais à Pékin, en date du 12 Mai 1917 (Livre Blanc 1917, Doc. N° 81.)

CHAPITRE XI

DÉPART DES CONSULS ALLEMANDS EN CHINE

I. — Caractère représentatif des consuls étrangers ayant le droit d'exterritorialité

Les Consuls ordinaires ne sont pas des Ministres publics. N'étant pas les délégués d'un État auprès d'un autre État, ils n'ont pas un caractère représentatif. Ils sont simplement chargés de protéger les intérêts particuliers de leurs nationaux résidant à l'étranger. Aussi, en règle générale, la rupture des relations diplomatiques entre deux pays ne doit-elle pas affecter la situation de leurs consuls.

Mais la situation des consuls qui, en pays hors chrétienté, exercent une juridiction exterritoriale, est toute différente. En tant qu'ils ont un pouvoir juridictionnel, ils représentent la souveraineté de leur pays. Les auteurs de droit international s'accordent à reconnaître que les Consuls de cette espèce ont, en partie au moins, les attributions des Ministres publics.

Bonfils-Fauchille disent à cet égard : « Aux Echelles du Levant, en Turquie, les Consuls sont traités comme des Ministres publics. Ils ont même sur quelques points des prérogatives plus étendues. L'hôtel du Consul est inviolable et peut être protégé par une garde particulière, formée de cawas ou janissaires (Capitulation 1740, article 5o). Les Consuls sont exempts de toute taxe, de tout impôt » (1).

Oppenheim déclare de son côté : « Aujourd'hui, les Consuls sont des agents d'États résidant à l'étranger pour des buts divers, mais principalement pour les intérêts du commerce et de la navigation de l'État qui les nomme. N'étant pas des représentants diplomatiques, ils ne jouissent pas des privilèges des diplomates. Ordinairement, ils n'ont rien à faire avec les négociations entre leur propre État et l'État où ils résident. Mais il y a des exceptions à ces règles. Les Consuls des puissances chrétiennes dans les États non-chrétiens, le Japon maintenant excepté, ont conservé leur ancienne compétence et exercent une pleine juridiction civile et criminelle sur leurs nationaux. Quelquefois, les Consuls sont chargés des affaires qui incombent ordinairement au représentant diplomatique » (2).

On peut citer dans le même sens, parmi les auteurs allemands, M. B. W. v. Kœnig, qui s'exprime ainsi : « En Turquie et dans les autres États non-chrétiens, les Consuls ont le droit de juridiction, une sorte de caractère représentatif, une espèce d'exterritorialité » (3).

Nys dit encore : « Dans ses grandes lignes, le régime des capitulations a créé aux puissances européennes et américaines une condition privilégiée. Leurs Consuls et les employés de leurs consulats sont traités comme des Ministres publics ; ils en ont les immunités ; sur quelques points ils ont des prérogatives plus grandes ; leur maison est inviolable ; ils exercent sur leurs nationaux le droit de juridiction au criminel et au civil ; ils possèdent un droit de surveillance » (4).

(1) Bonfils-Fauchille, *op. cit.*, paragr. 770.
(2) Oppenheim, *International Law*, t. I, paragr. 419.
(3) B. W. v. Koenig, *Handbuch des Deutschen Konsularwesens*, paragr. 1.
(4) Nys, *Le droit international*, t. II, p. 465.

2. — Caractère représentatif des consuls étrangers résultant de l'organisation spéciale de l'administration des affaires étrangères en Chine

L'organisation actuelle de l'administration des affaires internationales de la Chine constitue un motif des plus sérieux pour faire reconnaître le caractère représentatif aux Consuls étrangers. Cette organisation, toute spéciale, à laquelle les Gouvernements étrangers ont consenti tacitement, présente d'ailleurs pour toutes les parties les plus grandes commodités : il existe dans les ports et les villes ouvertes de la Chine de nombreuses affaires internationales qui n'ont pas un caractère local ; or, s'il fallait, pour des affaires de ce genre, entamer une négociation directe avec le Gouvernement central par la voie ordinaire de la diplomatie, on perdrait beaucoup de temps à cause de la distance qu'il faudrait parcourir ; il vaut donc mieux les régler sur place, dans la localité même, et pour cela avoir dans chaque ville ou port ouvert un agent du Ministère des Affaires Étrangères de Chine qui, y résidant, négocie en son nom avec les Consuls étrangers, représentants de leur Gouvernement.

Sous l'ancien régime, les vice-rois des provinces étaient chargés des affaires étrangères qui concernaient leurs provinces : ils avaient le droit de négocier et de signer les documents publics pour les affaires de leur compétence, mais ils ne pouvaient pas conclure de traités internationaux. Mais le nouveau régime, même antérieurement à la révolution de 1911, avait centralisé le système de l'administration : les gouverneurs n'avaient aucun pouvoir en ce qui concernait les affaires internationales. Ce n'est que plus tard, qu'une tendance vers la décentralisation se fit sentir. Et ce fut d'abord à Moukden, en Mandchourie, qu'apparut la solution nouvelle : celle-ci consista dans la création au sein de la localité d'un Bureau des Affaires Étrangères dont le siège relevait directement du Ministère des Affaires Étrangères à Pékin. Voici dans quelles circonstances eut lieu la création de ce nouvel organe : Après la guerre russo-japonaise, le transfert de la péninsule du Liao-Tung au Japon et la cession du chemin de fer de la Mandchourie méridionale à une société japonaise amenèrent entre la Chine et le Japon de nombreuses relations d'affaires, et les difficultés qu'elles impliquaient exigeaient souvent sur place une solution immédiate ; c'est pour pouvoir la donner que la Chine établit à Moukden un agent du Ministère des Affaires Étrangères avec un bureau permanent. Aujourd'hui, sous le titre de « Commissaires spéciaux des Affaires Étrangères », des agents semblables se trouvent dans presque tous les principaux ports et villes ouvertes. Ces Commissaires sont les délégués du Ministère des Affaires Étrangères ; quelquefois, pour les affaires locales compliquées, un conseiller du Waichiaopu est détaché pour les aider. C'est avec les Commissaires et non pas avec le Gouvernement central que les Consuls en Chine doivent négocier. Et lorsqu'ils ont affaire avec un représentant du Gouvernement central les Consuls n'ont pas à recevoir de pleins pouvoirs. Cela montre bien que les Consuls en Chine ont le caractère représentatif ; il n'y a dès lors rien d'étonnant à ce que, dans la conception chinoise, les fonctionnaires consulaires doivent, en cas de rupture des relations diplomatiques, être soumis au même sort que les Ministres publics.

3. — Une raison pratique pour le renvoi des consuls allemands en Chine

En dehors des raisons que nous avons indiquées dans les précédents paragraphes, il y a une raison plus importante encore qui a décidé le Gouvernement chinois à délivrer leurs passeports aux Consuls allemands. C'est que la Chine, n'ayant pas déclaré la guerre à l'Allemagne, était toujours un pays neutre et devait remplir les devoirs de la neutralité. Or, les Consuls jouissant en Chine du droit d'immunité, le Gouvernement chinois ne pouvait exercer aucun contrôle sur leur conduite. Que ferait donc le Gouvernement chinois s'ils venaient à commettre quelque acte contraire à la neutralité de la Chine ? Il ne pourrait pas demander leur rappel, puisque avec la rupture les relations diplomatiques se trouvent interrompues. La seule solution était donc le départ des Consuls comme des Ministres publics. On ne saurait évidemment concevoir que la Chine pût punir un Consul, comme le fit le Gouvernement des Etats-Unis vis-à-vis du Consul allemand à San-Francisco, qui avait agi contre la neutralité américaine. A cet égard, deux faits des plus dangereux étaient tout spécialement à redouter de la part des Consuls allemands : c'était qu'ils communiquent à leur pays le mouvement des bateaux appartenant aux adversaires de celui-ci ou qu'ils aident leurs nationaux à regagner leur patrie pour y prendre du service militaire. La seule façon pour le Gouvernement chinois d'éviter ces résultats était de faire partir les Consuls allemands en même temps que le Ministre plénipotentiaire d'Allemagne.

Les Consuls étrangers ont en général besoin, pour entrer en fonctions, de recevoir une admission spéciale du Gouvernement de leur résidence : le pays qui les nomme envoie à ce pays leur brevet de nomination en lui demandant de leur accorder un exéquatur. Cette règle, toutefois, n'est point observée en Chine d'une manière uniforme. Certaines puissances se bornent à notifier au Gouvernement chinois, par la voie diplomatique, la nomination des Consuls qu'ils envoient en Chine, sans lui adresser le brevet de nomination et demander l'exéquatur. Et, au nombre de ces puissances, se trouvait l'Allemagne. C'est ce qui explique pourquoi le Gouvernement chinois n'eut pas, comme la Bolivie, le Guatemala, le Honduras, et le Nicaragua, après la rupture des relations avec l'Allemagne, à retirer l'exéquatur aux Consuls allemands.

4. — Les passeports délivrés par les Commissaires des Affaires Étrangères dans les provinces

Les passeports pour les Consuls allemands, les membres de leur consulat et leurs familles furent délivrés par le Commissaire des Affaires Étrangères de la province où se trouvait le consulat. Voici les instructions que le Gouvernement chinois publia à ce sujet :

Pékin, le 13 Mars 1917.

Les relations diplomatiques avec l'Allemagne seront bientôt rompues. Dès que la rupture sera annoncée, tous les consuls allemands en Chine devront cesser d'exercer leurs fonctions comme tels. Les Commissaires des Affaires Étrangères auront à fournir des passeports aux consuls allemands, aux membres de leur Consulat et à leurs familles pour qu'ils quittent notre pays, et ils informeront les autorités locales des endroits où ceux-ci passeront, afin que protection leur soit accordée jusqu'à la frontière. Les consuls et leur suite devront partir dans les 48 heures après réception de la notification de la rupture. Après délivrance des passeports, les noms et les titres de leurs titulaires, ainsi que le nombre d'hommes et de femmes, auxquels ils s'appliquent devront être vérifiés et télégraphiés à ce Ministère pour que ce dernier puisse demander aux Puissances alliée les sauf-conduits nécessaires. Le passeport doit être libellé dans la forme suivante :

« Conformément aux instructions reçues du Ministère des Affaires Étrangères, nous prions les autorités locales civiles et militaires de laisser passer librement M. .... consul d'Allemagne à ....Chine, ainsi que les membres du Consulat et leurs familles, et de leur donner aide et protection ».

En ce qui concerne l'itinéraire, que devra suivre chaque Consul d'Allemagne, il y aura lieu de le fixer de concert avec lui. Le jour du départ arrêté, il faudra établir d'avance les préparatifs et les télégraphier à ce Ministère. Les Allemands faisant fonctions de consuls d'autres pays et les sujets des autres États faisant fonctions de consuls d'Allemagne devront simplement cesser d'exercer leurs fonctions ; aucun passeport ne leur sera délivré.

Signé : Ministère des Affaires Étrangères.

5. — Les sauf-conduits
délivrés par les Consuls des Puissances alliées

Comme les Consuls allemands pouvaient avoir, pour rentrer dans leur pays, à traverser le Japon, l'Amérique, la France et l'Angleterre ou des territoires occupés par les armées de ces États, il convenait de leur faire délivrer des sauf-conduits par ces puissances. Le Ministre des Affaires Étrangères de Chine s'en préoccupa. Il pria les Ministres des pays alliés à Pékin de télégraphier à leurs Gouvernements de donner des instructions à leurs Consuls en Chine pour que ces derniers munissent les Consuls allemands de sauf-conduits. Pour simplifier la question, les Consuls allemands résidant dans les ports éloignés de la Chine, reçurent un certificat d'identité accompagné de leur photographie : Ce certificat était délivré par le Commissaire des Affaires Étrangères du port où résidait le Consul, et celui-ci, à son arrivée à Shanghaï, devait remettre son papier d'identité au Commissaire des Affaires Étrangères de la ville qui lui délivrait le sauf-conduit.

6. — Départ du premier groupe de consuls allemands

Afin d'éviter les zones maritimes dangereuses, tous les Consuls allemands furent invités à passer par les États-Unis. A ce propos, M. Reinsch, Ministre des États-Unis à Pékin, adressa le 29 mars 1917 au Ministre des Affaires Étrangères de Chine la note suivante :

Excellence,

J'ai l'honneur d'informer Votre Excellencee que je viens de recevoir des instructions du Département d'État avec ordre d'informer Votre Excellence que mon Gouvernement considère comme important que tous les agents consulaires en Chine qui désirent rentrer en Allemagne par la voie des États-Unis d'Amérique, se réunissent à Shanghai pour s'embarquer dans un même vaisseau. Les sauf-conduits leur seront délivrés à Shanghai (1).

Je profite,... etc.

Signé : PAUL S. REINSCH.

Les Ministres d'Angleterre et de France firent de même en donnant l'ordre à leurs Consuls respectifs à Shanghai de délivrer des sauf-conduits aux Consuls allemands partant pour leur pays.

Les sauf-conduits japonais furent donnés par les Consuls du Japon dans les différents ports de la Chine. Il n'y eut d'exception que pour les Consuls d'Allemagne à Chefoo, à Swatow, à Amoy et à Canton, qui les reçurent du Consulat général de Shanghai.

Le 9 avril, le Commissaire des Affaires Étrangères à Shanghai a fait savoir au Ministre des Affaires Étrangères de Chine que les fonctionnaires des consulats d'Allemagne à Shanghai, à Tientsin, à Nankin, à Hankow, à Tsinan, à Chefoo, à Moukden et à Amoy étaient, avec leurs familles, au nombre de quarante-sept personnes, partis de Shanghai pour Woosung, le jour même, par le train de 11 heures du matin, qu'ils se sont embarqués dans cette localité sur un paquebot hollandais, le *S. S. Goentoer*, qui leva l'ancre à 2 heures de l'après-midi.

Au rapport du Commissaire étaient annexées une liste des personnes embarquées et une attestation écrite et signée par leur chef ; cette attestation était ainsi conçue :

Woosung, le 9 Avril 1917.

Cher Monsieur Chen,

Je vous écris un mot pour vous remercier des arrangements que vous avez bien voulu faire pour le premier transport des

(1) Livre Blanc, 1917. Doc. N° 64.

Consuls allemands de Shanghaï à Woosung, et de là jusqu'à bord Tout ce que vous avez fait était plein de prévenances et a été bien apprécié non seulement par moi, mais par tout le groupe (1).

Croyez-moi sincèrement.

Signé : E. A. VORETZSH.
Consul d'Allemagne et chef du transport.

A Monsieur S. K. Chen,
Secrétaire du Commissaire des
Affaires Etrangères
Shanghaï.

Le 19 mai 1917, M. Koo, ministre de Chine à Washington, télégraphia en ces termes au Ministère des Affaires Etrangères l'arrivée en Amérique du groupe des Consuls allemands :

Après l'arrivée à San Francisco du premier groupe des fonctionnaires consulaires allemands, au nombre de quarante-sept personnes, leurs sauf-conduits ont été retirés par notre Légation conjointement avec le Département d'Etat. L'affaire a été réglée à la satisfaction des Ambassades intéressées. Cet après-midi un Représentant du Gouvernement amércain a accompagné ces fonctionnaires allemands jusqu'à New-York où ils se sont embarqués sur le navire *Christania fiord* partant pour Bergen (2).

7. — Départ du deuxième groupe de consuls allemands

Cependant tous les fonctionnaires des consulats d'Allemagne n'avaient pas quitté la Chine le 9 avril. Il en restait encore un certain nombre dans les divers ports chinois. Les employés de la poste allemande en Chine, dont nous parlerons plus loin, n'étaient pas non plus partis.

(1) Livre Blanc, 1917. N° 70.
(2) Note du Ministre des Affaires Etrtangères de Chine au Ministre néerlandais à Pékin : Livre Blanc, 1917, Doc. N° 86.

Il fallut s'occuper, comme on l'avait fait pour les autres, de leur faire délivrer des sauf-conduits afin qu'ils pussent rentrer en Allemagne. Cela n'alla pas toujours sans difficulté. Le Gouvernement chinois pria les Ministres des pays alliés de donner l'ordre à leurs Consuls respectifs à Shanghaï de décerner ces sauf-conduits. Mais le Gouvernement des Etats-Unis n'y consentit qu'à la condition que ce serait la dernière fois que cette facilité serait accordée, et sous la réserve que ceux qui voudraient en profiter devraient partir tous ensemble (1). Quant à la Légation d'Angleterre, sur des instructions qu'elle avait reçues de son Gouvernement, elle n'autorisa pas la délivrance de sauf-conduits aux fonctionnaires de la poste allemande en Chine, attendu que pour elle ces fonctionnaires n'étaient pas des agents consulaires (2).

C'est le 1er juillet 1917 que partit le deuxième groupe des agents consulaires allemands, accompagnés de leurs familles. Ils venaient de Shanghaï, de Tchoungking, de Tchangsha, de Hankow, de Swatow, de Canton, de Hoïhow, de Pakhoï, de Yunnanfu, de Itchang et de Tsinanfu. Ils formaient un ensemble de trente-quatre personnes. Ils partirent de Shanghaï à Woosung, où ils s'embarquèrent sur le paquebot hollandais *Juliana*, qui leva l'ancre le même jour, à 3 heures de l'après-midi. Afin de leur assurer toute sécurité, le Commissaire des Affaires Étrangères à Shanghaï avait envoyé son secrétaire pour les accompagner jusqu'à bord du bateau. Voici l'attestation qu'en guise de remerciement écrivit un Consul allemand :

Sur la demande de Mr. Chen, Secrétaire du Commissaire des Affaires Étrangères, je me fais un grand plaisir d'attester que tous les arrangements pour le transport des fonctionnaires Consulaires de Shanghaï à Woosung, sur le paquebot hol-

(1) Livre Blanc, 1917, Doc. N° 83.
(2) Livre Blanc, 1917, Doc. N° 85.

landais *Juliana*, ont été parfaitement faits et avec beaucoup de soins (1).

Dr. Jur. P. MERKLINGHAUS,
Consul d'Allemagne.

Le 1ᵉʳ Juillet 1917.

Deux fonctionnaires allemands,, M. Knipping, consul général à Hankow, et M. Schirmer, vice-consul, étaient malades le jour du départ. Ils demandèrent à demeurer en Chine. Comme le voyage du 1ᵉʳ juillet était le dernier qui dût avoir lieu au travers des Etats-Unis, le Commissaire des Affaires Étrangères à Shanghaï envoya son secrétaire M. Chen chez MM. Knipping et Schirmer pour constater l'état de leur maladie et en même temps pour leur conseiller de profiter de cette unique chance de regagner leur pays. Mais ils insistèrent pour rester encore quelque temps. Le Consul général des Pays-Bas présenta d'ailleurs au Commissaire M. Chu l'attestation d'un médecin déclarant qu'il serait imprudent de les faire partir pour l'instant. Finalement, l'autorisation leur fut accordée de demeurer sur le territoire chinois jusqu'au moment où l'état de leur santé rendrait leur départ possible.

(1) Livre Blanc, 1917. Doc. N° 87.

CHAPITRE XII

LE MINISTRE NÉERLANDAIS CHARGÉ DES INTERETS ALLEMANDS EN CHINE

1. — Echange de notes de courtoisie entre le Ministre néerlandais et le Ministre des Affaires Étrangères de Chine

Comme nous l'avons dit (1), après la rupture des relations diplomatiques entre la .Chine et l'Allemagne, M. Beelaerts van Blokland, ministre des Pays-Bas à Pékin, fut, d'ordre de son Gouvernement, chargé de la protection des intérêts allemands en Chine. La tâche qui lui incombait ainsi fut pour lui particulièrement délicate. La situation qui en résulta pour le Gouvernement chinois ne laissa pas non plus d'être assez difficile. En effet, le Ministre néerlandais ne pouvait que malaisément résister aux exigences et aux prétentions de l'Allemagne. Et les Ministres des pays alliés à Pékin, qui formaient le centre de l'opinion publique et avaient beaucoup d'influence dans les cercles politiques chinois, cherchaient à empêcher de toutes les manières que la Chine devînt l'instrument de l'Allemagne.

Indiquons d'abord les premières notes qui furent échangées entre le Ministre des Pays-Bas et le Ministre des Affaires Étrangères de Chine. Ce furent des notes de courtoisie.

(1) V. ci-dessus, p. 161,

Le 15 mars 1917, M. Beelaerts van Blokland écrivit en ces termes au Ministre chinois des Affaires Étrangères :

Pékin, le 15 Mars 1917.

Monsieur le Ministre,

En ce qui concerne la note de Votre Excellence datée du 14 courant m'informant de la rupture des relations diplomatiques existantes entre le Gouvernement chinois et l'Allemagne, je suis maintenant instruit par mon Gouvernement de prendre la charge de *tous les intérêts allemands en Chine* à la demande du Gouvernement allemand. La courtoisie avec laquelle votre Ministère m'a traité durant mon long séjour en Chine me fait espérer qu'il maintiendra l'attitude qu'il a prise jusqu'ici à mon égard. Étant donné que le Gouvernement chinois a toujours non seulement respecté lui-même le droit international mais désire que les autres États le respectent également, il est certain que je ne rencontrerai pas d'obstacles dans la voie de l'accomplissement des devoirs qui m'incombent aujourd'hui (1).

Je profite, etc.

Signé : BEELAERTS VAN BLOKLAND.

M. Wu-Ting-fang, ministre des Affaires Étrangères de Chine, lui répondit comme suit :

Pékin, le 17 Mars 1917.

Monsieur le Ministre,

J'ai l'honneur d'accuser réception de la note de Votre Excellence par laquelle Elle me fait savoir que, par suite de la rupture des relations diplomatiques existantes entre la Chine et l'Allemagne, Votre Excellence a été instruite par son Gouvernement de prendre la charge de *tous les intérêts allemands en Chine* à la demande du Gouvernement allemand, et par laquelle elle ajoute que, Comme Votre Excellence a toujours été traitée avec courtoisie durant son long séjour en Chine,

(1) Livre Blanc, 1917. Doc. N° 10.

Elle espère que ce Ministère maintiendra la même attitude à son égard, de manière qu'aucun obstacle ne se rencontre dans la voie de l'accomplissement des devoirs qui incombent nouvellement à Votre Excellence.

En réponse, j'ai l'honneur de constater que, pendant son long séjour en Chine, Votre Excellence a toujours été obligeante en traitant les affaires diplomatiques ; il est à espérer vivement que en cas qu'une question quelconque surviendrait dans la période où Votre Excellence est instruite de se charger de tous les intérêts allemands en Chine, telle question sera traitée amicalement des deux côtés (1).

Je profite,.. etc.

Signé : Wu Ting-Fang.

2. — A propos du rôle que doit jouer le diplomate d'une tierce puissance chargé des intérêts d'un pays dans un autre.

C'est d'une manière un peu précipitée que la Chine, dans sa lettre du 17 mars, avait reconnu les nouveaux devoirs dont son Gouvernement avait chargé le Ministre néerlandais à Pékin. Les instructions du Gouvernement des Pays-Bas, que confirmait le Gouvernement chinois, autorisaient M. Beelaerts van Blokland « à prendre la charge de tous les intérêts allemands en Chine ». Il eut été fort utile de préciser dès l'abord avec netteté ce qu'il fallait entendre par de semblables expressions. Celles-ci, par leur ambiguité, ont été en effet la source de nombreuses difficultés.

En général, en pareille circonstance, les termes dont on se sert n'ont d'autre objet de la part d'un État que de « confier au Ministre d'une puissance tierce le soin de protéger ses nationaux établis dans le pays avec lequel les relations diplomatiques ont été rompues ».

Telle fut notamment la rédaction dont on fit usage lors des guerres gréco-turque de 1897, hispano-américaine

(1) Livre Blanc, 1917. Doc. N° 11.

de 1898, et italo-turque de 1911. De même pendant les guerres de 1912-1913, la Turquie, le Monténégro, la Grèce « confièrent le soin de protéger leurs nationaux » respectivement à l'Allemagne, à la Russie, à la France et à la Russie.

Et, quand on emploie ces expressions « confier le soin des intérêts de tel et tel pays », on prend ordinairement le soin d'en limiter la portée en ajoutant qu'il s'agit d'agir « sans caractère représentatif » ou « non diplomatiquement ». Des exemples récents peuvent ici être fournis.

Le 12 mars 1895, à l'occasion du conflit franco-vénézuélien, le Gouvernement des Etats-Unis donna à son Ambassadeur à Paris les instructions suivantes : « Sur la demande du Gouvernement vénézuélien, vous offrirez, avec acquiescement du Gouvernement français, sur le retrait du Ministre de Vénézuéla et sur sa demande, les bons offices pour la protection des citoyens vénézuéliens en France, mais vous ne *représenterez pas le Vénézuéla diplomatiquement*, et les Consuls que vous dirigerez ne pourront agir à titre de représentation officielle de Vénézuéla » (1).

Le 5 août 1907, quand les hostilités entre la Colombie et le Vénézuéla apparurent comme imminentes, M. Russel, Chargé d'Affaires des Etats-Unis à Caracas, fut autorisé à se charger des intérêts colombiens par la voie de *bons offices, sans aucun caractère représentatif*, si le Ministre colombien le demande et si le Vénézuéla y acquiesce (2).

En 1894, pendant la guerre sino-japonaise, M. Denby, Chargé d'Affaires des Etats-Unis à Pékin, reçut de son Gouvernement les instructions télégraphiques suivantes :

Si la Chine accède, vous pouvez agir comme gardien de la

(1) Moore *Digest of International Law*, t. IV, p. 691.
(2) Moore, *eod loco*.

Légation japonaise et offrir de bons offices pour la protection des sujets japonais en Chine, soit directement, soit par les consuls agissant sous vos instructions, mais *vous ne représenterez pas le Japon diplomatiquement* .... L'état de guerre entre la Chine et le Japon ne permet pas la continuation des relations diplomatiques entre ces deux pays. Votre position est celle du représentant d'une Puissance neutre. Votre attitude vis-à-vis des parties en conflit est celle d'une amitié impartiale. Votre interposition en faveur des sujets d'un des deux pays ne doit pas être considérée comme un acte de partisan, mais comme acte de bons offices offerts en accord avec les désirs des deux parties. Vous devez avoir constamment ce principe à l'esprit, de manière qu'en faisant ce que vous pouvez faire en conformité avec le droit international pour la protection des sujets japonais en Chine, vous ne puissiez pas compromettre notre position comme État neutre (1).

Ce furent *mutatis mutandis* les mêmes instructions qui furent adressées à M. Dum, ministre des États-Unis à Tokio.

Tel est, en cette matière, le système américain.

C'est le même devoir qui devait s'imposer aussi au Ministre des Pays-Bas à Pékin en 1917. Car, si ce Ministre avait eu à représenter l'Allemagne *diplomatiquement* en ce qui concerne la protection des intérêts allemands en Chine, il en serait résulté cette conséquence que la Chine serait encore demeurée en relations diplomatiques avec l'Allemagne après la rupture, ce qui est absurde. Ce sont simplement ses bons offices que le Ministre néerlandais devait offrir. Et la Chine aurait dû ne reconnaître ses nouvelles attributions qu'après s'être assurée du caractère *non-diplomatique* de son intervention. Il semble bien qu'à cet égard l'opinion de M. Beelaerts van Blokland lui-même n'a pas toujours été des plus claires.

(1) Moore, *Digest*, t. IV, p. 601-602.

3. — La confusion causée parmi les fonctionnaires chinois par les expressions :　« prendre la charge de tous les intérêts allemands. »

Le 16 mars, le Commissaire des Affaires Étrangères à Shanghaï envoyait au Ministère des Affaires Étrangères de Chine la dépêche suivante :

Le consul néerlandais prend la charge de la protection des intérêts allemands. Quelle est à cet égard la limite de sa compétence ? D'après les Consuls des Puissances alliées, le mot « intérêts » doit être interprété dans un sens limité. Les Allemands habitant le « quartier spécial » (1) sont protégés par la police chinoise ; ceux qui se trouvent dans les concessions internationales sont placées sous la protection de la police communale. Il semble que le Consul néerlandais ne puisse pas exercer dans le quartier spécial la juridiction consulaire allemande ni d'autres pouvoirs spéciaux de ce genre.

Une lettre, adressée par M. Tcheng au Secrétaire Général du Président du Conseil, déclarait, d'autre part ,

M. Hwang, Commissaire des Affaires Étrangères, à Tientsin, m'a donné lecture d'une dépêche du Ministère des Affaires Étrangères disant que le Ministre des Pays-Bas a reçu de son gouvernement la mission de se charger de tous les intérêts allemands en Chine. Le mot « intérêts » a un sens trop vague ; il pourrait signifier que le ministre néerlandais aura le droit général de protéger les sujets allemands, ainsi que le droit particulier de la juridiction consulaire allemande. Si on interprétait le mot intérêts dans un sens large, on devrait remettre aux fonctionnaires néerlandais toute l'administration de l'ancienne concession allemande, déjà transformée en un quartier spécial où le droit de police se trouve entre nos mains et où la perception des taxes est en voie de préparation. Ce serait là une conséquence au détriment de la Chine,

(1) Le nom de quartier spécial a été donné à l'ancienne concession allemande après la rupture.

et il serait à craindre que les pays de l'Entente, prétendant
discuter l'interprétation de ce mot, n'essayassent d'intervenir
dans nos affaires. A mon avis, le mieux serait de se concerter
avec le ministre des Pays-Bas sur l'interprétation à donner
au mot « intérêts » afin de déterminer formellement sa compétence, etc. (1).

De nombreux télégrammes et lettres des Gouverneurs
des provinces ou des Commissaires des Affaires Étrangères parvinrent encore à ce sujet au Gouvernement Central de Pékin. Ce dernier leur répondit en ces termes .

C'est dans un sens général que le droit du consul néerlandais de protéger les intérêts allemands de son arrondisse-
ment a été officiellement reconnu par notre Ministère des
Affaires Étrangères. Mais la protection de ce consul se borne
aux *intérêts des particuliers allemands en Chine*. En ce qui
concerne les affaires d'importance qui appartenaient à la compétence du Consul allemand, comme le droit d'administrer
l'ancienne concession allemande, le droit de police allemand
et le droit d'exercer la juridiction consulaire, des règlements
seront ultérieurement établis et notifiés aux autorités provinciales pour être mis en exécution (2).

4. — L'attitude singulière du Ministre des Pays-Bas en ce qui concerne le départ des Consuls allemands.

Le 16 mars, le Ministre néerlandais adressa au Ministre
des Affaires Étrangères une note pour protester contre
l'avis donné au Consul d'Allemagne à Tsinan par les autorités locales d'avoir, avec le personnel de son consulat,
à quitter la ville dans un délai de quarante-huit heures.
Cette limite de temps, déclara-t-il, est « insuffisante et

(1) Lettre adressée le 20 Mars 1917 au Secrétaire Général du
Président du Conseil par Tcheng, ancien fonctionnaire d'influence à Tientsin.
(2) Télégramme du Ministre des Affaires Étrangères au Gouverneur militaire du Houpei, en date du 4 Avril 1917.

contraire à la courtoisie et aux règlements internationaux ». « C'est pourquoi, ajouta-t-il, je demande instamment à Votre Excellence de donner des instructions aux autorités locales chinoises d'examiner encore une fois cette question et de prolonger la limite de temps fixée jusqu'à ce que ledit Consul et le personnel de son consulat aient terminé leurs préparatifs, soit pour rentrer dans leur pays, soit pour se rendre ailleurs. Si la limite de temps donnée aux Consuls allemands dans les autres ports était semblable, je demanderais que le présent cas servît de précédent » (1).

M. Beelaerts van Blokland demanda, en outre, qu'un employé, nommé Prehts, fût autorisé à rester à Tsinan, afin de garder les archives du Consulat : cet arrangement, dit-il, ne peut nuire aux intérêts de la Chine et ne saurait conduire à des événements imprévus.

Il fut donné satisfaction à ces deux demandes du Ministre des Pays-Bas. Spécialement, le Ministère des Affaires Étrangères de Chine donna des instructions aux Commissaires des Affaires Étrangères dans les provinces pour que la limite de temps fixée pour le départ des Consuls allemands pût être prolongée si les circonstances le réclamaient (2).

Nous avons vu (3) que les Consuls allemands furent autorisés à rester en Chine jusqu'au départ de paquebots néerlandais.

Cependant, c'est une note conçue en des termes d'une certaine rudesse que, le 19 mars, M. van Blokland signifia au Ministre des Affaires Étrangères. En voici la reproduction intégrale :

(1) Livre Blanc, 1917. Doc. N° 51.
(2) Livre Blanc, 1917, Doc. N° 52.
(3) V. ci-dessus, p. 172.

Pékin, le 19 Mars 1917.

Monsieur le Ministre,

Il me semble que depuis que la Chine a rompu ses rela-tions diplomatiques avec l'Allemagne, tous les fonctionnai-res qui ont la charge des affaires étrangères dans les diverses provinces n'ont pas montré une connaissance suffisante des usages internationaux et du droit des gens pour pouvoir bien diriger les affaires concernant les fonctionnaires consulaires allemands. Ainsi, la haute idée de Votre Excellence n'a pas pu être réalisée.

Afin d'éviter la violation d'usages suivis depuis des siè-cles dans les relations des nations civilisées, j'ai l'honneur de prier Votre Excellence d'appeler l'attention de ces fonc-tionnaires sur les faits suivants, à savoir que les consuls alle-mands et les membres de leurs Consulats, ainsi que leurs fa-milles, aussi longtemps qu'ils demeurent sur le territoire de la République, doivent être traités comme des hôtes de la nation ; que toute facilité doit leur être accordée pour les aider à retourner dans leur pays, et qu'il ne faut pas les for-cer à voyager en traversant les territoires de pays actuelle-ment en guerre avec l'Allemagne. A moins que des sauf-con-duits absolus ne leur soient préalablement accordés, il ne peut naturellement être question pour eux de passer par ces territoires de Pays belligérants (1).

Je profite,... etc.

Signé : BEELAERTS VAN BLOKLAND.

Le 28 mars, M. Wu Ting-fang, Ministre des Affaires Étrangères de Chine, fit à cette note la réponse suivante :

Après que la Chine a eu rompu ses relations diplomatiques avec l'Allemagne, j'ai à maintes reprises instruit les Commis-saires des Affaires Étrangères dans les provinces d'avoir à donner assistance aux Consuls allemands, aux membres de leur Consulat et à leurs familles pour faciliter leur voyage et

____

(1) Livre Blanc, 1917, Doc. N° 53.

j'ai aussi prié les ministres des pays belligérants à Pékin de demander à leurs Gouvernements respectifs la permission de délivrer des sauf-conduits aux-dits consuls pour que ces derniers puissent passer par les territoires des pays belligérants sans difficultés.

Quant à la route à suivre, un choix absolument libre a été laissé auxdits Consuls. Rien n'a été fait pour les forcer à traverser les territoires des pays actuellement en guerre avec l'Allemagne (1).

Je profite,... etc.

Signé : Wu Ting-fang.

Dans une note du 20 mars, adressée au Ministre des Affaires Étrangères de Chine, M. van Blokland demanda une chose qui dépassait le rôle impartial que doit remplir le Ministre d'un pays neutre chargé de la protection des intérêts d'un autre pays en Chine. Il demandait qu'un fonctionnaire subalterne du Consulat allemand fût autorisé à rester dans chaque localité où il n'y a pas de Consulat néerlandais pour garder les archives du Consulat allemand, et *pour se tenir en contact avec les résidents allemands et leur donner conseil. Ce fonctionnaire aurait, d'autre part, à faire un rapport sur la situation aux fonctionnaires néerlandais en Chine.* « Un tel arrangement, disait le Ministre des Pays-Bas, serait des plus satisfaisants. Les fonctionnaires subalternes allemands, n'ayant aucune position indépendante, doivent agir suivant les instructions des fonctionnaires néerlandais qui sont en même temps responsables de la conduite des Allemands. Je propose cet arrangement dans l'espoir qu'il rencontrera l'approbation de Votre Excellence » (2). Et, sous le même pli, il envoyait une liste des fonctionnaires consulaires allemands en Chine dont

(1) Livre Blanc, 1917, Doc. N° 63.
(2) V. Note du Ministre des Affaires Étrangères de Chine au Ministre néerlandais, en date du 24 Mars 1917. Livre Blanc 1917. Doc. N° 60.

il réclamait au Gouvernement de Pékin le maintien en territoire chinois. Il ajoutait qu'il assumerait la responsabilité de leur conduite.

A cette note, M. Wu Ting-fang, Ministre des Affaires Étrangères de Chine, répondit comme il suit :

J'ai l'honneur d'accuser réception à Votre Excellence de la note par laquelle Elle m'a demandé qu'un fonctionnaire subalterne allemand fût autorisé à rester dans chaque localité où il n'y a pas de Consulat néerlandais pour garder les archives du Consulat allemand et pour se tenir en contact avec les résidents allemands et leur donner conseil, ce fonctionnaire devant faire un rapport sur la situation aux fonctionnaires néerlandais en Chine. Puisque cet arrangement doit avoir pour objet d'assister les fonctionnaires néerlandais dans leur œuvre et que Votre Exellence se propose de demeurer responsable de la conduite des Allemands restés ainsi en Chine, j'ai l'honneur de déclarer que j'approuve cet arrangement, sous cette réserve que les Allemands, une fois autorisés à rester, ne seraient employés que comme gardes des archives. Dans aucun cas, il ne saurait leur être permis d'exercer leurs fonctions antérieures. Autoriser ces Allemands à se tenir en contact avec les résidents de leur nationalité et de leur donner conseil dans les localités où il n'y a pas de consulat néerlandais, cela pourrait facilement produire des malentendus. A cause de cela je suis obligé de prier Votre Excellence d'examiner à nouveau ce point (1).

(1) Livre Blanc, 1917. Doc. N° 60.

CHAPITRE XIII

LA GARDE DE LA LÉGATION D'ALLEMAGNE. — LES FONCTION-
NAIRES CIVILS ET MILITAIRES ALLEMANDS EN CHINE. — LES
ALLEMANDS EMPLOYÉS PAR LE GOUVERNEMENT CHINOIS OU
SERVANT DANS LES ÉCOLES CHINOISES.

I. — Le désarmement et l'internement de la garde de la Légation d'Allemagne

Ainsi que nous l'avons déjà dit (1), par l'article VII du Protocole du 7 septembre 1901, la Chine a reconnu à chaque puissance représentée à la Conférence de Pékin de 1901, le droit d'avoir une garde permanente dans le quartier des Légations pour leur défense. Tant que la Chine fut neutre, la garde de la Légation d'Allemagne resta où elle était, c'est-à-dire dans une caserne appelée « Waldersee Caserne » et située en face de la Légation allemande. Elle ne fut ni désarmée ni internée, comme le furent les garnisons allemandes à Tientsin et à Han-kow ; il lui fut seulement interdit de porter des armes lorsqu'elle sortait, afin d'éviter tout conflit avec les gar-des des Légations des puissances se trouvant en guerre avec l'Allemagne. Cette garde fut, au moment du siège de Tsing-Tao, considérablement réduite : quand la Chine rompit ses relations avec l'Allemagne, elle ne comprenait plus qu'un chef de comptabilité, huit sous-officiers,

(1) V. Chap. III, paragr. 1.

onze soldats de 1re classe et dix-sept soldats de la classe moyenne, soit en tout trente-sept militaires.

Après la rupture de la Chine avec l'Allemagne, la raison d'être d'un pareil cantonnement n'existait plus. Le Ministre d'Allemagne ne put, en quittant la Chine, emmener les soldats avec lui, parce que les puissances ennemies de l'Allemagne s'y opposèrent en refusant de leur donner des sauf-conduits. Les militaires allemands furent alors désarmés, et on les dirigea vers un camp d'internement, où ils furent traités non pas comme des prisonniers de guerre, mais comme des soldats d'un pays belligérant entrés en territoire neutre. Voici le texte des Règles sur le transport des soldats allemands au camp d'internement :

1. — Le camp d'internement sera établi dans un temple chinois (Long Run Yuan), situé près de Haï-Tien.

2. — Tous les officiers et les soldats allemands doivent se réunir à la porte extérieure de Chung-Hua-Men le 2 avril, à 9 heures du matin, et y attendre les officiers chinois qui les mèneront au camp d'internement.

3. — Les officiers et les soldats allemands doivent marcher à pied avec les officiers chinois qui se chargeront du transport.

4. — Chacun prendra avec lui ses vêtements et ses bagages. Mais il n'y a aucune nécessité d'emporter les lits. Les vêtements et les bagages seront apportés par les officiers et les soldats allemands eux-mêmes jusqu'au lieu de réunion ; ils seront ensuite transportés avec eux.

Un officier d'infanterie de l'armée chinoise fut nommé inspecteur du camp d'internement de Haï-Tien. Les internés y étaient nourris par les soins du Ministère de la guerre. Une allocation leur fut accordée à raison de :

50 dollars chinois par mois pour un officier (y compris la nourriture).

24 dollars chinois par mois pour un sous-officier (y compris la nourriture).

22 dollars chinois par mois pour un soldat (y compris la nourriture).

Les internés avaient la liberté de correspondance, mais les lettres devaient être soumises à la censure chinoise. Il leur était permis de sortir du camp, à condition d'observer les règlements y relatifs. En cas de maladie grave, ils doivent être envoyés à l'hôpital Shogen et soignés par des médecins allemands. Ceux qui ne sont que légèrement malades seront soignés par des médecins chinois. Il y avait dans le camp d'internement un petit hôpital composé de neuf pièces et installé d'une manière isolée, un jardin, un terrain de foot-ball, une cour pour le lawn-tennis, une salle de billard et une salle de musique. Un bassin de natation était réservé pour l'été. Le 27 janvier, à l'occasion de l'anniversaire de naissance de l'Empereur d'Allemagne et au jour de Pâques, les internés pouvaient recevoir leurs amis sous la surveillance des fonctionnaires et des gendarmes chinois.

Tel fut le traitement des soldats allemands en Chine après la rupture des relations diplomatiques et avant la déclaration de guerre ; après cette déclaration, ils furent soumis aux règlements relatifs aux prisonniers de guerre.

2. — Les fonctionnaires civils et militaires allemands en Chine et leurs familles

Tsing-Tao, complètement organisé en gouvernement colonial, était habité par de nombreux Allemands. Après la chute de cette place, les fonctionnaires militaires allemands furent expédiés au Japon comme prisonniers de guerre, mais un grand nombre de fonctionnaires civils restèrent en Chine avec leurs familles. Le Japon s'opposa au départ de la forteresse du Gouverneur civil allemand de Tsing-Tao.

L'Allemagne avait encore en Chine d'autres fonctionnaires. Comme l'Angleterre, la France, le Japon, etc., elle y possédait, dans les villes les plus importantes, des bureaux de poste particuliers, et dans chacun de ces bureaux, elle avait au moins deux nationaux. Au moment de la rupture, les fonctionnaires des postes allemands voulurent partir. Mais la chose n'alla pas sans difficultés. Il fallait en effet obtenir le consentement des puissances alliées à la délivrance de sauf-conduits. A la demande du Ministre des Pays-Bas, le Gouvernement chinois fit à cet effet des démarches auprès des Ministres de ces puissances à Pékin. L'Angleterre et la France refusèrent d'abord les sauf-conduits ; à la fin, elles consentirent à les accorder sous certaines conditions.

Ces divers faits se trouvent relatés dans la note suivante adressée par le Ministre des Affaires Étrangères de Chine au Ministre des Pays-Bas à Pékin :

Pékin, le 30 Juillet 1917.

Monsieur le Ministre,

J'ai l'honneur d'accuser réception de la note de Votre Excellence dans laquelle vous me demandez de faire des démarches auprès des ministres des différentes Puissances à Pékin pour procurer des sauf-conduits aux fonctionnaires civils allemands et à leurs familles, ainsi qu'aux femmes et aux enfants des fonctionnaires militaires allemands de Tsingtao, qui désirent tous rentrer chez eux. Vous m'avez fait demander, d'autre part, par un membre de votre Légation envoyé à ce Ministère, que le même traitement fût accordé aux sujets allemands de la poste allemande en Chine.

Conformément à votre désir, nous avons consulté les ministres des pays intéressés. Quelques-uns d'entre eux ont consenti ; d'autres ont refusé.

Dans ces conditions, nous avons renouvelé notre demande. Le résultat de notre insistance a été que le Ministre d'Angleterre a bien voulu accueillir la requête sous les trois conditions suivantes :

1. Les Allemands en question devront voyager en groupe.

II. Les sauf-conduits seront valables pour trois mois seulement et les Allemands seront soumis à l'inspection.

III. Le navire qui les transportera devra, lorsqu'il passera par l'Océan Atlantique, s'arrêter à Halifax afin d'être soumis à une inspection, et se rendre directement en Norvège, en Suède ou en Hollande. Après qu'ils auront quitté Halifax, les Allemands ne pourront, en route, s'arrêter dans aucun port.

La Légation de France a de même consenti à cet arrangement.

Les conditions ci-dessus mentionnées ont été communiquées à Votre Excellence par un agent de ce Ministère. Nous avons bien reçu la réponse de Votre Excellence, disant que ces trois conditions seront observées par les Allemands.

Le Gouvernement des États-Unis, sur notre urgente demande, s'est déclaré disposé à permettre auxdits Allemands de traverser le continent américain.

Le Gouvernement japonais a également consenti. Mais il a dit que, vu le grand nombre des Allemands qui doivent partir, une espèce particulière de permis leur serait accordée à la place des sauf-conduits ordinaires. Il a refusé, à cause des circonstances spéciales, d'autoriser le gouverneur civil de Tsingtao à quitter cette place.

Le fait que tous les ministres étrangers intéressés ont fini par consentir d'une manière satisfaisante à accorder les autorisations nécessaires, après toute la peine que la Chine s'est donnée à cette fin, montre que le Gouvernement chinois a fait et fera toujours son possible dans l'intérêt des sujets allemands ; Votre Excellence voudra bien s'en rendre compte.

Cependant, il nous est difficile de comprendre pourquoi, en dépit de nos protestations réitérées envoyées par l'entremise de Votre Excellence le 19 Mai et le 9 Juin, le Gouvernement allemand détient toujours nos étudiants en Allemagne et en Belgique, laissant d'ailleurs nos protestations sans réponse. Nous ne saisissons pas les raisons de la décision du Gouvernement allemand, à cet égard, car sa manière d'agir est en contradiction évidente avec la déclaration qu'il a faite par l'intermédiaire de Votre Excellence qu'il observerait la droit international en ce qui concerne le traitement des ressortissants chinois en Allemagne.

Le Gouvernement chinois, ne pouvant tolérer plus longtemps cette façon de procéder, se trouve dans l'obligation de demander encore une fois à Votre Excellence de vouloir bien transmettre télégraphiquement son énergique protestation au Gouvernement allemand avec l'espoir que ce dernier, en raison de notre attitude envers les sujets allemands en Chine, montrera la même courtoisie vis-à-vis des résidants et des étudiants chinois se trouvant en Allemagne ou en Belgique, en leur permettant de quitter ces pays comme ils le désirent suivant les prescriptions du droit international. Je serais très obligé à Votre Excellence si Elle voulait me donner une réponse immédiate (1).

Je profite,... etc.

Signé : WAN TA-HSIEH.

Cette protestation est, à notre connaissance, restée sans résultat.

3. — Les Allemands employés dans les différents organes du Gouvernement chinois

Il existait en Chine, presque dans tous les départements ministériels chinois, un certain nombre d'employés allemands soit comme conseillers, soit comme ingénieurs, mécaniciens, etc. Il y avait aussi dans les institutions d'enseignement public et dans les hôpitaux chinois des professeurs et des médecins de nationalité allemande : il en sera parlé plus loin. Au moment où se produisit la rupture des relations diplomatiques entre la Chine et l'Allemagne, le nombre des employés allemands qui se trouvaient en Chine pouvait être réparti de la manière suivante :

(1) Livre Blanc, 1917. Doc. N° 152.

Établissem^{ts} dépendant du Ministère de l'Intérieur..				3
—	—	—	des Finances..	5
—	—	—	de la Guerre..	2
—	—	—	de l'Instruction publique..	6
—	—	—	de la Marine..	1
—	—	—	des Communitions	55
				72

On comptait encore cent vingt-six Allemands dans les douanes chinoises, qu'avait administrées le célèbre Sir Robert Hart et qui, depuis la mort de ce dernier, étaient dirigées par un de ses compatriotes.

Le traitement de ces différents sujets allemands fut arrêté comme suit en vertu d'une décision du Conseil des Ministres en date du 14 mars 1917 :

Les employés allemands placés dans les diverses administrations chinoises ou servant dans les douanes, les gabelles de sel, les chemins de fer, les postes et télégraphes, les bateaux, les écoles, les hôpitaux, les mines et dans les autres usines industrielles sans importance pour la sécurité publique pourront continuer d'exercer leurs fonctions, comme par le passé. Mais, en cas de nécessité, leurs fonctions pourront être suspendues. Ceux dont les fonctions n'auront pas été suspendues recevront les mêmes appointements qu'auparavant.

On décidera ultérieurement si les appointements de ceux dont les fonctions ont été suspendues devront ou non continués d'être payés.

Cinquante-et-un Allemands se trouvaient sur les différents chemins de fer de l'Etat et dans les postes chinoises. En voici le détail :

Trente-deux Allemands remplissaient des fonctions qui furent temporairement suspendues parce qu'elles étaient trop importantes pour la sécurité publique. Quatre de ceux-ci quittèrent le pays en congé ; un cinquième se mit sous la protection de la France.

Les gouvernements étrangers ont un grand intérêt politique à voir leurs nationaux placés dans les administrations chinoises. C'est pour eux un moyen d'influence, en même temps qu'une source de profits pour leurs ressortissants. Aussi, à cet égard, y a-t-il toujours eu entre eux une certaine compétition. Après la rupture avec l'Allemagne, une opinion publique se manifesta très forte, parmi les résidents étrangers de Pékin, que tous les employés allemands devaient être chassés ou tout au moins suspendus de leurs fonctions. Mais le Gouvernement chinois agit ici avec beaucoup de prudence. Il ne voulut pas se montrer injuste envers des employés allemands qui travaillaient paisiblement et loyalement pour la Chine. Il estimait, d'ailleurs, que leurs services étaient en définitive indispensables au pays lui-même. S'il suspendit de leurs fonctions ceux qui travaillaient dans des services de communication importants et dans les postes, ce fut simplement par mesure de précaution. Leurs contrats demeurèrent en vigueur. Leurs appointements furent réduits de moitié dans le cas où ces contrats le permettaient.

Le 4 avril 1917, le Ministre des Communications envoya au Ministre des Affaires Étrangères une liste des noms et des adresses des Allemands employés dans son administration, en le priant de leur donner la protection nécessaire. A la suite de cette communication, le 5 du même mois, le Ministre des Affaires Étrangères fit parvenir des instructions aux Commissaires de la Province métropole du Shantoung, du Chekiang et du Houpei pour qu'ils protégeassent les Allemands en question résidant dans leurs arrondissements respectifs (1).

4. — Les professeurs et les instituteurs allemands en Chine

On trouve, en Chine, à côté des écoles établies par le Gouvernement, un certain nombre d'écoles qui ont été créées par les *missionnaires allemands*. Ces dernières écoles sont placées sous la surveillance du Ministre de l'Instruction publique.

M. Fang-Yuan-Lien, qui était Ministre de l'Instruction publique au moment de la rupture des relations diplomatiques entre la Chine et l'Allemagne, voulut profiter de l'occasion de cette rupture pour faire comprendre aux jeunes gens l'idée de la justice et de la conscience internationales. Il adressa en conséquence à toutes les écoles des instructions, dans lesquelles il exprima des pensées qu'on peut ainsi résumer :

L'Allemagne a déclaré une guerre sous-marine à outrance, et notre pays, comme tous les États neutres de l'Europe et de l'Amérique, a fait contre cette guerre barbare une énergique protestation. Cette protestation, malheureusement, est demeurée sans effet. En conséquence les relations ont été rompues entre la Chine et l'Allemagne. Cette rupture constitue un acte de la plus grande importance pour les relations extérieures de la Chine. Le Gouvernement chinois, d'accord avec la volonté de toute la nation, en a pris la lourde responsabilité, afin de maintenir la position de la Chine parmi les États du monde.

Cet événement indique que la Chine a conscience d'être

(1) Livre Blanc, 1917, Doc. N° 135.

un État dans l'ensemble des États. Il fournit aux professeurs et aux instituteurs de toutes les écoles l'occasion de développer au sein de la jeunesse des idées importantes.

Ils éveilleront, d'abord, dans les âmes des étudiants la notion même de l'État. Plusieurs années se sont écoulées depuis le commencement de la guerre, pendant lesquelles nous avons dû rester neutre. Et si nous avons dû ainsi garder le silence, c'est à cause de la faiblesse de l'État, à raison de l'infériorité de la marine militaire chinoise. La nation a, au point de vue moral comme au point de vue matériel, cruellement souffert de cette inactivité forcée dans une guerre sans précédent. Maintenant l'État a commencé de prendre une part plus active aux affaires mondiales, c'est là un acte d'une portée incommensurable.

Les professeurs et les instituteurs développeront, en second lieu, chez les étudiants l'esprit de patriotisme. L'indépendance et la force d'un État dépendent de l'indépendance et de la capacité des individus dont il se compose. En définitive, la situation internationale d'un pays est proportionnelle à la valeur individuelle de ses sujets. Ce sont là des considérations dont il importe que les étudiants soient bien pénétrés. Il faut qu'ils étudient toutes les parties de la science avec la pensée patriotique qu'ils contribueront ainsi à l'avenir international de la Chine. C'est l'état rétrograde de l'instruction et de l'éducation dans notre pays qui a été cause qu'il a manqué d'indépendance dans la conduite des affaires humaines.

Il convient enfin, en prenant prétexte de la rupture avec l'Allemagne, de faire comprendre aux étudiants ce que doit être l'attitude d'un État au milieu des États du monde. Tous les étudiants, comme le personnel enseignant, doivent, dans leurs relations individuelles avec les Allemands, conserver à ceux-ci la même courtoisie qu'en temps ordinaire. La rupture des relations diplomatiques n'est qu'une conséquence des compétitions inter-

nationales. Il ne faut pas la confondre avec l'état de
guerre : ce sont là deux choses tout à fait distinctes.
Même en temps de guerre, on ne doit pas être hostile
envers les sujets des pays ennemis qui exercent une profession licite et paisible.

La mesure que notre Gouvernement a prise vis-à-vis
de l'Allemagne n'est pas due seulement à un conflit d'intérêts vitaux pour l'État ; elle est de plus un acte de défense du droit international et des principes d'humanité.
Nul ne peut prévoir les changements qui se produiront
dans la vie internationale à la suite de cette guerre. Dans
tous les cas, la gloire ira aux nations qui auront su se
montrer unies tant au point de vue intérieur qu'au point
de vue extérieur. L'établissement de l'union nationale
est une des principales tâches qui s'imposent aux professeurs et aux fonctionnaires de l'enseignement (1).

Il y avait en Chine, au moment de la rupture, des professeurs et des instituteurs de nationalité allemande, au
nombre de dix-sept, ainsi répartis dans les écoles chinoises :

Université de Pékin	8 professeurs.
Ecole polytechnique de la Province mé- tropole	1 professeur.
Ecole préparatoire pour les étudiants chi- nois envoyés à l'Etranger	1 instituteur. 1 institutrice.
Ecole moyenne de Shangsi	1 professeur.
Ecole des jeunes filles de Shangsi	1 institutrice.
Ecole polytechnique de Hunan	3 professeurs.
Ecole normale supérieure de Canton	1 professeur.

Le 19 mars 1917, le Ministre de l'Instruction publique
et le Ministre des Communications, qui a dans son res-

____

(1) Ordre du Ministre de l'Enseignement public, en date du
14 Mars 1917. (Gazette du Gouvernement, N° 424))

sort les écoles des chemins de fer et des postes et télégraphes, rendirent des instructions sur le traitement des sujets allemands dans les écoles. Les Allemands chargés de l'enseignement dans les écoles publiques et dans les écoles privées furent maintenus dans leurs fonctions. Leur contrat d'engagement demeura en vigueur.

Voici un tableau des écoles qui ont été établies en Chine par les Allemands :

Province métropole,

2 écoles moyennes sino-allemandes à ..	Tientsin.
8 écoles primaires sino-allemandes à ..	Tientsin.
1 école primaire à	Tientsin.
(pour les enfants allemands.)	

Shantoung,

1 école moyenne allemande à..........	Tsingtao.
1 école moyenne allemande à	Tsinan.
1 école moyenne sino-allemande à	Tsinin.
19 écoles primaires ou écoles maternelles à	Tchimou.
10 écoles primaires ou écoles maternelles à	Laiyang.
2 écoles primaires ou écoles maternelles à	Tsinin.
2 écoles primaires ou écoles maternelles à	Yangkou.
2 écoles primaires ou écoles maternelles à	Lingchien.
2 écoles primaires ou écoles maternelles à	Tseyang.
2 écoles primaires ou écoles maternelles à	Lin-i.
1 école primaire ou école maternelle à ..	Tchaotcheng
1 école primaire ou école maternelle à ..	Tchoutcheng
1 école primaire ou école maternelle à ..	Jitchao.
1 école primaire ou école maternelle à ..	Litcheng
1 école primaire ou école maternelle à ..	Hoeitai.
1 école primaire ou école maternelle à ..	Shichoui.
1 école primaire ou école maternelle à ..	Mongyn.
1 école primaire ou école maternelle à ..	Tsaochien.
1 école primaire ou école maternelle à ..	Tchengou.

Kiangsu

1 Tong Chi École polytechnique et de médecine à .... Shanghaï.
1 école primaire à .... Hinghoa.

Kiangsi

6 écoles moyennes et primaires à ... Linkian.
2 écoles moyennes et primaires à ...... Tsingkiang.
1 école moyenne et primaire à .... Tchongjen.
1 école moyenne et primaire à .... Kieoukiang.
1 école moyenne et primaire à .... Nantchang
1 école moyenne et primaire à .... Nanfong.
1 école moyenne et primaire à .... Yuchan.
1 école moyenne et primaire à .... Nantcheng.
1 école moyenne et primaire à .... Ningtou.
1 école moyenne et primaire à .... Tayu.
1 école moyenne et primaire à .... Litchoan.

Hupei

1 école sino-allemande à .... Hankow.
1 école allemande à .... Hankow.

Hunan

2 écoles primaires à .... Tchangsha.
1 école pour les filles aveugles à ...... Tchangsha.

Chekiang

1 école primaire à .... Lountsiuen.
1 école primaire à .... Songyang.
1 école primaire à .... Yunhoouo.

Setchouan

1 école allemande à .... Tchengtou.

Canton.

2 écoles moyennes et primaires à ...... Kiukiang.
1 école moyenne et primaire à .... Nanchiong.
1 école moyenne et primaire à .... Hoachien.
2 écoles moyennes et primaires à ...... Hoeiyang.

A part une vingtaine parmi ces écoles, qui sont destinées aux enfants allemands, la plupart d'entre elles ont
été créées au profit des enfants chinois pauvres de la localité. Il faut, naturellement, laisser se continuer ces œuvres de bienfaisance. Après la rupture, toutes ces écoles
n'ont pas cessé d'être l'objet, dans leur juridiction respective, de la protection particulière des Commissaires
des Affaires Étrangères.

CHAPITRE XIV

1. — Règlement sur la protection des négociants et des missionnaires allemands en Chine

Le Livre Blanc publié en 1917 par le Gouvernement chinois contient un règlement intitulé « Règlement sur la protection des sujets allemands en Chine ». Mais, en réalité, si on examine le contenu de ce règlement, on constate qu'il s'applique plutôt aux sujets allemands qui vont quitter la Chine. C'est dans un autre règlement, relatif à la « Protection des négociants et des missionnaires allemands en Chine », inséré également au Livre Blanc, qu'on trouve vraiment des règles sur la protection des résidents allemands en général : en Chine, la plupart des résidents étrangers appartiennent en effet à l'une ou à l'autre de ces deux catégories. C'est de ce dernier règlement que nous allons d'abord nous occuper.

Immédiatement après que les relations diplomatiques eussent été rompues entre la Chine et l'Allemagne, les Ministères chinois de l'Intérieur et de la Guerre adoptèrent le règlement suivant qu'ils communiquèrent télégraphiquement aux gouverneurs civils et militaires des provinces et aux résidents généraux des districts de l'Administration spéciale :

Article premier. — Le présent règlement s'applique aux négociants et aux missionnaires allemands résidant en Chine, à l'exception de ceux qui sont actuellement au service militaire pour lesquels des règles spéciales ont été édictées.

Art. 2. — Les négociants et les missionnaires allemands peuvent continuer à résider dans les localités où ils se trouvent actuellement en Chine, poursuivre leur profession d'une nature paisible et jouir de la protection de leur personne et de leurs biens. Toutefois, ils doivent observer les lois et les ordres qui sont maintenant en vigueur ou qui pourront être arrêtés à l'avenir.

Art. 3. — Les négociants et les missionnaires allemands résidant en Chine doivent faire enregistrer leurs noms, leur adresse et leur profession au bureau des autorités locales dans les deux jours de la réception du présent règlement. (Ce règlement a été imprimé et distribué au dents allemands).

Art. 4. — Les autorités locales doi t délivrer des certificats aux négociants et aux mission res enregistrés

Art. 5. — Les négociants et les missionnaires allemands qui ont été enregistrés, peuvent déménager dans une autre localité, mais ils doivent auparavant présenter leur certificat d'enregistrement aux autorités locales de leur première résidence qui l'examineront et l'annuleront. En échange, ils recevront un permis de déménagement. Deux jours après leur déménagement, ils devront remettre ce permis aux autorités locales de la nouvelle résidence qui le détruiront, et ils devront de nouveau observer les stipulations des articles 3 et 4.

Art. 6. — Les négociants et les missionnaires allemands qui ne se sont pas fait enregistrer conformément au présent règlement peuvent recevoir l'ordre de quitter la Chine ou de déménager vers un endroit déterminé dans un délai fixé.

Art. 7. — Les négociants ou les missionnaires allemands résidant en Chine qui ont en leur possession des armes ou des articles à usage militaire doivent, dans les deux jours de la réception du présent règlement, en faire la déclaration au bureau d'examen le plus proche et attendre l'inspection.

Art. 8. — Les négociants ou les missionnaires allemands qui ont contrevenu aux lois ou commis quelque attentat contre la paix, ou dont la conduite est jugée nuisible aux intérêts de la Chine, ou qui sont suspects à ces points de vue, peuvent être expulsés du pays dans un délai fixe ou empêchés de quitter leur résidence ou de voyager ; ils pourront être placés sous la surveillance ou soumis à telle autre mesure restrictive qui sera jugée utile.

Art. 9. — Les privilèges accordés en vertu des articles 2 et 5 peuvent être restreints si les circonstances le demandent.

Art 10. — Après la publication du présent règlement, il ne sera pas permis aux négociants ou aux missionnaires allemands d'entrer sur le territoire chinois, sauf avec la permission du Gouvernement obtenue par l'entremise des autorités locales (1).

2. — Protection des Allemands qui voyagent à l'intérieur de la Chine

A cause de la différence du culte, de coutume et de langue, le voyage des étrangers à l'intérieur de la Chine n'est pas, même en temps ordinaire, une chose facile. Les puissances étrangères ont souvent, dans le passé, imposé à la Chine de lourdes indemnités ou se sont fait concéder par elle des droits importants à cause des mauvais traitements que subirent leurs nationaux voyageant à l'intérieur du pays. La Chine est de nos jours encore très réservée en ce qui concerne le voyage des étrangers à travers son territoire. Elle soumet ceux-ci au système des passeports. Et, en beaucoup d'endroits, elle impose aux voyageurs des escortes que leur fournissent les autorités locales. Fréquemment il y a à ce sujet des troubles dans les provinces et les Gouverneurs civils ou militaires décident de ne pas délivrer de passeports aux étrangers. Si tel est l'état des choses en temps normal, on ne doit pas s'étonner si, après la rupture des relations, les Gouver-

(1) Livre Blanc, 1917. Doc. N° 123.

neurs de certaines provinces ont refusé de délivrer des passeports aux sujets allemands : en agissant de la sorte, ils voulaient éviter que des incidents fâcheux ne survinssent entre ces sujets et la population chinoise.

Ce fut ainsi que procéda notamment le Commissaire des Affaires Étrangères de Shanghaï. Mais son refus de délivrer des passeports aux nationaux allemands donna lieu de la part du Ministre des Pays-Bas à une protestation auprès du Ministre des Affaires Étrangères de Chine. M. Beelaerts van Blokland prétendit qu'en dehors du cas où il y a des troubles dans la province, la non-délivrance de passeports à des sujets allemands honorables constitue une violation des traités, et en conséquence demanda que des instructions fussent données au Commissaire des Affaires Étrangères afin d'éviter toutes possibilités de malentendus.

A la note néerlandaise, le Ministre des Affaires Étrangères répliqua le 12 avril 1917. Il fit observer au Ministre des Pays-Bas que le Gouvernement chinois avait trouvé qu'après la rupture des relations avec l'Allemagne, le voyage de sujets allemands à l'intérieur du pays pouvait être de nature à amener des incidents fâcheux, et que c'était pour mieux assurer leur protection qu'il avait décidé en principe de ne point leur délivrer de passeports. Mais il ajouta, dans sa réponse, qu'il consentirait à donner des passeports aux sujets allemands qui seraient obligés de voyager pour leurs affaires et auraient obtenu des consuls hollandais des certificats attestant cette nécessité.

Cette décision fut communiquée au Commissaire des Affaires Étrangères (1). Et le 21 avril, elle fit l'objet de Règles qui furent envoyées télégraphiquement aux Gouverneurs civils et militaires des provinces et aux Résidents généraux des districts de l'Administration spéciale. Ces règles étaient ainsi conçues :

(1) Livre Blanc, 1917, Doc. N° 140.

(1) Tous les négociants et les missionnaires allemands qui demandent un passeport pour voyager, doivent déclarer le but de leur voyage et indiquer sur leur passeport toutes les informations nécessaires, qui seront vérifiées par le Consul d'un pays neutre chargé de leurs intérêts ou garanties par un négociant digne de foi habitant la localité où ils résident. Cela fait, le Commissaire des Affaires Etrangères demandera les instructions du Gouvernement Central avant de délivrer les passeports. Toutefois, dans le cas ou les Allemands voudraient voyager dans quelque endroit où les communications sont difficiles ou dans une localité où la loi militaire est en vigueur, aucun passeport ne sera délivré ; la délivrance de passeports aux voyageurs et aux missionnaires sera également ment suspendue.

(2) Sur les passeports ci-dessus mentionnés les informations suivantes concernant le voyageur doivent être inscrites :

(a) Nom.

(b) Profession.

(c) Lieu de destination.

(d) But du voyage.

(e) Jour de départ et de retour.

(f) Route à suivre.

(g) Effets personnels.

(h) Toute autre information qui paraît utile.

(3) Le Commissaire des Affaires Etrangères, après avoir délivré les passeports, doit envoyer une copie des informations inscrites sur le passeport aux fonctionnaires des localités par où passeront les voyageurs et aux autorités du lieu de destination.

(4) Les voyageurs sont soumis à une inspection conformément aux Règlements provisoires sur l'inspection.

(5) Les voyageurs qui sont en route doivent présenter immédiatement leurs passeports quand les fonctionnaires locaux veulent les examiner. Arrivés à leur destination, ils doivent demander de suite aux fonctionnaires locaux d'examiner leurs passeports. Lesdits passeports seront retirés pour être détruits au bout d'un certain délai. Au cas où il y aurait un obstacle qui empêcherait le voyageur de poursuivre son chemin dans le délai fixé et l'obligerait de s'arrêter dans une certaine lo-

calité ou au cas où il désirerait retourner, il devra en informer les fonctionnaires locaux. Si plus d'un mois après être arrivé au lieu de sa destination, le voyageur désire continuer de résider dans ce lieu, il devra faire une demande d'enregistrement suivant le règlement sur la protection des négociants et des missionnaires en Chine et il devra présenter son passeport de voyage aux autorités locales qui le détruiront (1).

Nous avons vu que dans sa note au Ministre des Affaires Étrangères, le Ministre des Pays-Bas avait accusé de violer les traités les Commissaires des Affaires Étrangères qui refusèrent de délivrer des passeports aux sujets allemands demandant à voyager (2). M. Wu Ting-fang a répondu sur ce point de la façon suivante :

Pékin, le 9 Juin 1917.

Monsieur le Ministre,

J'ai l'honneur d'accuser réception de la note de Votre Excellence par laquelle Elle m'a fait savoir que les Commissaires des Affaires Étrangères à Shanghai et à Hankow avaient refusé de délivrer des passeports à des sujets allemands qui désiraient passer l'été à Kuling et à Mokanshan.

J'ai l'honneur de vous faire observer, en réponse, que le règlement adopté, après la rupture des relations diplomatiques avec l'Allemagne, stipule que la délivrance des passeports aux sujets allemands peut être suspendue en cas de nécessité.

Cependant, au cours de ces deux derniers mois, sur la demande des Commissaires des Affaires Etrangères, on a toujours permis la délivrance des passeports aux sujets allemands pour se rendre aux endroits ci-dessus mentionnés. Cela est une preuve de la *générosité* du Gouvernement chinois. Il y a évidemment un malentendu quand Votre note constate que le Gouvernement chinois a agi en contravention des traités.

(1) Livre Blanc, 1917. Doc. N° 130.
(2) V. ci-dessus, p. 205.

En somme, ce Gouvernement a traité les sujets allemands avec courtoisie, alors que le Gouvernement allemand refuse de délivrer des passeports aux citoyens chinois qui désirent quitter l'Allemagne. Je ne doute pas que Votre Excellence ne soit à même de se former une juste opinion sur la question de savoir qui a réellement violé les traités internationaux. Si le Gouvernement allemand persistait dans sa façon d'agir au regard des Chinois résidant en Allemagne, ce Gouvernement pourrait être obligé de modifier le traitement qu'il applique actuellement aux Allemands résidant en Chine (1).

Je profite,... etc.

Signé : WU TING-FANG.

3. — Règlement sur la protection des Allemands qui désirent quitter la Chine

Au sujet des Allemands qui désirent quitter la Chine, le règlement suivant a été arrêté par le Ministère de l'Intérieur conjointement avec le Ministère de la Guerre et communiqué le 15 mars 1917 aux Gouverneurs des provinces ainsi qu'aux Résidents généraux des districts de l'Administration spéciale :

Art. 1. — Les résidents allemands qui désirent quitter la Chine doivent soumettre au Gouvernement Central par la voie des fonctionnaires locaux civils ou militaires les indications particulières les concernant, relatives à leur nom, âge, adresse et profession. Une fois la permission obtenue, des passeports leur seront délivrés. Ils seront, à leur départ, escortés de soldats et de police désignés par les fonctionnaires locaux civils ou militaires.

Art. 2. — Les Allemands à qui permission a été donnée de quitter la Chine peuvent prendre avec eux tout ce qui leur appartient, excepté les articles à usage militaire. Mais tous leurs effets doivent être inspectés selon les règles y relatives. Les propriétés, laissées en Chine par eux, seront traitées

(1) Livre Blanc, 1917. Doc. N° 150.

d'après les règles en cette matière. Ces règles seront télégraphiées plus tard.

Art. 3. — Après que les formalités nécessaires prescrites aux articles 1 et 2 auront été remplies, le fonctionnaire local civil ou un fonctionnaire supérieur militaire donnera ordre auxdits Allemands de quitter le pays dans un délai suffisant. Jusqu'à leur départ, ils observeront les règles concernant leur protection pendant leur séjour en Chine.

Art. 4. — La route qu'ils doivent suivre sera déterminée par le Gouvernement chinois.

Art. 5. — En ce qui concerne l'escorte des Allemands par des soldats et de la police, une escorte militaire suffisante sera détachée pour leur protection suivant l'exigence des conditions locales, jusqu'à ce qu'ils aient quitté la juridiction locale ; ils seront ensuite placés sous la protection des soldats et de la police de la localité voisine. Cela continuera jusqu'à ce que les Allemands soient arrivés aux limites de la juridiction territoriale de la Chine.

Art. 6. — Les fonctionnaires supérieurs civils ou militaires d'une localité doivent notifier le départ des Allemands aux autorités voisines, de manière que ces dernières aient toute prête une compagnie d'escorte et qu'ainsi tout retard soit évité.

Art. 7. — Arrivés à un district voisin, les soldats et la police qui ont escorté les Allemands doivent obtenir d'eux une attestation écrite constatant leur départ de tel district en sécurité et la faire présenter au Gouvernement central par le fonctionnaire supérieur de la localité respective. (Une attestation de leur départ de la Chine est particulièrement importante).

Art. 8. — Les fonctionnaires locaux civils ou militaires doivent louer les voitures et les bateaux nécessaires pour le transport des Allemands et de leurs bagages (1).

Il est difficile de soutenir que ce règlement ait été dicté uniquement par le désir de protéger les sujets allemands partant pour l'Allemagne. Ceux qui connaissent l'état

(1) Livre Blanc, 1917. Doc. N° 122.

de la Chine ne peuvent douter qu'il a été surtout en réalité une mesure de surveillance déguisée. A cause des intrigues et des agissements allemands vis-à-vis des citoyens chinois, une telle mesure était nécessaire même en l'absence d'une déclaration formelle de guerre entre la Chine et l'Allemagne. A une époque d'excitation générale causée par la guerre européenne, rien n'eut été plus dangereux que de laisser les Allemands parcourir le pays en toute liberté.

4. — Prétention du Ministre néerlandais concernant le droit international de la rupture des relations diplomatiques

Ce ne fut pas en vérité contre le motif de ces règles, mais contre leur légalité, que le Ministre des Pays-Bas protesta : elles constituaient, à ses yeux, une violation des traités existant entre la Chine et l'Allemagne. Voici effectivement la note qu'il adressa, à la date du 3o avril, au Ministre des Affaires Étrangères de Chine :

Pékin, le 3o Avril 1917.

Monsieur le Ministre,

Me référant aux informations que j'ai reçues de temps en temps au sujet des règles publiées dans certaines provinces et auxquelles les sujets allemands sont obligés de se soumettre, j'ai eu l'honneur de suggérer à Votre Excellence par ma lettre du 28 Mars n° 55g que les fonctionnaires dans les provinces soient instruits de ne pas prendre de mesures en opposition avec les stipulations des traités reconnaissant aux sujets allemands le droit de résider paisiblement en Chine.

Dans la *Gazette du Gouvernement* du 18 courant, ont été publiés par le Ministère de la Guerre, pour être appliqués dans toutes les provinces et dans les régions spéciales, un règlement concernant la « protection des Allemands quittant la Chine », et un règlement sur la « protection des commerçants et des missionnaires allemands résidant en Chine ». Plusieurs articles de ces règlements sont incompatibles avec les stipulations des traités. Le fait que des règlements spéciaux ont été établis pour être appliqués aux sujets allemands sans qu'ils dussent l'être aussi aux sujets d'autres puissances ayant des traités avec la Chine, est en lui-même une violation de la stipulation du traité qui, par application de la clause de la nation la plus favorisée, garantit expressément le traitement le plus favorable aux sujets allemands. En conséquence je dois protester formellement contre lesdits règlements.

Dans le règlement sur la « protection des négociants et missionnaires allemands résidant en Chine », il y a un article sur lequel je désire attirer spécialement l'attention de Votre Excellence : c'est celui qui stipule que les négociants et les missionnaires allemands doivent observer toutes les lois et tous les ordres chinois actuellement en vigueur ou qui pourront être arrêtés à l'avenir, etc.

Il est clair que, dans ledit article, il faut entendre par le mot « ordres », soit les règlements légaux, édictés par les autorités chinoises, qui sont obligatoires pour les étrangers *en vertu des traités*, soit les règlements spéciaux promulgués par le propre gouvernement des étrangers. C'est ainsi qu'il a été interprété par les négociants et les missionnaires allemands. Et c'est en ce sens qu'ils ont signé une déclaration, lorsque, conformément aux prescriptions de l'article 3 du règlement sur la protection des négociants et des missionnaires allemands résidant en Chine, ils ont fait enregistrer leurs noms et professions devant les autorités locales les plus élevées. Mais il a été porté à ma connaissance que certains journaux étrangers publiés en Chine — journaux qui manifestement considèrent à la légère l'importance et le respect que le Gouvernement chinois attache au droit international et aux traités conclus par la Chine, — interprètent lesdites règles comme si les sujets allemands se trouvaient privés des droits à eux garantis par les traités. Même le Consul général de France à Shanghai a pris comme prétexte cette interprétation erronée lorsque, malgré les droits et le pouvoir souverain de la Chine sur le territoire de la concession française en cette ville, il a édicté diverses mesures contre les Allemands en contravention des stipulations des traités.

En raison de ces faits — contre lesquels Votre Excellence a sans aucun doute protesté — je crois pouvoir soumettre à la considération de Votre Excellence qu'il faudrait sans retard une déclaration explicite démontrant que le Gouvernement chinois ne demande pas seulement que les autres respectent les droits résultant des traités et des principes de droit international, mais qu'il a lui-même choisi aussi ces traités et ces principes comme une règle de conduite dont il ne se départira jamais (1).

Je profite, etc.

Signé : BEELAERTS VAN BLOKLAND.

Cette note du Ministre des Pays-Bas soulevait la question de la validité des traités internationaux à la suite d'une rupture des relations diplomatiques entre les deux pays contractants. Ne voulant pas ouvrir une discussion sur cette question, M. Wu Ting-fang, dans sa réponse, basa toute son argumentation sur les principes du droit international. La note qu'il fit parvenir au Ministre des Pays-Bas fut ainsi conçue :

Pékin, le 25 Mai 1917.

Monsieur le Ministre,

J'ai l'honneur d'accuser réception à Votre Excellence de sa note du 30 Avril concernant les règles sur les sujets allemands résidant en Chine. Je me permets de vous dire que tous les arrangements relatifs au traitement des sujets allemands sont basés sur les principes du droit international et que ma note du 13 Mai était conçue en ce sens. Quant aux règlements récemment publiés par notre Gouvernement pour être observés par les sujets allemands, ils sont spécialement formulés d'après les usages communs existant entre les nations avec quelques modifications soigneusement introduites pour s'adapter aux circonstances. En ce qui concerne la stipulation d'après laquelle les négociants et les missionnaires

---

(1) Livre Blanc, 1917. Doc. N° 145.

allemands doivent observer toutes les lois et tous les ordres chinois actuellement en vigueur ou qui pourraient être arrêtés à l'avenir, il va sans dire que les lois et les ordres auxquels il est ainsi fait allusion sont seulement les lois et les ordres *spéciaux* régissant les négociants et les missionnaires allemands, ainsi que les règlements détaillés pour leur application. Ils ne signifient point les lois et les ordres généraux du pays. Avec cette explication, je crois que Votre Excellence sera soulagée de toutes les difficultés concernant ladite stipulation.

En ce qui concerne les diverses mesures que le Consul Général de France à Shanghai aurait prises contre les Allemands dans la concession française en contravention aux traités, il me manque encore des rapports sur le détail de l'acte dont vous vous plaignez. Si le Consul Général à dépassé la limite de son droit, le Gouvernement chinois n'envisagera pas le cas avec indifférence (1).

Je profite,... etc.

Signé : Wu Ting-Fang

Mais cette réponse ne satisfit pas le Ministre des Pays-Bas. Celui-ci adressa, le 29 mai, au Ministre des Affaires Étrangères de Chine, une nouvelle note, dans laquelle il prévit spécialement la question de la validité des traités après une rupture des relations diplomatiques entre les pays signataires :

Pékin, le 29 Mai 1917.

Monsieur le Ministre,

J'ai l'honneur d'accuser à Votre Excellence réception de sa note en date du 25 courant. J'ai pris acte de cette communication.

Le sens des règles qui stipulent que les négociants et les missionnaires allemands doivent observer toutes les lois et tous les ordres chinois actuellement en vigueur ou qui pour-

____

(1) Livre Blanc, 1917. Doc. N° 148.

raient être arrêtés à l'avenir est maintenant clair pour moi. Si lesdites lois et lesdits ordres ne contreviennent pas aux traités d'une part et, si d'autre part, ils ne mettent pas les négociants et les missionnaires allemands dans une situation moins favorable que les sujets d'une autre puissance ayant des traités avec la Chine, il n'y aucun motif pour moi de faire des objections quelconques. Votre Excellence a à maintes reprises déclaré que le traitement des sujets allemands résidant en Chine doit être conforme au droit international. Il va sans dire que cela ne me donne aucun motif de plainte. Cependant, je ne saurais garder le silence alors que, dans la pratique actuellement suivie par les autorités chinoises, celles-ci ont agi souvent sans tenir compte de leurs propres déclarations.

Votre assertion que les règlements promulgués par le Gouvernement chinois pour être observés par les sujets allemands ont été spécialement formulés d'après les usages communs existant entre les nations avec quelques modifications soigneusement introduites pour s'adapter aux circonstances, me cause quelque étonnement. On peut citer dans l'histoire beaucoup de cas où deux États ont, à raison d'un différend entre eux, rompu les relations diplomatiques, sans que cette rupture eut été suivie d'une déclaration de guerre. Parfois cette rupture a duré plusieurs années sans que les conditions soient changées. Il n'y a aucun exemple que l'un de ces États, après la rupture, ait violé les traités et imposé certains règlements spéciaux aux nationaux de l'autre État. Ce qui est reconnu comme usage commun c'est que, après la rupture des relations diplomatiques, les nationaux des deux États continuent de ne pas être molestés par l'État sur le territoire duquel ils résident et jouissent de la même protection qui est accordée aux résidents nationaux des autres pays. Tout autre arrangement que celui-ci serait contraire aux principes du droit international actuellement en vigueur. Car, d'après ce droit public, les résidents nationaux d'un pays ennemi doivent être traités avec générosité même si un état de guerre existe. Naturellement il n'est pas permis de violer leurs droits légaux. C'est par conséquent, une violation du droit international des plus évidentes que d'édicter des règlements spéciaux à l'égard des résidents de l'autre pays quand un état de guerre n'existe pas.

En ce qui concerne les diverses mesures que le Consul Général de France à Shanghai a prises contre les Allemands dans la concession française en contravention du droit international, je n'ai pas besoin de citer chaque cas séparément. Il suffit d'indiquer le cas « Deutsche Medizin und Ingenieurschule fur Chinesen in Shanghai ». Le Commissaire spécial des Affaires Etrangères doit l'avoir rapporté à Votre Excellence, avec les autres cas.

Le Commissaire spécial des Affaires Etrangères à Hankow a, de plus, à plusieurs reprises, protesté contre les actes du Consul de France dans ce port affectant les personnes et les propriétés allemandes en violation des stipulations des traités.

Supposant que les cas ci-dessus mentionnés sont connus de Votre Excellence, j'ai l'honneur de Lui demander de donner des instructions aux fonctionnaires dans les différentes provinces à l'effet de rendre le traitement des Allemands en Chine conforme aux stipulations des traités de façon à éviter tout malentendu qui pourrait devenir une cause de regret pour le Gouvernement chinois (1).

Je profite,... etc.

Signé : BEELAERTS VAN BLOKLAND.

A cette note, M. Wu Ting-fang, Ministre des Affaires Etrangères de Chine, répondit ce qui suit :

Pékin, le 26 Juin 1917.

Monsieur le Ministre,

J'ai l'honneur d'accuser à Votre Excellence réception de sa note en date du 29 du mois dernier concernant les diverses règles récemment publiées par ce Gouvernement à l'égard des sujets allemands résidant en Chine.

Comme Votre Excellence dit dans ladite note avoir maintenant compris le sens de ces règles, je n'ai pas besoin de

(1) Livre Blanc, 1917, Doc. N° 149.

les expliquer davantage. En ce qui concerne votre revendication touchant leur conformité aux usages communs existant entre les nations, on peut remarquer que protéger des négociants étrangers et maintenir la paix publique dans l'intérieur du pays doivent être considérés comme la pratique commune des nations. Étant donné que la Chine a rompu ses relations diplomatiques avec l'Allemagne et qu'un grand nombre de négociants et de missionnaires allemands sont restés en Chine, il est tout naturel que la Chine doive prévoir les moyens particuliers de les protéger et en même temps de maintenir la paix dans le pays. Puisque la condition des affaires en Chine est différente de celle qui existe dans les autres pays, nous étions obligés de formuler ces règlements avec soin afin qu'ils se conforment aux circonstances. Ces règlements ne sont point du tout incompatibles avec le droit international ni contraires aux traités sino-allemands existants.

Quant aux mesures que les Consuls de France à Shanghaï et à Hankow ont prises contre les Allemands j'ai déjà reçu quelques rapports locaux à ce sujet et j'ai donné des instructions aux Commissaires des Affaires Étrangères respectifs pour faire sur ce point une minutieuse enquête (1).

Je profite,... etc.

Signé : WU TING-FANG.

5. — Promesse de ne pas interner et de ne pas expulser les sujets allemands en Chine

La question de l'internement et de l'expulsion des sujets allemands en Chine a donné lieu à un échange de notes très intéressantes entre le Gouvernement chinois et le Gouvernement allemand par l'intermédiaire du Ministre des Pays-Bas à Pékin. Celui-ci, mettant à profit le souci du Gouvernement chinois de se conformer aux règles du droit international, s'efforça d'obtenir de ce Gouvernement une importante promesse. Il adressa le

____

(1) Livre Blanc, 1917. Doc. N° 151.

7 avril 1917 au Ministre des Affaires Étrangères de Chine la note suivante :

Pékin, le 7 Avril 1917.

Monsieur le Ministre,

J'ai l'honneur d'informer Votre Excellence que le Gouvernement allemand, dans le but de prévenir les dangers d'espionnage dans les circonstances actuelles, a adopté de strictes mesures à ses frontières pour empêcher les personnes de quitter l'Allemagne, à l'exception de celles reconnues par les autorités comme hors de tout soupçon. Les résidents chinois qui voudraient quitter l'Allemagne en recevront naturellement l'autorisation. Mais, comme certaines rumeurs circulent en Europe, le Gouvernement allemand désire savoir d'une manière définitive que, pendant la durée de la guerre, le Gouvernement chinois n'empêchera pas les Allemands résidant en Chine de poursuivre leurs occupations, ne les internera pas et ne les forcera pas à quitter la Chine. Quoique je sache que la requête du Gouvernement allemand correspond aux intentions bienveillantes de Votre Excellence, je vous prie néanmoins de bien vouloir me donner une réponse à ce sujet dans un délai déterminé, de façon que je puisse la communiquer au Gouvernement allemand : et ainsi je procurerai aux Chinois, s'ils le veulent, l'occasion de quitter l'Allemagne.

Je me permets d'ajouter que je suis autorisé à informer Votre Excellence que les résidents chinois en Allemagne sont de toute façon bien traités. Quant au traitement des sujets allemands en Chine, qui a donné lieu à toutes sortes de rumeurs ouvertement répandues, j'ai l'honneur de prier Votre Excellence de faire arrêter ces rumeurs et de me donner l'autorisation d'informer le Gouvernement Impérial allemand que pendant la guerre, le Gouvernement de la République chinoise laissera sans molestation toutes les propriétés allemandes.

Espérant que Votre Excellence voudra bien me donner une prompte réponse, je profite... etc. (1).

Signé : BEELAERTS VAN BLOKLAND.

(1) Livre Blanc, 1917. Doc. N° 136.

Le Ministre des Affaires Étrangères de Chine répondit par la note suivante :

Pékin, le 13 Avril 1917.

Monsieur le Ministre,

J'ai l'honneur d'accuser réception à Votre Excellence de sa note en date du 7 courant dans laquelle Elle veut bien s'informer du traitement des Allemands résidant en Chine.

En réponse, j'ai l'honneur d'exposer à Votre Excellence que depuis la rupture des relations diplomatiques avec l'Allemagne, le Gouvernement chinois a toujours traité les résidents allemands avec douceur. En ce qui concerne le désir du Gouvernement allemand de savoir d'une manière définitive comment la Chine traitera les résidents allemands et leurs propriétés en Chine, le Gouvernement chinois déclare que son attitude en ces matières sera en stricte conformité avec le droit international. D'un autre côté, le Gouvernement chinois espère sincèrement que le Gouvernement allemand traitera également les résidents chinois et leurs propriétés en Allemagne selon le droit international.

Mais si, comme il est dit dans votre note, le Gouvernement allemand désire connaître le traitement des résidents allemands en Chine avant de permettre aux résidents chinois de quitter l'Allemagne, cela équivaudrait à traiter ces derniers comme des otages ; et contre un pareil acte le Gouvernement chinois est obligé d'élever une énergique protestation.

En priant Votre Excellence de vouloir bien transmettre ce qui précède au Gouvernement allemand, je profite,... etc. (1).

Signé : Wu Ting-Fang.

Le 12 mai, le Ministre des Pays-Bas adressa à Pékin une deuxième note ainsi conçue :

Monsieur le Ministre,

J'ai l'honneur d'accuser à Votre Excellence la réception de sa note du 13 Avril, dont j'ai transmis le contenu au Gou-

(1) Livre Blanc, 1917. Doc. N° 141.

vernement allemand. Le Gouvernement allemand a été très
satisfait quand il a appris par mon télégramme que le Gouvernement chinois avait déclaré que, pendant la durée de
la guerre, les résidents allemands et la proriété allemande
en Chine seraient traités conformément au droit international. Le Gouvernement allemand a aussi constaté que, le
Gouvernement chinois ayant fait une telle déclaration, les
diverses rumeurs d'après lesquelles le Gouvernement chinois aurait l'intention d'expulser les sujets allemands ou de
les interner, peuvent être considérées comme dénuées de fon-
dement. Mais, afin de savoir définitivement si tel est
ou non le cas, le Gouvernement allemand me demande de
prier Votre Excellence de faire une déclaration spéciale que
le Gouvernement chinois n'a pas l'intention d'expulser les
sujets allemands en Chine, ou de les interner. En ce qui concerne les citoyens chinois résidant en Allemagne, le Gouvernement allemand fera aussi volontiers une déclaration
qu'il les traitera selon le droit international et qu'il leur
permettra, s'ils le désirent, de continuer leur séjour, de circuler librement, de jouir de toute protection et de poursuivre
sans entrave leur profession et leurs affaires. En ce qui touche les étudiants chinois en Allemagne, le Ministre allemand
de l'Instruction publique a déjà donné l'ordre à toutes les
écoles et universités de les autoriser à continuer leurs études
sans le moindre obstacle.

Je suis heureux de pouvoir transmettre l'information qui
précède à Votre Excellence, et j'espère qu'Elle voudra bien
me favoriser d'une réponse immédiate afin de1 dissiper complètement tous les malentendus que le Gouvernement allemand
pourrait avoir à l'égard de l'intention du Gouvernement
chinois (1).

  Je profite,... etc.

Signé : BEELAERTS VAN BLOKLAND.

Il y a trois points qu'il convient de remarquer dans cet
échange de correspondances : 1° Le Ministre des Pays-

____

(1) Livre Blanc, 1917. Doc. N° 146

Bas, dans ses notes qui transmettaient les idées allemandes, s'est toujours servi de ces expressions : « Pendant la durée de la guerre ». A quelle guerre voulait-on faire ainsi allusion ? La Chine n'était pas alors en guerre avec l'Allemagne. L'Allemagne entendait-elle obtenir de la Chine la promesse que les Allemands ne seraient ni expulsés ni internés pendant que l'Allemagne se trouvait en guerre avec les pays de l'Entente ? ou bien, envisageant la possibilité d'une guerre future avec la Chine, cherchait-elle à faire renoncer d'avance la Chine à l'exercice de son droit d'internement ou d'expulsion des sujets ennemis résidant dans le pays ? Ce droit est cependant la conséquence naturelle d'une guerre internationale. A notre avis, l'Allemagne voulait simplement obtenir de la Chine une promesse de ne pas interner et de ne pas expulser les sujets allemands à la suite de la rupture des relations diplomatiques.

2° En demandant au Gouvernement chinois de ne pas expulser et de ne pas interner les sujets allemands en Chine, le Gouvernement allemand faisait-il allusion à une expulsion ou à un internement individuel ou bien à une expulsion ou à un internement *en masse* ? Une allusion à une expulsion ou à un internement *en masse* se comprendrait, car c'est là la mesure extrême que la Chine pourrait prendre comme conséquence de la rupture. Mais la Chine doit toujours rester libre de procéder à l'expulsion ou à l'internement d'individus allemands qui se comportent d'une manière nuisible aux intérêts du pays ou agissent contre la neutralité de la Chine. Il nous semble qu'ici l'Allemagne voulait profiter du manque de précision de la langue chinoise et comprendre dans les mots « interner et expulser » tout à la fois les deux espèces d'internement et d'expulsion.

3° Il est à remarquer que, dans ses notes, le Ministre des Pays-Bas, en demandant au Gouvernement chinois la promesse de ne pas molester les propriétés allemandes, pendant la durée de la guerre, n'a fait aucune distinction entre la propriété privée et la propriété de l'État. Il est regrettable que le Gouvernement chinois n'ait pas cru non plus devoir préciser ce point dans sa réponse au Ministre néerlandais. Car, bien que la Chine n'eut pas déclaré la guerre à l'Allemagne, elle pourrait se trouver dans le cas de disposer des propriétés privées allemandes, pour une raison spéciale, notamment à titre de réquisition. Nous verrons effectivement que le Gouvernement chinois a plus tard réquisitionné les navires allemands mouillés dans les eaux chinoises après la rupture des relations diplomatiques. Ce furent des mesures analogues que prirent les États-Unis : ils placèrent sous séquestre les navires allemands se trouvant dans les ports d'accès du Canal de Panama (1).

Toujours soucieux d'agir en conformité avec le droit international, le Gouvernement chinois s'engagea trop en consentant, sans préciser, à limiter sa liberté d'action.

(1) V. la *Revue générale de droit international public*, t. XXIV (1917), p. 377-378.

CHAPITRE XV

LA CONDITION DES PROPRIÉTÉS ALLEMANDES
APRÈS LA RUPTURE DES RELATIONS DIPLOMATIQUES

---

1. — Règlement sur la condition des propriétés allemandes

Après la rupture des relations diplomatiques avec l'Allemagne, beaucoup d'Allemands restèrent en Chine. Il n'y avait aucune raison d'autoriser les autorités chinoises à disposer de leurs propriétés. Mais de nombreux Allemands avaient aussi abandonné le territoire chinois pour regagner leur pays. Et, pour ceux-ci, force fut bien à la Chine de s'occuper de leurs immeubles, comme d'ailleurs de ceux qui appartenaient à l'Allemagne elle-même et avaient ainsi un caractère public. A proprement parler, c'est au Ministre des Pays-Bas, chargé de la protection des intérêts allemands, qu'incombait le soin de toutes ces choses, qu'il devait faire sauvegarder par les Consuls sous sa juridiction. Mais, en fait, les Consuls néerlandais en Chine n'étaient pas assez nombreux pour accomplir convenablement cette œuvre ; il n'en existait point d'ailleurs partout où il y avait des propriétés allemandes. Le Gouvernement chinois dut, en conséquence, prêter son concours à M. Beelaerts van Brokland. Et, à cette fin, il édicta un règlement pour ses fonctionnaires.

C'est le 20 mars que ce règlement fut arrêté par le Ministre de l'Intérieur et communiqué aux Gouverneurs civils et militaires des provinces, ainsi qu'aux Résidents généraux des districts de l'Administration spéciale. Il contenait les dispositions suivantes :

Art. 1. — Les règles suivantes s'appliquent à toutes espèces de propriétés allemandes, excepté à celles qui ont un rapport avec des affaires militaires, aux chemins de fer et navires à vapeur, aux choses pour lesquelles des règlements ont été déjà adoptés.

Art. 2. — Tous les biens et maisons, propriétés d'État ou publiques, ainsi que les autres meubles ou immeubles, situés à l'extérieur du Quartier des Légations ou en dehors des Concessions, dont actuellement personne ne se charge ou ne peut se charger, seront mis sous scellés ou gardés par des personnes désignées par le fonctionnaire compétent.

En ce qui concerne les propriétés privées, le fonctionnaire compétent doit, après vérification, prévenir le Consul du pays neutre à qui l'Allemagne a confié la protection de ses intérêts, tout en observant pour ces cas les règles prévues à l'article précédent. Si le propriétaire désire confier à une tierce personne la charge de ses propriétés, il doit en obtenir la permission du fonctionnaire compétent.

Art. 3. — Pendant le temps où la propriété est mise sous scellés, ou sauvegardée par les personnes qui en ont la charge, les biens et tous autres objets mobiliers pourront, si les circonstances le demandent ou pour raison de convenance, être transportés en un endroit convenable en vue de les protéger ou de les vendre selon le cas.

Art. 4. — A l'égard des propriétés, leurs particularités telles que le nombre, les mesures, les poids et l'espèce doivent être vérifiées en présence de la personne originairement chargée de ces propriétés et conjointement avec elle. Une liste détaillée doit être dressée et signée par les deux parties. Cela doit faire l'objet d'un enregistrement et un rapport sera soumis au haut fonctionnaire compétent.

En ce qui concerne les propriétés dont personne n'a pris la charge, le haut fonctionnaire de la localité en sera d'abord informé ; puis, les particularités de ces propriétés (nombre, mesures, poids et espèce, etc.) seront vérifiées et une liste sera dressée pour en faire un rapport et être enregistrée conformément aux articles précédents.

S'il y a des biens qui doivent être vendus, les prix en seront marqués sur la liste et, s'il y a une personne originairement chargée de ces biens, l'approbation de cette personne devra être obtenue.

Art. 5. — Le fonctionnaire compétent mentionné dans le présent règlement est le chef de la police, et, dans le cas où il n'y a pas de bureau de police dans l'endroit, le magistrat.

Art. 6. — En dehors du cas de force majeure ou de ceux qui ne proviennent pas de négligence, le fonctionnaire compétent sera entièrement responsable de tout dommage causé aux propriétés gardées, mises sous scellés ou sauvegardées selon les règles précédentes.

Au cas d'un dommage quelconque, un rapport devra être fait au haut fonctionnaire compétent et communiqué au Consul du pays neutre à qui l'Allemagne a confié ses intérêts (1).

2. — Dispositions concernant les armes et les munitions allemandes

Il y avait en Chine, au moment de la rupture des relations diplomatiques, une grande quantité d'armes et de munitions allemandes. Ce fait qui, au premier abord, peut sembler singulier, s'explique cependant sans trop de peine.

Un certain nombre d'armes et de munitions appartenaient d'abord à la Légation allemande de Pékin et aux détachements allemands tenant garnison à Tientsin et à Hankow. Les hommes de la garde attachés à la Légation et ceux des détachements furent bien internés à cause de la neutralité de la Chine, mais leurs armes et leurs munitions restèrent en place.

En second lieu, au commencement de la guerre européenne, l'Allemagne, sous prétexte qu'elle en avait be-

(1) Livre Blanc, 1917, Doc. N° 127.

soin pour la garde de la Légation et pour ses détachements de Tientsin et de Hankow, avait importé en Chine beaucoup d'armes et de munitions. Elle cherchait, en réalité, en agissant de la sorte, à approvisionner sa forteresse de Tsing-Tao. Après la chute de cette place, ces armes et munitions se trouvèrent amassées à Tientsin et à Hankow.

Un troisième motif est le commerce des armes auquel se livraient volontiers les négociants allemands. La Chine était un excellent client de la maison Krupp ; aussi les nationaux de l'Allemagne, en vue de les vendre aux gouvernements de la métropole et des provinces, avaient-ils constitué sur son territoire des dépôts d'armes plus ou moins considérables.

L'abondance des armes et des munitions s'expliquait enfin par la constitution toute particulière de la police dans certaines parties de la Chine. Si les villes et les principaux ports de chaque province pratiquaient à cet égard le système moderne, il en allait autrement dans les districts ruraux : ici les habitants, en vue de leur défense mutuelle, avaient des organisations communales contre les brigands locaux ; or, pour ces organisations, ils avaient besoin d'armes et de munitions, et c'étaient à des maisons allemandes qu'ils se fournissaient : d'où de nombreuses importations faites par celles-ci.

Devant cette pléthore de matériel militaire, le Gouvernement chinois ne pouvait évidemment, après la rupture avec l'Allemagne, demeurer indifférent. Le Ministère de la Guerre élabora des règlements spéciaux qui furent, le 15 mars 1917, communiqués télégraphiquement aux Gouverneurs civils et militaires des différentes provinces ainsi qu'aux Commissaires des Affaires Étrangères. En voici le texte :

1er Règlement. — Art. 1. — Toutes les propriétés allemandes en Chine pour des usages militaires (celles ne servant pas à des usages militaires devant être soumises à des règles spéciales), telles que les stations de télégraphie sans fil, les casernes, les constructions de défense, les aéroplanes, les armes, les explosifs, l'acier, le cuivre, le plomb, le fer, en grande quantité, ainsi que les articles manufacturés pour un but militaire, doivent être enregistrés dans un inventaire par les fonctionnaires allemands ou leurs représentants ; ledit inventaire sera remis au fonctionnaire supérieur de la localité ou à un officier supérieur militaire qui désignera un délégué pour l'examiner conjointement avec les fonctionnaires allemands, et on marquera sur l'inventaire les mots « Gouvernement » « Public » ou « Privé ». Les deux parties qui font l'examen devront apposer leurs signatures sur l'inventaire. Chaque partie gardera une copie de celui-ci comme preuve. Après cela les propriétés pourront être séquestrées.

Quant aux armes appartenant à l'armée allemande, on doit agir envers elles selon les règles sur le désarmement.

Art. 2. — Après avoir séquestré les propriétés, les fonctionnaires civils ou les officiers militaires doivent les mettre sous scellés et les faire sauvegarder et surveiller. Ces propriétés seront classées, d'après leur espèce, en propriétés du gouvernement, propriétés publiques ou propriétés privées, et un rapport en sera fait et envoyé au Gouvernement Central.

2ᵉ Règlement. — ...Art. 5. — Peuvent être confisqués, quand les articles suivants sont trouvés en possession d'un individu :

a. les explosifs ou les matières pour les fabriquer.

b. tous les livres, les cartes ou les notes, qui ne sont pas en vente, concernant des affaires militaires chinoises.

Art. 6. — Peuvent être mis sous séquestre dans le Yamen des fonctionnaires locaux et seront rendus aux propriétaires lorsque la paix aura été rétablie :

a. les fusils de chasse ou les pistolets, ainsi que leurs munitions.

b. les épées et les poignards, etc. qui peuvent être employés pour des buts militaires.

c. les fusils et les canons, ainsi que leurs munitions.

d. les articles employés pour des buts militaires, comme

des selles, des sacs, des cantines et des instruments de travail, etc. (excepté les selles pour l'usage personnel).

e. les aéroplanes et leurs accessoires.

Tous les articles susmentionnés ci-dessus peuvent être réquisitionnés par le Gouvernement chinois en cas de nécessité militaire (1).

3. — La situation des navires allemands en Chine

Les bâtiments de guerre allemands en Chine furent, on l'a vu (2), internés alors que la Chine était encore neutre. La rupture des relations diplomatiques avec l'Allemagne demeura donc à leur égard sans influence, mais il n'en fut pas de même en ce qui concerne les navires de commerce mouillés dans les eaux du Yang-tse et les ports chinois qui étaient une propriété privée des sujets allemands : la situation légale de ces derniers navires fut changée entièrement par le fait de la rupture.

Les navires de commerce allemands qui se trouvaient dans les eaux chinoises au moment de la rupture n'étaient pas armés et leur construction indiquait qu'ils n'étaient point propres à être transformés en croiseurs auxiliaires. N'étant pas affrétés au service du Gouvernement allemand, ils n'avaient, comme signe de leur nationalité, que le pavillon allemand ordinaire. Leur cargaison enfin ne se composait pas d'objets de contrebande de guerre destinés à l'usage de l'armée ou de la marine militaire allemande. En droit, rien ne les empêchait donc de sortir des eaux de la Chine pour aller naviguer au large. Ils restèrent cependant immobilisés dans ces eaux. C'est que la neutralité de la Chine leur constituait une protection efficace ; en effet, s'ils avaient quitté la mer territoriale chinoise, ils eussent été susceptibles d'être capturés par les puissances alliées, dont les croiseurs sillonnaient en

(1) Livre Blanc, 1917. Doc. Nos 124 et 127.
(2) V. chap. VII, paragr. I.

nombre les mers d'Extrême-Orient. Ils se réunirent donc à l'embouchure du Yang-tse, où ils furent d'ailleurs l'objet d'une vigilance constante de la part des vaisseaux ennemis.

Mais cet internement volontaire des navires de commerce allemands était une cause de dangers pour le commerce de la Chine comme pour celui des pays neutres. L'embouchure du Yang-tse est, tout le monde le sait, peu profonde et la navigation y est très difficile à cause des variations de fond qu'amène la marée. En raison de ces circonstances, quoique le fleuve soit assez large, les bâtiments ne peuvent y entrer ou en sortir que par un étroit passage. On se souvient peut-être qu'à l'époque de la guerre sino-japonaise, après la défaite de la flotte chinoise du Nord, l'escadre du Sud vint se réfugier à l'embouchure du Yang-tse dont l'entrée fut barrée par des bateaux chargés de sable et de pierres et que, dans cette situation, les puissances étrangères agirent de toutes manières auprès de la Chine pour l'obliger à ouvrir le passage aux navires qu'elles avaient sur le fleuve (1). La présence de nombreux navires allemands dans le Yang-tse qui, en gênant la circulation sur ce fleuve, aboutissait en fait à le fermer à la navigation ne risquait-elle pas d'exposer la Chine, en 1917 comme en 1894, aux réclamations et aux remontrances des puissances étrangères ? Le Gouvernement eut conscience du danger qui pouvait ainsi le menacer. Il décida donc, dès qu'il eut rompu ses relations avec l'Allemagne, de prendre possession des navires allemands rassemblés à l'embouchure du Yang-tse.

(1) Les puissances s'adressèrent d'abord à la Chine en lui faisant de vives remontrances, mais elles ne purent obtenir ainsi ce qu'elles désiraient ; elles demandèrent alors à l'ennemi de la Chine, au Japon, de leur donner l'assurance qu'il ne ferait pas d'actes de guerre à proximité de Shanghaï : ce ne fut que lorsque le Japon eut accédé à leur demande que la Chine consentit à ouvrir le passage du Yangtse aux vaisseaux des pays neutres.

De même les États-Unis d'Amérique, pour faciliter la navigation dans le canal et empêcher toute entreprise de flibusterie contre lui, mirent sous séquestre les vaisseaux allemands mouillés à l'entrée du Canal de Panama.

Le 14 mars 1917, c'est-à-dire le jour même de la rupture des relations diplomatiques, le commandant naval de Shanghaï envoya donc un officier de la marine chinoise, avec trente marins armés, à bord des navires allemands *Albenga*, *Sikiang*, *Deike Rickam*, *Mei Dah*, *Mei Lee*, mouillés à l'embouchure du Yang-tse. Et ces officiers et marins, munis de certificats en anglais, prirent possession de ces navires en donnant aux capitaines et aux équipages l'ordre de les quitter. Dans quelques-uns d'entre eux, ils trouvèrent des explosifs, ce qui prouve que les Allemands avaient l'intention de les faire sauter. Le Consul général d'Allemagne protesta, mais sa protestation fut sans effet (1).

Le même jour, le navire de commerce allemand *Keong-Wai* fut aussi séquestré à Amoy par un capitaine de vaisseau, accompagné d'un inspecteur de la douane, qu'avaient détaché les autorités chinoises. L'équipage du *Keong-Wai*, composé d'un capitaine, d'un officier, d'un mécanicien en chef et de quatre serviteurs chinois, reçut l'ordre d'abandonner le bâtiment (2).

Le 27 mars 1917, les Gouverneurs civil et militaire de Kouang-toung télégraphièrent aux Ministre de la Marine et des Affaires Étrangères ce qui suit :

Par notre télégramme du 20 courant, nous vous avons informé que les autorités de la province du Kouang-toung avaient pris possession du vaisseau allemand *Tsing Tao*.

Notre délégué M. Chang Chih-lung nous rapporte aujourd'hui que, de concert avec l'inspecteur Teng, il a visité tout

(1) Livre Blanc, 1917. Doc. N° 139.
(2) Livre Blanc, 1917. Doc. N° 129.

ce qui se trouvait à bord dudit vaisseau et en a fait délivrance au Bureau Naval à Hwang Pu pour en assurer la sauvegarde. Des inventaires ont été dressés en langues chinoise et allemande ; les copies en ont été signées par un Allemand dudit vaisseau et par l'inspecteur Teng. Chaque partie a conservé comme preuve une copie de l'inventaire. En vous envoyant également une copie pour votre information, nous avons donné des instructions à l'inspecteur Teng de vous faire directement un rapport (1).

Une autre considération poussa encore le Gouvernement chinois dans la voie qu'il suivit à l'égard des bâtiments de commerce allemands. A ce moment-là, le manque de navires se faisait vivement sentir en Europe. Aussi les puissances de l'Entente cherchaient-elles à affréter, aux prix les plus élevés, les bâtiments des propriétaires japonais, si bien que beaucoup de ceux-ci devinrent en peu de temps millionnaires. C'était un précédent tentant pour la Chine. Sa marine marchande était peu considérable ; mais, si elle pouvait réquisitionner les navires allemands et les affréter aux puissances alliées, ce serait pour elle une source importante de profits. En fait, plusieurs des navires allemands séquestrés par le Gouvernement chinois furent affrétés aux Gouvernements des États alliés.

Au surplus, d'autres États, qui avaient également rompu leurs rapports avec l'Allemagne, procédèrent comme la Chine. L'Italie, entre le moment où elle déclara la guerre à l'Autriche, alliée de l'Allemagne (24 mai 1915), et celui où elle la déclara à l'Allemagne elle-même (28 août 1916), c'est-à-dire pendant la rupture des relations diplomatiques avec l'Allemagne, séquestra trente-six vapeurs allemands représentant 143.866 tonnes (2).

(1) Livre Blanc, 1917. Doc. 131.
(2) V. *Revue générale de droit international public*, t. XXIV (1917), p. 338.

Le Gouvernement américain fit également saisir les croiseurs auxiliaires *Kronprinz-Wilhelm* et *Prinz-Eitel*, internés à Philadelphie, en même temps qu'il prenait des mesures de précaution pour éviter les attentats allemands contre les usines, les chemins de fer et les navires en charge dans les ports. Mais ces mesures ne comportaient pas la confiscation des navires, qui aurait constitué un acte de guerre ; il s'agissait seulement d'un acte qui avait pour but la défense éventuelle du pays (1).

(1) V. *Revue générale de droit international public*, t. XXIV (1917), p. 377-378.

CHAPITRE XVI

LA CONDITION DES CONCESSIONS ALLEMANDES EN CHINE APRÈS LA RUPTURE DES RELATIONS DIPLOMATIQUES

---

1. — Différentes espèces de concessions et settlements étrangers en Chine

Les endroits qui en Chine sont affectés au commerce et à la résidence des étrangers sont de quatre espèces différentes (1). Il y a d'abord les quartiers concédés à bail à un État pour la résidence de ses nationaux : ces terrains sont administrés par l'État locataire, sous réserve des droits souverains de la Chine ; c'était le cas, par exemple, des concessions allemandes à Tientsin et à Hankow. On trouve aussi ce qu'on appelle des « Settlements » : ce sont des localités contractuellement choisies pour constituer la résidence de tous les étrangers ; ceux-ci peuvent y organiser une municipalité, composée de délégués nommés par eux : on peut citer notamment la concession internationale de Shanghaï. Il y a encore des « Settlements » volontaires, que la Chine établit spontanément dans des ports ouverts pour la résidence des étrangers ; ici, le contrôle de l'administration et la police demeurent entre les mains des autorités locales indigènes ; ainsi à Tchangsha. Il existe enfin des « Settlements » dont les

(1) V. Tyau, *The legal obligations arising out of Treaty relations between China and other States*, Chap. 4, paragr. 16.

résidents ont acquis sans accord formel le droit tacite de se gouverner : par exemple Chefoo.

De ces quatre espèces de concessions, les premières, c'est-à-dire les concessions à bail à perpétuité doivent être bien certainement considérées comme annulées par la rupture des relations diplomatiques entre l'État bailleur et l'État locataire. L'acte de bail est en effet basé sur un traité conclu par ces États et, d'après une certaine théorie, tous les traités signés entre deux États se trouvent annulés par la rupture de leurs relations diplomatiques. Ce fut, en fait, ce qui se produisit dans les rapports de la Chine et de l'Allemagne. Canton, Chinkiang, Kiukiang et Newchwang forment des concessions de ce genre. Les plus importantes des concessions allemandes étaient celles de Tientsin et de Hankow, car là il y avait des quartiers généraux allemands et des garnisons allemandes à côté des garnisons anglaises, françaises, etc. A Shanghaï, les résidents allemands étaient également nombreux, mais il n'y existait pas de concession allemande ; originairement, l'Angleterre, la France et les Etats-Unis étaient seules locataires ; plus tard, la France convertit son settlement en concession, et l'Angleterre et les Etats-Unis transformèrent leurs settlements en une administration dite « settlement international » où les nationaux des autres pays purent résider.

Après la rupture, les Consuls d'Allemagne à Tientsin et à Hankow furent contraints de partir. Il n'y resta plus que des municipalités sans chefs, et la police composée d'agents allemands. La Chine dut y exercer son action pour protéger les résidents allemands aussi bien que pour affirmer son droit de souveraineté. Sa conduite fut digne d'éloge. Mais, après le départ du Consul allemand, sa place n'aurait-elle pas pu être remplie par le Consul néerlandais, chargé des intérêts allemands en Chine ? En fait, le Ministre des Pays-Bas ne réclama pas ce transfert. Le Gouvernement chinois n'était pas, d'ailleurs, disposé

à le lui accorder, et, au point de vue du droit, son consentement était indispensable pour qu'il pût se faire. Une
concession accordée à un État dans le territoire d'un
autre, avec droit de l'administrer par ses propres fonctionnaires et d'après ses propres lois, constitue en effet
un privilège spécial et personnel à l'État cessionnaire :
celui-ci ne saurait donc le transporter à un État tiers sans
l'acquiescement de l'État concédant. La Chine, au surplus, considère les concessions comme des limitations de
sa souveraineté dont elle doit se débarrasser à la première
occasion.

2. — Prise de possession de la Concession allemande de Tientsin

La prise de possession de la concession allemande de
Tientsin par le Commissaire des Affaires Étrangères de
la Province métropole fut annoncée dans un télégramme
de ce Commissaire adressé le 16 mars 1917 au Ministre
des Affaires Étrangères, dont voici le texte intégral :

Tientsin, le 16 Mars 1917.

Monsieur le Ministre,

Accompagné de M. Yang Yi-teh, commissaire de police et
de M. Munthe, officier étranger, j'ai conféré ce matin avec le
Consul d'Allemagne. A trois heures de l'après-midi, nous nous
sommes rendus au Consulat allemand avec une force policière de 300 hommes. Alors, accompagné du Consul d'Allemagne, nous sommes allés à la municipalité allemande qui nous
a été remise et le pavillon chinois y a été hissé. Une partie
de la police chinoise a été détachée pour faire la police du
district, et les agents de police originellement employés à la
municipalité allemande reçurent l'ordre de porter l'uniforme de la police chinoise. Ensuite, nous nous sommes rendus
à la caserne allemande ; nous y avons pris les armes et les
munitions et affecté à leur garde un certain nombre d'offi-

ciers de police. Il n'y avait pas de soldats dans la caserne,
mais, comme un délégué spécial du Ministre des Pays-Bas
était là, le pavillon néerlandais avait été hissé sur la caserne. Nous avons demandé, à ce délégué de hisser le pavillon
chinois, mais il refusa, disant qu'il lui manquait des instructions de son ministre. J'ai l'honneur de vous faire connaître par télégramme les faits relatifs à la prise de possession
de la concession allemande (1).

Signé : Hwang Yong-Liang.

3. — Prise de possession de la Concession allemande de Hankow

En ce qui concerne le transfert de la concession allemande de Hankow aux autorités chinoises, un télégramme du Gouverneur militaire du Hupei et un rapport du Commissaire des Affaires Étrangères de cette province donnent d'intéressants détails.

Le télégramme du Gouverneur militaire du Hupei était
ainsi conçu :

Wutchang, le 18 Mars 1917.

Wai Chiao Pu, Pékin,

Nous avons pris possession de la concession allemande le
15 courant dans l'après-midi. Le Consul d'Allemagne a déjà
suspendu ses fonctions et le Conseil municipal allemand a
remis son pouvoir de police au Département de police de
Hankow. Les agents de police chinois employés par ledit
conseil ont reçu l'ordre de porter l'uniforme chinois. Les
patrouilles de police ont été augmentées par le Département
de la police. Le Consul d'Allemagne nous a présenté un memorandum écrit disant que rien ne sera changé à l'état usuel
des affaires. Nous avons compté et examiné les armes et les
munitions hier et aujourd'hui et nous venons de terminer
ce travail. Un bureau d'inspection a été établi. La paix et
la tranquillité règnent partout. Nous avons recommandé à la

____

(1) Livre Blanc, 1917. Doc. N° 125.

population de s'abstenir de toute manifestation hostile envers les résidents allemands. Des commissions spéciales ont été créées pour assurer la protection des résidents allemands, négociants et missionnaires, et la prise de possession des articles d'utilité militaire. Comme il y a un Allemand employé à la fonderie de Hanyang, nous avons notifié au directeur de cette fonderie de prendre des précautions et donné des instructions aux autorités locales de le protéger. Il y a également un instituteur allemand à l'école des langues étrangères de Hupei. D'après les instructions télégraphiques du Ministre de l'Instruction publique, le contrat de cet instituteur continue à être en vigueur, mais des précautions particulières ont été prises. Nous avons déjà notifié au Bureau de l'inspection d'inspecter toutes les maisons et les dépôts, tant à l'intérieur qu'à l'extérieur de la concession allemande, où des armes et des munitions étaient autrefois vendues. Nous télégraphirons les développements ultérieurs (1).

WANG CHAN-YUAN.

Le rapport du Commissaire des Affaires Étrangères de la province du Hupei contient sur le même sujet d'importantes indications.

Un comité de transfert fut formé, composé de seize membres de la concession dont onze Allemands et cinq Chinois, avec le Consul d'Allemagne Dr. Voretzsch comme président.

M. Wu Chang Lien, Commissaire des Affaires Étrangères de la province du Hupei, fit une déclaration qu'il avait reçu des instructions de son Gouvernement pour prendre possession de la concession allemande.

En présence des membres du Comité, le Dr Voretzsch remit la concession allemande au Commissaire Wu. Mais, en même temps, il protesta, au nom de son Gouvernement, contre le transfert de la concession et déclara qu'il réservait tous les droits et toutes les réclamations résultant de la situation.

(1) Livre Blanc, 1917. Doc. N° 126.

M. Wu a alors déclaré, d'une manière détaillée, que la sécurité, la liberté et la protection de la vie et de la propriété des Allemands dans la concession seraient garanties comme elles l'avaient été jusqu'ici dans la concession allemande aussi bien que dans la province du Hupei et qu'il se chargeait de la concession allemande et assumait les devoirs à la place du Consul d'Allemagne, conformément aux règlements de la Municipalité. Une copie de ces règlements a été remise au Commissaire Wu par le Consul d'Allemagne.

M. Wu a ajouté qu'en ce qui concerne l'administration intérieure de la concession dont le Conseil municipal prenait la charge, aucun changement ne serait introduit ; l'administration serait seulement, à l'avenir, exercée avec la coopération du Commissaire au lieu et place du Consul d'Allemagne.

Conjointement avec M. Chao, chef de la police, M. Wu a décidé que la police allemande serait sous le contrôle de M. Chao. Mais, dans l'intérêt de l'ordre public, le personnel de la police a été, jusqu'à nouvel ordre, laissé comme il était : on en a simplement changé l'uniforme, qui sera désormais l'uniforme chinois ; les membres de la police impropres au service ont été renvoyés (1).

4. — Administration des anciennes concesssions allemandes

Dans les deux concessions de Tientsin et de Hankow, il y avait beaucoup de résidents allemands et de résidents chinois qui, n'étant pas soumis à l'administration de la municipalité, jouissaient d'une position spéciale. Les résidents chinois étaient assujettis aux lois générales de la République, mais soustraits aux lois provinciales, telles que les règlements de police et les lois sur les impôts lo-

(1) V. Déclaration de M. Wu-Chung-lien, en date du 15 mars 1917. Livre Blanc, 1917. Doc. N° 128. Annexe.

caux, parce que les concessions étrangères ne sont pas dans la compétence du gouvernement de la province. Quant aux résidents allemands, ils échappaient à la fois aux lois générales et aux lois provinciales, à cause de l'exterritorialité dont jouissent les Allemands en vertu du traité de capitulation entre l'Allemagne et la Chine. Mais, dans l'opinion du Gouvernement chinois, ce traité devait être considéré comme annulé par la rupture des relations diplomatiques. La prise de possession des concessions apparut donc à la Chine comme une excellente occasion pour elle de mettre fin à la situation anormale faite dans les concessions aux résidents chinois et aux résidents allemands. Le Gouvernement de Pékin ne jugea cependant pas prudent d'abolir en même temps l'administration communale des concessions. Il adopta donc, à titre de mesure provisoire, des règles particulières pour l'organisation de l'administration des concessions allemandes à Tientsin et à Hankow. Ces règles furent communiquées télégraphiquement le 28 mars 1917 aux Gouverneurs civils et militaires de la Province métropole et de la province du Hupei Elles étaient ainsi conçues :

Art. 1. — Les concessions allemandes, après avoir été prises, seront reconnues comme Quartiers Spéciaux. Pour le contrôle de ces quartiers, des bureaux provisoires seront établis à Tientsin et à Hankow. Sur la recommandation du Ministre de l'Intérieur, un chef de bureau sera désigné dans chaque Quartier Spécial pour diriger les affaires de police et pour exécuter les autres mesures administratives.

Toutes les matières qui concernent les affaires étrangères seront traitées par le chef du bureau conjointement avec le Commissaire des Affaires Etrangères de la province.

Art. 2. — L'ancien conseil municipal de la concession doit, sous la direction du chef du bureau, s'occuper de toutes les matières intéressant l'administration communale.

Si le chef du bureau juge nécessaire que quelqu'une des matières de l'administration communale soit traitée par une autre autorité, il présentera une pétition au plus haut fonctionnaire local pour demander au Ministre de l'Intérieur de prendre la question en due considération.

Les résolutions passées par l'assemblée des contribuables du Quartier Spécial ne seront pas exécutoires sans l'approbation du chef du bureau.

Art. 3. — Tous les règlements existants de l'administration du Quartier Spécial ainsi que les règlements de police et les lois sur les impôts, doivent être provisoirement appliqués, excepté ceux qui sont en conflit avec les lois et les règlements actuellement en vigueur en Chine et ceux qui ne conviennent pas au traitement des résidents du Quartier Spécial. Les règlements qui sont en conflit avec les lois chinoises seront abolis et des amendements seront apportés à ceux dont les circonstances rendent l'application nécessaire. Toutes les lois et tous les règlements arrêtés par la Chine peuvent aussi être appliqués dans les Quartiers Spéciaux selon les circonstances (1).

(1) Livre Blanc, 1917. Doc. N° 132, Annexe.

CHAPITRE XVII

LA SUPPRESSION DE LA JURIDICTION CONSULAIRE ALLEMANDE ET DE LA POSTE ALLEMANDE EN CHINE

I. — Plusieurs moyens suggérés pour remplacer la juridiction consulaire allemande

C'est par un traité du 2 septembre 1861 entre la Chine et le Zollverein allemand, rendu ensuite applicable à l'Allemagne, que les Consuls allemands ont le droit d'exercer en Chine la juridiction sur leurs nationaux. Mais la rupture des relations diplomatiques qui se produisit le 14 mars 1917 entre la Chine et l'Allemagne amena le départ de Chine des Consuls allemands. Il n'y avait plus désormais personne pour exercer le droit de juridiction vis-à-vis des nationaux de l'Allemagne. C'était là une situation qui ne pouvait exister sans de graves inconvénients pour les parties en cause, et aussi pour la sécurité de la Chine. Comment les créanciers allemands en Chine allaient-ils, par exemple, pouvoir revendiquer les droits qu'ils avaient contre leurs débiteurs ? Si un Allemand contrevient à un arrêté de police ou commet un acte contre la sûreté interne ou externe de la Chine, par quelle autorité judiciaire serait-il jugé et d'après quelle loi ? La nécessité s'imposait donc de substituer à la juridiction consulaire allemande une autre juridiction. Il y avait ici trois solutions possibles : 1° La Chine pouvait exercer elle-même la juridiction sur les Allemands se trouvant sur son territoire. 2° Elle pouvait organiser un système de juridiction spéciale et temporaire avec l'aide de juristes étrangers. 3° Elle pouvait consentir à ce que les Consuls des Pays-Bas, chargés des intérêts de l'Allemagne, exerçassent la juridiction au lieu et place des Consuls allemands. Nous allons examiner successivement ces trois solutions :

1° La Chine était sincèrement désireuse d'assumer l'exercice du droit de juridiction sur les Allemands habitant dans les limites de ses frontières. Mais, en même temps, elle se rendait compte qu'elle n'était pas encore suffisamment prête pour cela. Elle prévoyait que si ce qu'elle ferait vis-à-vis des Allemands ne devait pas satisfaire les étrangers en général résidant en Chine, l'abolition ultérieure de l'exterritorialité par les autres nations de l'Europe et de l'Amérique serait retardée d'autant. La réorganisation judiciaire avait été tentée sous le Président Yuan-Chi-Kaï, mais elle était restée partielle. Il y avait bien un projet de Code pénal qu'on appliqua en fait, mais ce projet n'avait été ni soumis au Parlement ni promulgué sous forme de loi. Il en était de même des codes civil et commercial. La suppression complète de la juridiction consulaire eut donc été peut-être alors prématurée, quoique les puissances étrangères y eussent déjà consenti en principe. L'article 12 d'un traité conclu le 5 septembre 1902 avec l'Angleterre déclarait en effet :

La Chine ayant exprimé son ardent désir de réformer son système judiciaire pour être d'accord avec celui des nations occidentales, la Grande-Bretagne consent à donner toute aide à une telle réforme et elle sera disposée à renoncer à son droit de l'exterritorialité aussitôt qu'elle sera satisfaite que l'état des lois chinoises, les arrangements de leur administration et autres considérations justifient une telle mesure.

Ce sont des stipulations identiques qui se rencontraient dans l'article 15 du traité du 8 octobre 1903 avec les États-

Unis et dans l'article 11 du traité du 29 janvier 1904 avec le Japon. Pendant les dernières années, la Chine n'a pas réalisé de progrès vraiment remarquables dans sa codification et dans son organisation judiciaire.

2° Étant donné cet état de choses, on pouvait songer à une solution intermédiaire consistant dans l'établissement d'une organisation temporaire avec l'aide de juristes étrangers comme conseillers et comme juges. Il y avait ici des précédents dont il était possible de s'inspirer. On avait agi de la sorte au Siam pour préparer l'extension de sa juridiction sur les résidents anglais. Au Japon, le comte Okuma (1), Ministre des Affaires Etrangères, avait, en 1889, proposé de nommer dix juristes étrangers comme juges à la Cour suprême du Japon pour une période de dix ans au bout de laquelle le Japon aura recouvré un plein droit de juridiction : mais les hommes politiques japonais protestèrent énergiquement contre ce projet car ils ne voulaient pas que la souveraineté du Japon fût limitée par un nouveau traité qui eût rappelé l'ancien traité sur la juridiction consulaire conclu à l'époque du gouvernement militaire de Tokugawa, comme celui de la juridiction consulaire en Chine datait de l'ancienne dynastie ; on proposa alors de déclarer naturalisés les juges étrangers : ce nouveau système fut également écarté, et finalement on décida d'introduire d'importantes réformes dans l'organisation judiciaire et dans les codes japonais qui permirent la conclusion, en 1894, avec les puissances de l'Europe et de l'Amérique, de traités supprimant la juridiction consulaire, qui entrèrent simultanément en vigueur au mois de mai 1899. Mais les hommes d'Etat de la Chine se déclarèrent hostiles à la collaboration de magistrats étrangers : il leur parut que ce serait profaner le nom et le prestige de la nouvelle République que d'avoir dans les cours et les tribunaux des juges d'une nationalité non chinoise.

(1) Maintenant Marquis.

3° Restait la troisième solution : autoriser les Consuls néerlandais à exercer le droit de juridiction qui appartenait aux consuls allemands. Cette solution était également une limitation de la souveraineté chinoise, mais cette limitation ne constituait pas en réalité une création nouvelle de la République, elle n'était qu'une conséquence des anciennes restrictions consenties par la dynastie défunte. Elle ne rencontra donc pas en Chine la même opposition que la combinaison précédente, et c'est cette mesure temporaire *sui generis* qu'on résolut d'adopter.

2. — Le transfert de la juridiction consulaire allemande aux Consuls néerlandais comme acte de faveur de la part de la Chine.

Le Gouvernement chinois estimait que les traités entre la Chine et l'Allemagne avaient été annulés par le fait de la rupture des relations diplomatiques entre les deux pays. Au point de vue strictement juridique, la juridiction consulaire allemande, qui était basée sur un traité signé par les deux pays, devait donc nécessairement être considérée aussi comme abolie. Dès lors, les Consuls des Pays-Bas, chargés de la protection des intérêts allemands en Chine, ne pouvaient pas revendiquer comme un droit l'exercice de la juridiction sur les nationaux de l'Allemagne. Ce fut ainsi par un acte de pure faveur gracieusement accordé, que le Gouvernement chinois transféra à la Hollande la juridiction consulaire de l'Allemagne. Le Ministre des Affaires Étrangères de Chine eut grand soin de le constater dans le Memorandum qu'il adressa le 31 mars 1997 à M. Beelaerts van Brokland :

Pékin, le 31 Mars 1917.

Les relations diplomatiques existant entre la Chine et l'Allemagne ayant été rompues, le Gouvernement chinois dans l'intérêt du meilleur traitement des sujets allemands résidant en Chine, a décidé que, malgré le principe de droit international qui ne permet pas à la délégation d'un autre État d'exercer des droits de juridiction consulaire basés sur les traités sino-allemands, toutes les matières civiles et criminelles concernant les sujets allemands qui ont été jusqu'ici jugées par les Consuls allemands résidant en Chine, seront désormais jugées par les consuls des Pays-Bas fonctionnant en Chine, à l'exception toutefois des cas criminels qui, étant prévus dans le code pénal chinois, seront jugés par les tribunaux chinois.

En lui remettant une copie du Règlement provisoire sur le jugement des Allemands en matière criminelle, règlement formulé par le Gouvernement chinois, le Ministre des Affaires Étrangères prie le Ministre des Pays-Bas de vouloir bien communiquer ledit règlement aux Consuls néerlandais exerçant leurs fonctions en Chine (1).

3. — Règlement provisoire sur le jugement des Allemands en matière criminelle.

Le Règlement provisoire sur le jugement des Allemands en matière criminelle que le Ministre des Affaires Étrangères de Chine avait annexé au Memorandum remis le 31 mars au représentant des Pays-Bas à Pékin était ainsi conçu :

Article premier. — Si un sujet allemand est accusé d'un crime punissable par l'un des articles ci-dessous mentionnés du code pénal provisoire, l'affaire sera jugée par la Cour chinoise. Ces articles sont les suivants :

(1) Art. 101, 104.	(8) Art. 186, 189, 191-194.
(2) Art. 110, 111, 113.	(9) Art. 203-205.
(3) Art. 118, 126.	(10) Art. 210-212, 215, 216.
(4) Art. 133-136.	(11) Art. 221.
(5) Art. 153-155.	(12) Art. 311, 313.
(6) Art. 164, 165.	(13) Art. 370, 373, 374, 376.
(7) Art. 168-171.	(14) Art. 403.

(1) Livre Blanc, 1917. Doc. N° 134.

Si un sujet allemand est accusé d'un crime autre que ceux prévus par les articles ci-dessus mentionnés, et si un tel crime affecte la paix et l'ordre de la Chine, l'affaire sera, en cas de nécessité, également jugée par la Cour chinoise.

Art. 2. — Sauf pour les crimes prévus par l'article VI, paragraphes 3 et 4 du projet de code sur la procédure criminelle le jugement de première instance sur toutes les matières criminelles indiquées à l'article précédent sera rendu par une Cour municipale. Dans les districts où il n'y a pas de Cour municipale, les autorités du district doivent ordonner que l'affaire sera remise pour jugement à la Cour municipale la plus proche. A Sinkiang, Jehol, Suiyuan ou Chahar, les fonctions et les pouvoirs de la Cour municipale seront exercés par le Bureau pour la Préparation de l'Administration judiciaire, par le Bureau judiciaire de l'Office du Général tartare ou par la Cour locale attachée audit Bureau judiciaire.

A l'exception de la spécification des juridictions susmentionnées, les dispositions de la loi sur l'organisation des tribunaux et des autres lois et ordres sur le même sujet seront appliquées aux questions concernant le jugement et la procédure dans les matières criminelles stipulées dans l'article précédent.

Art. 3. — Dans le cas où la nature des matières criminelles demanderait que le sujet allemand accusé fut détenu en attendant le jugement ou dans le cas où un jugement rendu contre lui devrait faire l'objet d'une exécution, la détention ou l'exécution du jugement sera effectué dans une prison du nouveau modèle.

Art. 4. — Le présent règlement entrera en vigueur à la date de sa publication.

4. — Protestation du Ministre des Pays-Bas contre le Règlement provisoire.

Le Ministre des Pays-Bas protesta contre le règlement provisoire dont le Gouvernement chinois prétendait ainsi imposer l'application aux Consuls néerlandais. Il basait sa protestation sur ce que, dans son opinion, les traités ne cessent pas de demeurer valables entre les Etats qui les ont conclus. Le 11 avril 1917, il adressait à cet effet au Ministre des Affaires Etrangères de Chine la note suivante :

Pékin, le 11 Avril 1917.

Monsieur le Ministre,

J'ai l'honneur d'accuser réception à Votre Excellence de son mémorandum daté du 31 Mars dernier, conçu en ces termes. « Mon Gouvernement a publié le Règlement provisoire sur le jugement des Allemands en matière criminelle.

En conséquence, j'ai l'honneur de demander que tous les consuls accrédités en Chine par le Gouvernement de Votre Excellence soient instruits d'adhérer audit règlement, etc. »

En réponse, j'ai l'honneur d'appeler l'attention de Votre Excellence sur le fait que, selon les règles reconnues du droit international, les traités conclus entre deux pays ne peuvent être en aucune manière affectés par la rupture des relations diplomatiques. La promulgation du règlement en question, en violation des traités existants, et seulement en vertu de la rupture des relations diplomatiques, est donc irrégulière et sa validité ne saurait être admise. Il est à remarquer que la juridiction sur les sujets des pays à traités a été déjà réglée par les traités. De plus le texte du traité sino-allemand indique clairement que, si quelque sujet allemand résidant en Chine est suspect d'être coupable d'un crime, il sera jugé selon les lois et les règlements allemands. Si les faits prouvent que l'accusé est coupable, la sentence doit aussi être prononcée selon les lois du pays de l'accusé. Si le Règlement provisoire qui régit le jugement des sujets allemands en matière criminelle, tel que Votre Excellence me l'a communiqué, est actuellement mis en vigueur, ce sera une flagrante violation des stipulations des traités. En conséquence, je considère comme de mon devoir de protester d'avance, de la façon la plus formelle et la plus énergique, contre toute tentative de le mettre à exécution. J'espère que le Gouvernement chinois voudra bien reconnaître qu'en édictant le règlement concernant la juridiction sur les Allemands, il est entré dans une voie qui est absolument exclue par les traités (1).

Je profite... etc.

BEELAERTS VAN BLOKLAND.

Plusieurs points sont à remarquer dans cette note de protestation du Ministre des Pays-Bas. M. Beelaerts van Blokand affirme que, d'après les règles reconnues du droit international, les traités conclus entre deux pays ne peuvent être en aucune manière affectés par la rupture des relations diplomatiques. Il y a là une erreur. Ainsi que nous l'avons déjà observé (2), le droit international ne connaît pas cette situation intermédiaire d'une rupture des relations diplomatiques sans déclaration de guerre, et aucun publiciste du droit international ne s'en est occupé jusqu'ici. C'est la guerre européenne de 1914-1919 qui a vraiment donné de l'importance à cette situation. C'est après cette guerre qu'une généralisation pourra commencer à se faire à son sujet en droit international. A notre avis, en pareil cas, les traités continuent d'exister, mais leur force obligatoire est suspendue pendant la durée de rupture. Retrouveront-ils ou non leur force après le rétablissement des relations diplomatiques? La solution de ce point dépend uniquement de la libre volonté des Etats signataires. Les traités conclus entre deux pays ont en définitive pour but de régler des faits internationaux. Par exemple, un sujet du pays A commet un crime sur le territoire du pays C, c'est là un fait international. Le traité de juridiction consulaire réglera la question de savoir si ce crime sera jugé par le Consul du pays A, résidant dans le pays C, selon les lois du pays A. Il y a là une relation internationale solutionnée par le traité. Mais si cette relation internationale se trouve rompue, le principe général du droit international, à savoir

(1) Livre Blanc, 1917 Doc. N° 138.
(2) V. ci-dessus.

que tous les crimes sont jugés par les autorités du pays
où ils ont été commis, doit seul demeurer applicable. Au
cas où, en l'absence des Consuls du pays A résidant dans
le pays C, ce dernier pays consent à ce que les Consuls
d'un tiers Etat B exercent la juridiction sur les sujets du
pays A résidant dans le pays C, ce n'est plus qu'une
affaire de la libre volonté du pays C, et personne ne saurait l'obliger à agir de la sorte. Dans l'espèce, le Gouvernement de Pékin a gracieusement proposé au Ministre
des Pays-Bas de juger les sujets allemands, mais avec la
réserve que les crimes commis par ces sujets allemands
contre l'ordre public et la sécurité de l'Etat chinois seraient jugés par une Cour chinoise. Nous ne voyons rien
d'illégal ou d'irrégulier dans cet arrangement. Le Ministre
des Pays-Bas estime sans doute que la Chine est obligée
par son traité à donner aux Allemands le privilège de la
juridiction consulaire, même après une rupture, et que
les Consuls des Pays-Bas, chargés de la protection des
intérêts allemands en Chine, doivent exercer cette juridiction à la place des Consuls allemands. Mais le Gouvernement chinois n'admet pas cette théorie : il pense,
au contraire, que la juridiction consulaire est une concession dont le caractère est d'être exceptionnel au point
de vue du droit international et que s'il l'a accordée aux
Consuls allemands, c'est à eux seuls qu'il l'a conférée,
non pas à toute autre personne que le Gouvernement
allemand voudrait leur substituer, que par conséquent
on ne saurait en transporter le bénéfice aux agents consulaires d'une autre nation. Le fait que l'Allemagne a remis
aux représentants d'un pays tiers le soin de protéger les
intérêts de ses nationaux en Chine n'a en définitive d'autre conséquence que de les pourvoir d'un intermédiaire
régulier auprès de l'autorité chinoise, il n'a point pour
effet de leur attribuer l'intégralité des privilèges consentis par les traités.

Le 30 avril 1917, le Ministre Wu Ting-fang répondit en ces termes au Ministre des Pays-Bas :

Monsieur le Ministre,

J'ai l'honneur d'accuser à Votre Excellence la réception de sa note du 11 Avril relative à la juridiction sur les sujets allemands en Chine. On peut admettre que, d'après le droit international, les traités conclus entre deux pays ne sont pas affectés par la rupture des relations diplomatiques. Mais comme le droit international n'autorise pas la délégation à une tierce puissance de l'exercice de la juridiction consulaire, l'application du premier principe mentionné à la question de la juridiction consulaire ne saurait être reconnue en pratique, car la juridiction consulaire accordée par la Chine à l'Allemagne est, d'après le droit international, une espèce de droit spécial, et comme les consuls allemands, ayant quitté la Chine après la rupture des relations diplomatiques, ne sont plus à même d'exercer actuellement les fonctions et le pouvoir qui leur sont conférés par le traité, toute affaire, civile ou criminelle, concernant les sujets allemands, doit être jugée entièrement par les autorités chinoises. Néanmoins, le Gouvernement chinois, dans l'intérêt du meilleur traitement des sujets allemands résidant en Chine et pour le maintien de la paix et de l'ordre, a informé Votre Excellence dans le mémorandum de ce Ministère du 31 du mois passé que toute affaire, civile ou criminelle, concernant des sujets allemands, qui était dans le passé susceptible d'être jugée par les consuls allemands en Chine, pourrait être maintenant jugée par les consuls néerlandais en Chine, à l'exception, toutefois, de quelques cas criminels prévus par le code pénal chinois, qui doivent être jugés par les autorités chinoises selon le règlement sur le jugement des affaires criminelles concernant les Allemands, et copie de ce règlement a été annexé sous le même pli. Un tel arrangement nous paraît des plus justes et des plus équitables ; en conséquence, j'ai l'honneur de

demander à Votre Excellence de donner des instructions pour
que ledit règlement soit mis à exécution (1).

Je profite..., etc.

Signé : Wu Ting-Fang.

Le 2 avril 1917, le Ministre des Affaires Étrangères
avait adressé aux Gouverneurs civils et aux Commissaires
des Affaires Étrangères dans les différentes provinces le
télégramme suivant :

En ce qui concerne le jugement en matière civile ou criminelle, des Allemands en Chine après la rupture des relations diplomatiques, le Ministère de la Justice a déjà arrêté
le règlement provisoire en matière criminelle et donné des
instructions à tous les tribunaux de s'y conformer. D'autre
part, ce règlement a été communiqué par ce Ministère au
Ministre des Pays-Bas à Pékin. A l'exception des cas criminels qui, étant prévus par le code pénal chinois, doivent être
jugés par la Cour chinoise, toute affaire, civile ou criminelle,
intéressant des résidents allemands en Chine qui devait être
dans le passé jugée par les consuls allemands, sera désormais
soumise au jugement des consuls néerlandais résidant dans
les différents ports chinois.

5. — L'exclusion de l'Allemagne dans la Cour Mixte
de Shanghaï.

Shanghaï est un grand centre commercial de la Chine.
Primitivement, il y avait dans cette ville trois concessions : une concession française, une concession anglaise
et une concession américaine. Ces deux dernières concessions furent, en 1862, réunies en une seule administration sous le nom de « Settlement international ». Les
Français transformèrent leur settlement en une concession sous leur propre administration. Le settlement international est administré par une municipalité formée

<hr>

(1) Livre Blanc, 1917, Doc. N° 144.

des résidents de toutes les nationalités. Les pouvoirs de cette municipalité sont limités aux affaires purement municipales, comme la police, la perception des impôts locaux, etc. Le territoire demeure assujetti à la souveraineté de la Chine. Les Chinois peuvent y demeurer et les lois générales chinoises leur sont applicables. D'après le recensement de 1915, il y avait à Shanghaï 766.996 Chinois et 20.924 étrangers.

En matière judiciaire, les Chinois sont soumis à leurs tribunaux nationaux et les étrangers à leur juridiction consulaire respective. Il existe en outre dans le settlement international, et aussi dans la concession française, une Cour mixte : l'organisation et les règlements de ces cours sont, sauf sur quelques points de détail, absolument identiques. Le tribunal chinois est compétent pour juger toutes les affaires entre les Chinois résidant dans la concession et entre les Chinois et les résidents étrangers de Shanghaï, quand les défenseurs sont des Chinois. Le juge chinois a le droit de connaître de tout ce qui est dans la juridiction du magistrat du district de Shanghaï, mais il ne peut pas juger les crimes punis d'une peine capitale qui restent dans la compétence du magistrat. Il est permis au juge chinois d'arrêter sommairement les criminels qui se sont réfugiés dans le settlement international ou dans la concession française, sans le mandat du magistrat ou l'assitance de la police municipale. Si les affaires à juger intéressent un étranger, comme défendeur ou comme demandeur, le consul de l'étranger ou son assesseur délégué peut siéger avec le juge chinois. Autrement ce dernier juge seul, sans l'intervention des consuls. Ces principes résultent des règlements adoptés en 1869 par les Ministres étrangers à Pékin et par le Gouvernement chinois.

Un télégramme du Gouvernement central adressé le 21 mars 1917 au Commissaire des Affaires Étrangères à Shanghaï a annulé le droit pour l'Allemagne de participer à la Cour mixte de Shanghaï dans les affaires concernant un sujet allemand ; un délégué du Commissaire des Affaires Étrangères devra, dans ce cas, siéger à la place de l'assesseur allemand.

Les sujets allemands accusés ont conservé la liberté de s'adresser à des avocats allemands pour les défendre devant la Cour chinoise et devant la Cour mixte (1).

6. — Suspension de l'échange des malles entre la poste chinoise et la poste allemande en Chine.

La Chine est devenue, le 1er mars 1914, membre de l'Union postale universelle. Elle fut représentée au Congrès postal de Washington en 1897 et à celui de Rome en 1906. Il y a actuellement, en Chine, 9.300 établissements de poste, dont les services occupent vingt-cinq mille fonctionnaires ou employés chinois et cent fonctionnaires étrangers. Malgré les difficultés de communication qui existent à l'intérieur de la Chine, les routes ouvertes aux courriers ont une étendue de plus de 148.000 milles. Il existe, d'autre part, des postes allemandes, anglaises, françaises, japonaises et russes dans les principaux ports ouverts de la Chine. Les États-Unis ont un bureau de poste à Shanghaï. L'existence de ces bureaux de poste étrangers est vraiment une anomalie : elle n'est pas basée sur les traités et elle n'a pas été consentie par la Chine. Comme le dit le Dr. Tyau, « l'établissement des bureaux de poste étrangers n'est pas du tout justifié ; ils n'ont pas été établis avec le consentement de la Chine, mais ont été installés malgré elle ». Dans ces conditions, il n'y a rien d'étonnant à ce que le Gouvernement chinois, après sa rupture avec l'Allemgane, ait suspendu l'échange des malles avec la poste allemande. Une déci-

---

(1) Décision du Comité des affaires diplomatiques du 21 Mars 1917. (Comité formé au sein du Gouvernement Central pour résoudre les questions diplomatiques).

sion fut prise à ce sujet par le cabinet de Pékin et communiquée le 22 mars 1917 par le Ministre des Communications au Directeur général de la Poste chinoise. Cette décision contient les quatre points suivants :

(1) Comme le Japon, malgré qu'il se soit joint aux Alliés, a maintenu son service postal avec l'Allemagne, la Chine, qui a simplement rompu ses relations diplomatiques avec l'Allemagne, continuera à envoyer la malle-poste vers l'Allemagne, mais elle ne l'enverra pas par la voie des agences postales allemandes en Chine.

(2) La malle-poste venant d'Allemagne, si elle est destinée à nos bureaux de poste, doit être acceptée ; mais celle qui est destinée à des agences postales allemandes en Chine ne sera ni expédiée ni délivrée par nos bureaux de poste.

(3) Le Directeur Général de la poste notifiera par télégramme cette décision aux bureaux de poste allemands en Chine et aux autes bureaux étrangers ce qui peut les concerner dans cette réglementation, quelques jours avant la mise en exécution du point 2.

(4) Depuis 1915, notre Gouvernement, sur la demande du Ministre d'Allemagne à Pékin, a fait expédier les malles-poste venant de Swatow et de Tchangsha. C'était par courtoisie envers l'Allemagne qu'il avait agi ainsi. A présent, nos relations diplomatiques avec cette dernière Puissance étant rompues, cette courtoisie ne lui sera plus accordée, et en conséquence l'expédition des malles-poste allemandes de Swatow et de Tchangsha sera suspendue (1).

Le 10 avril 1917, le Ministre des Affaires Etrangères de Chine a adressé au Ministre des Pays-Bas à Pékin la note suivante :

Monsieur le Ministre,

J'ai l'honneur de vous informer que je viens de recevoir une dépêche du Ministre des Communications disant que,

____

(1) Livre Blanc, 1917. Doc. N° 112.

la Chine ayant rompu ses relations diplomatiques avec l'Allemagne, l'échange des malle-poste en Chine entre l'agence de poste allemande et notre office postal doit immédiatement cesser pour le moment et que les lettres expédiées par les Allemands résidant en Chine seront encore à présent acceptées et délivrées comme d'habitude par notre service postal pourvu qu'elles soient affranchies avec des timbres chinois et soient envoyées par des bureaux de poste chinois.

En conséquence, j'ai l'honneur de demander à Votre Excellence de prendre note de ces nouveaux règlements et d'en informer tous les sujets allemands à Pékin (1).

Je profite... etc.

Signé : Wu Ting-fang.

(1) Livre Blanc, 1917. Doc. N° 113.

TROISIÈME PARTIE

LA GUERRE

CHAPITRE XVIII

LA DÉCLARATION DE GUERRE A L'ALLEMAGNE
ET A L'AUTRICHE-HONGRIE

I. — La guerre sans hostilité.

Le 6 avril 1917, les Etats-Unis déclaraient la guerre à l'Allemagne, non pas comme un des alliés des puissances de l'Entente, mais indépendamment de celles-ci : ils devenaient simplement les « associés » de ces puissances. La Chine suivit leur exemple. Elle déclara, le 14 août 1917, la guerre à l'Allemagne, et aussi à l'Autriche-Hongrie. Il était à prévoir que, fort éloignée du théâtre de la guerre, la Chine n'aurait pas l'occasion de participer en Europe à des combats soit sur terre soit sur mer. Ni un coup de fusil, ni une once de poudre ne furent effectivement dépensés par elle en actes d'hostilité. Les conditions de sa politique intérieure ne la mettaient pas du reste en état de pouvoir vraiment entrer en lutte avec des armées aussi sérieuses et aussi puissantes qu'étaient celles de l'Allemagne et de l'Autriche-Hongrie. Il n'en demeure pas moins cependant que la Chine s'est trouvée en état de guerre avec l'Allemagne et avec l'Autriche-Hongrie. La cause principale de sa résolution, disait sa déclaration de guerre, était le fait que les Puissances centrales n'avaient pas voulu renoncer à la guerre sous-marine qui lui avait causé de graves dommages. En définitive, les vraies raisons en étaient purement politiques. Ici, comme dans toutes les guerres, il y a eu des motifs politiques à côté de la cause avouée.

Dans la réalité des choses, les pertes chinoises en vies humaines et en propriétés n'avaient pas été bien considérables et ce que la Chine redoutait surtout lorsqu'elle protestait contre le système de la guerre sous-marine, c'est que l'autorité et la dignité du droit international ne fussent diminuées si les actes illégaux des Puissances Centrales devaient demeurer impunis. Géographiquement, la Chine est un grand pays, mais, militairement, elle n'a jamais été forte vis-à-vis des autres pays. Elle a toujours été une nation pacifique : elle ne connut les ambitions de la conquête que sous la dynastie mongole, et si elle subjuga des tribus voisines ce fut par la force de sa civilisation pacifique beaucoup plus que par la force de ses armes. Aujourd'hui encore elle est convaincue que sa civilisation pacifique peut seule lui assurer dans le monde la place à laquelle elle a droit. Mais elle pense que pour que lui soit assurée cette place, une condition primordiale doit être remplie : le maintien de l'autorité du droit international. C'est pour cela que, persuadée, du reste, par l'exemple de la grande République américaine, et pressée par les Puissances alliées, elle se décida pour la guerre. En 1917, le choix entre deux partis s'ouvrait à la Chine, comme à deux petits États européens dont la seule force résidait aussi dans le respect du droit international. Elle pouvait, avec la Suisse, se jugeant trop faible, s'abstenir de toute action au cours du conflit ; elle préféra imiter la Belgique qui ne permit pas à l'Allemagne, on sait avec quel éclat, de méconnaître sans résistance l'autorité du droit international. Elle estima qu'en dépit de sa faiblesse militaire, son prestige parmi les nations de l'Asie et sa grande possibilité d'avenir lui imposaient cette attitude.

Une autre raison, non moins importante, explique la

décision de la Chine. Elle voulait profiter de l'occasion qui s'offrait à elle de briser des rapports établis par des traités datant d'une époque où elle n'avait qu'une connaissance très imparfaite du monde et qui dès lors lui étaient des plus défavorables. Ces conventions, relatives notamment à la juridiction consulaire et à l'établissement de tarifs conventionnels, se trouvaient sans doute, à son sens, déjà annulées par la rupture des relations diplomatiques. Mais, ainsi que nous l'avons vu, une pareille solution n'est pas en droit international acceptée unanimement par tous les États. Certains doutent que la rupture des relations diplomatiques entraîne *ipso facto* l'abrogation de tous les traités. Ce résultat apparaît, au contraire, plus certain lorsqu'il y a une déclaration de guerre, surtout si, comme on le fait ordinairement, on stipule expressément dans le traité de paix que tous les accords et conventions antérieurs ont été supprimés par la guerre.

Enfin, dernier motif qui détermina la conduite de la Chine : elle désirait, en s'associant à la cause commune avec les nations alliées, obtenir d'elles une plus sincère sympathie. Nouvelle venue dans la communauté des États modernes, elle n'avait pas jusqu'ici, malgré toutes les ressources qu'elle pouvait leur offrir, reçu des puissances de l'Europe et de l'Amérique la considération qui lui était due ; il lui fallait leur montrer que, devenue constitutionnelle, ouverte à tous les progrès, elle était désormais digne en tous points de leur amitié.

2. — Proclamation présidentielle déclarant la guerre à l'Allemagne et à l'Autriche-Hongrie.

Yuanchikaï, premier Président de la République, était mort le 6 juin 1916, quand la Chine était neutre. Le Vice-Président de la République, Liyuanhoung, qui lui succéda en vertu de la Constitution provisoire, déclara la guerre, le 14 août 1917, à l'Allemagne et à l'Autriche-Hongrie. Dans une proclamation contresignée par tous les Ministres d'État, et qui fut publiée ce jour-là, il expliqua au peuple chinois les raisons pour lesquelles le Gouvernement avait pris cette décision. En voici le texte :

Proclamation présidentielle.

Le 9 Février de l'année courante, le Gouvernement de la République a adressé au Gouvernement allemand une protestation contre le système de la guerre sous-marine inauguré par l'Allemagne. Le gouvernement chinois considérait ce système comme contraire au droit international et comme mettant en danger la vie et la propriété des neutres ; il déclara en même temps que si sa protestation devait rester inefficace, il se verrait contraint de rompre les relations diplomatiques existantes avec l'Allemagne.

A l'encontre de notre attente, et malgré notre protestation, la guerre sous-marine allemande n'a reçu aucune limitation. Bien au contraire, elle a été poussée à outrance. Et ainsi la quantité des navires neutres et des bâtiments marchands des pays belligérants qui ont été détruits d'une manière illégale et arbitraire est allée sans cesse en augmentant. Les pertes de vies de nos concitoyens sont aussi de jour en jour devenues plus nombreuses. Dans ces circonstances, nous pouvions rester indifférents et persévérer dans nos souffrances avec le maigre espoir de maintenir une paix temporaire. Mais, en agissant de la sorte, nous n'aurions pas donné satisfaction aux sentiments de fierté, de droiture et de sensibilité de nos nationaux et nous aurions pu difficilement nous justifier vis-à-vis des Nations sœurs qui ont agi sans hésitation en pleine conscience de leurs devoirs. Les motifs d'indignation sont les mêmes ici que chez les nations amies, et parmi les citoyens de ce pays, on ne saurait trouver une différence d'opinion. Le Gouvernement, forcé de considérer sa protestation comme ayant été inefficace, a donc notifié, le 14 Mars de cette année, au Gouvernement allemand la rupture des relations diplomatiques, et les événements qui ont eu lieu depuis le commencement jusqu'à ce jour-là furent en même temps annoncés pour l'information générale du public international.

Tout ce que nous désirons c'est la paix ; ce que nous respectons c'est le droit international ; ce que nous devons protéger ce sont la vie et les propriétés de nos propres nationaux. Nous n'avons au fond aucun motif grave d'inimitié contre l'Allemagne. Si le Gouvernement allemand avait manifesté quelque repentir des conséquences déplorables résultant de son système de guerre, on aurait pu espérer qu'en présence de l'indignation commune du monde entier l'Allemagne modifierait sa politique. C'est ce que nous désirions ardemment, et c'est la raison pour laquelle nous n'avons pas voulu traiter l'Allemagne comme un ennemi ordinaire. Cependant, pendant les cinq mois qui ont suivi la rupture des relations diplomatiques, les attaques sous-marines ont continué exactement comme auparavant. Et ce n'est pas seulement l'Allemagne, ce fut aussi l'Autriche-Hongrie qui adopta et poursuivit sans merci ce système de guerre. Non seulement le droit international a été ainsi violé, mais notre peuple a subi des dommages et des pertes. L'espoir le plus sincère que nous avions d'amener un meilleur état des choses se trouve maintenant déçu.

C'est pourquoi il est déclaré par la présente qu'un état de guerre existe entre la Chine, d'une part, et l'Allemagne et l'Autriche-Hongrie, de l'autre, à partir de 10 heures aujourd'hui, le 14ᵉ jour du 8ᵉ mois de la 6ᵉ année de la République de Chine.

En conséquence, tous les traités, accords et conventions conclus jusqu'ici entre la Chine et l'Allemagne et entre la Chine et l'Autriche-Hongrie, ainsi que toutes les parties des protocoles et accords internationaux qui concernent seulement les relations entre la Chine et l'Allemagne et entre la Chine et l'Autriche-Hongrie, sont abrogés par la présente conformément au droit des gens et aux usages internationaux. Néanmoins, ce Gouvernement respectera les Conventions de La Haye et les autres conventions concernant la conduite humaine de la guerre.

L'objet principal de notre déclaration de guerre est de faire cesser les calamités de la guerre et d'accélérer la restauration de la paix. Tous nos citoyens apprécieront ceci comme étant notre but. Toutefois, comme notre peuple n'est pas encore guéri des souffrances que lui ont causées des troubles politiques récents et comme une calamité nouvelle survient pour lui par l'ouverture de la présente guerre, Nous, Président de la République, ne pouvons nous empêcher d'avoir une profonde sympathie pour nos citoyens quand nous pensons à leurs souffrances à venir. Nous ne nous serions jamais décidés à entreprendre cette lutte pour l'existence même de notre nation si nous n'y avions pas été inévitablement forcés.

Nous ne pouvons admettre que par nous la dignité du droit international soit endommagée, que notre position dans la famille des nations soit détruite, que la restauration de la paix et le bonheur du monde soient retardés. Il faut que la nation entière fasse de son mieux en ce moment d'épreuve et de souffrance pour sauvegarder et développer l'existence nationale de la République de Chung Hua, de manière que nous puissions nous établir dans la famille des nations et partager avec toute l'humanité la prospérité et les bienfaits d'une association commune. Nous publions cette proclamation afin qu'elle soit connue de tous (1).

Sceau du Président.
Pékin, le 14e jour du 8e mois, 6e année de
la République de Chung Hua. (14 Août 1917).
Contresignée par tous les Ministres.

3. — La déclaration de guerre adressée à l'Allemagne et à l'Autriche-Hongrie.

La déclaration de guerre à l'Allemagne fut faite par l'envoi de la note suivante au Ministre des Pays-Bas à Pékin :

Pékin, le 14 août 1917.

Monsieur le Ministre,

Le 9 Février dernier, le Gouvernement chinois adressa une protestation au Gouvernement allemand contre le système

(1) Livre Blanc, 1917. Doc. N° 12.

de la guerre sous-marine inauguré par les Puissances Centrales, que le Gouvernement considéra comme contraire aux principes établis du droit international et comme mettant en péril les vies et la propriété chinoises. Le Gouvernement chinois déclara qu'au cas où sa protestation resterait sans effet la Chine se trouverait, à regret, obligée de rompre les relations diplomatiques avec l'Allemagne.

Contrairement à son attente, les sous-marins des Puissances Centrales continuèrent à couler des bâtiments de commerce neutres et belligérants, et en conséquence des vies chinoises furent perdues encore davantage. Le Gouvernement chinois, ne pouvant admettre que sa protestation demeurât sans effet, notifia à l'Allemagne, le 14 Mars dernier, la rupture des relations diplomatiques.

Le Gouvernement chinois espérait toujours que la condamnation générale de ce système — système contraire au droit international et aux principes de l'humanité — pourrait en amener une modification, mais il trouve maintenant qu'il n'y a aucun espoir raisonnable que cela puisse se réaliser.

Le Gouvernement chinois, animé du désir de maintenir le droit international et de protéger les vies et la propriété chinoises, ne peut rester indéfiniment indifférent à cet acte de choses ; il déclare donc qu'un état de guerre existe entre la Chine et l'Allemagne à partir de 10 heures avant-midi, le 14 Août 1917. En conséquence de ce fait, le traité du 2 Septembre 1861, la convention supplémentaire du 31 Mars 1880 et tous les autres traités, conventions et accords de toute sorte, actuellement en vigueur entre la Chine et l'Allemagne sont abrogés. Sont également abrogés toutes les stipulations du Protocole du 7 Septembre 1901 et les autres accords internationaux semblables en tant qu'ils concernent la Chine et l'Allemagne. Toutefois, la Chine déclare qu'elle se conformera aux stipulations des Conventions de La Haye et aux autres conventions internationales concernant la conduite humaine de la guerre.

Outre la demande qui a été faite télégraphiquement au Gouvernement danois d'en informer le Gouvernement alle-

mand, j'ai l'honneur de prier Votre Excellence de transmettre
cette note au Gouvernement allemand (1).

Je profite... etc.

Signé : WANG TA-HSIEH.

Une note analogue fut adressée au Ministre d'Autriche-
Hongrie à Pékin. Les seuls points qui la différencient de
la note concernant l'Allemagne ont trait à l'énumération
des principaux traités, conventions, etc., abrogés et au
dernier paragraphe qui a été ainsi **modifié** :

Outre que j'ai télégraphié au Ministre de Chine à Vienne
d'en informer le Gouvernement austro-hongrois et de demander ses passeports, j'ai l'honneur de vous envoyer ci-inclus
les passeports pour Votre Excellence, pour les membres de la
Légation d'Autriche-Hongrie et leurs familles et leur suite,
afin que protection leur soit donnée à leur départ du territoire chinois. En ce qui concerne les fonctionnaires consulaires
de l'Autriche-Hongrie en Chine, ce Ministère a donné des
instructions aux différents Commissaires des Affaires Etrangères pour qu'ils leur délivrent des passeports semblables
pour quitter le pays (2).

Pékin, le 14 Août 1917.

**4. — Note circulaire aux représentants des Puissances
alliées et neutres à Pékin et note encourageante du
Chargé d'Affaires anglais.**

Une note circulaire fut adressée aux représentants des
Puissances alliées et neutres à Pékin. Il est à remarquer
que la Chine saisit l'occasion de cette note pour y déclarer encore une fois au monde entier qu'elle considérait
tous les traités et conventions conclus avec l'Allemagne
et l'Autriche-Hongrie comme abrogés par la guerre. C'est

(1) Livre Blanc, 1917. Doc. N° 14.
(1) Livre Blanc, 1917. Doc. N° 15.

une déclaration pleine d'avenir si la Chine sait diriger convenablement la nouvelle position qu'elle a acquise. Voici le texte de cette note circulaire :

Pékin, le 14 Août 1917.

Monsieur le Ministre,

Le 14 mars dernier, le Gouvernement chinois a rompu ses relations diplomatiques avec l'Allemagne, comme cela a été déjà communiqué en son temps à Votre Excellence pour qu'elle en informe son Gouvernement.

Comme il n'y a aucun espoir que les Empires Centraux de l'Europe modifient leur système de guerre sous-marine — système contraire au droit international et aux principes de l'humanité — le Gouvernement chinois a déclaré qu'un état de guerre existe simultanément entre la Chine et l'Allemagne et entre la Chine et l'Autriche-Hongrie à partir de 10 heures avant-midi, le 14 Août 1917, et que tous les traités, de quelle que nature qu'ils soient, entre la Chine et l'Allemagne et entre la Chine et l'Autriche-Hongrie, sont abrogés, ainsi que toutes les stipulations du Protocole du 7 Septembre 1901 et les autres accords semblables en tant qu'ils concernent la Chine et l'Allemagne et la Chine et l'Autriche-Hongrie. Toutefois, le Gouvernement chinois déclare qu'il se conformera aux stipulations des Conventions de La Haye et aux autres conventions internationales concernant la conduite humaine de la guerre.

J'ai l'honneur de prier Votre Excellence de prendre note de cette communication et d'en transmettre le contenu à Votre Gouvernement (1).

Je profite... etc.

Signé : WANG TA-HSIEH.

Le même jour, M. Alston, Chargé d'Affaires de la Grande-Bretagne à Pékin, remit une note très encourageante au Ministre des Affaires Étrangères de Chine.

Après avoir répété le contenu de la note circulaire chinoise, M. Alston ajouta :

(1) Livre Blanc, 1917. Doc. N° 16.

Conformément à la demande de Votre Excellence, je n'ai pas manqué d'informer immédiatement mon Gouvernement de l'importante décision prise par le Gouvernement chinois et je ne doute point qu'il n'apprenne avec la plus vive satisfaction l'action faite et le motif élevé qui a inspiré le Gouvernement de Votre Excellence. Je crois que ce pas en avant marquera le commencement d'une ère nouvelle dans l'amitié la plus intime entre nos deux pays.

J'ai l'honneur de déclarer, pour l'information du Gouvernement chinois, que le Gouvernement de Sa Majesté Britannique a le plaisir de l'assurer de sa solidarité, de son amitié et de son appui. Le Gouvernement de Sa Majesté fera tout ce qui est en son pouvoir pour que la Chine jouisse dans ses relations internationales de la position et de la considération dues à un grand pays (1).

Je profite... etc.

Signé : B. ALSTON.

5. — Discours aux armées chinoises.

Le 14 août, le Ministre de la Guerre chinois télégraphia aux Gouverneurs civils et militaires des provinces et aux Résidents généraux des districts de l'Administration spéciale de porter le discours suivant à la connaissance des chefs de l'armée, des commandants de brigade et de régiments, etc.

La protestation de notre Gouvernement contre le système allemand d'une guerre sous-marine impitoyable étant demeurée sans effet, notre pays s'est trouvé dans l'obligation de rompre les relations diplomatiques avec l'Allemagne ; et en conséquence, le 14 Mars, nous avons télégraphié ce fait à toutes les armées. Depuis lors, cinq mois se sont écoulés, et non seulement les sous-marins allemands ont continué leurs agissements illégaux comme avant, mais l'Autriche-Hongrie, alliée de l'Allemagne, n'a montré elle aussi aucun signe de

(1) Livre Blanc, 1917. Doc. N° 17.

repentir. Notre Gouvernement, soucieux de sa dignité, obéissant à l'injonction de l'humanité et très inquiet de la perte des vies et des propriétés de nos citoyens, a aujourd'hui déclaré la guerre à l'Allemagne et à l'Autriche-Hongrie.

Tous les hommes de nos troupes doivent savoir que la morale et le succès d'une armée dépendent de la justice de la cause quelle défend. Quand la cause est juste, on combat avec bravoure sans céder un pouce de terrain. Mais la voie que la nation a décidé de prendre entraîne une lourde responsabilité pour les soldats. Il faut, soldats, que vous preniez de grandes précautions et vous agissiez avec vigilance. Il faut se préparer sans relâche à toute éventualité. Il ne faut avoir ni haine ni orgueil injuste. Chaque pas et chaque mouvement que vous faites doit être *en accord avec les règles prescrites par le droit des gens*. En agissant ainsi, votre gloire militaire sera assurée pour l'avenir. Toute la nation compte sur vous. Dans cette guerre, notre nation apparaît semblable à un homme profondément passionné d'un motif altruiste. Cela nous donne le courage de penser à nos soldats combattant avec enthousiasme pour la défense de l'honneur national.

Il est spécialement ordonné que toutes les lois de la guerre et de l'armée soient strictement observées. Il est sincèrement à espérer que la marche vers une paix durable sera accélérée par la décision prise par notre nation.

Les détails des règles et des règlements feront l'objet d'une promulgation séparée. Donnez l'ordre à vos soldats de les observer (1).

(1) Livre Blanc, 1917, Doc .N° 157, annexe.

CHAPITRE XIX

CONSÉQUENCES IMMÉDIATES DE LA DÉCLARATION DE GUERRE

---

1. — Les intérêts austro-hongrois confiés au Gouvernement néerlandais.

Dans une note du 15 août, le Ministre néerlandais, après avoir accusé au Ministre des Affaires Étrangères de Chine réception de la note circulaire du 14 août annonçant la déclaration de guerre, informa le Gouvernement de Pékin qu'en dehors des intérêts allemands dont il était chargé en Chine, il venait de recevoir de La Haye des instructions d'avoir, sur la demande du Gouvernement de Vienne, à prendre la charge des intérêts austro-hongrois en territoire chinois. Il ajoutait qu'étant donné la déclaration du Gouvernement chinois de se conformer aux stipulations de la Convention de La Haye et des autres conventions internationales concernant la conduite humaine de la guerre, il espérait qu'aucune question ne se présenterait qui lui rendrait sa position difficile (1).

2. — Les intérêts chinois en Autriche-Hongrie et en Turquie confiés au Gouvernement danois.

Le soin des intérêts chinois avait été confié, en Allemagne, au Gouvernement danois et, en Belgique occu-

(1) Livre Blanc, 1917. Doc. N° 18.

pée, au Gouvernement suédois dès le jour de la rupture des relations diplomatiques avec l'Allemagne, c'est-à-dire depuis le mois de mars 1917. La question de savoir par qui seraient protégés dans ces pays les intérêts chinois après la déclaration de guerre ne pouvait donc se poser.

Il n'en était pas de même pour la protection des intérêts chinois en Autriche-Hongrie, avec laquelle les rapports n'avaient pas encore été rompus. Le 3 août, le Ministre des Affaires Etrangères de Chine télégraphia à M. Shen, son Ministre résidant à Vienne, qu'il se pourrait qu'il fût rappelé sous peu de jours et, le 8 du même mois, il annonça à M. Yen, son Ministre à Copenhague, son intention, en le priant d'en informer le Gouvernement près duquel il était accrédité, de demander au Danemark, si le Ministre Shen était rappelé, la protection des intérêts chinois en Autriche-Hongrie. Le 13 août, le Ministre Yen prévint télégraphiquement le cabinet de Pékin que le Gouvernement danois consentait volontiers à la demande chinoise.

Quoique la Chine n'eût pas de relations diplomatiques avec la Turquie et avec la Bulgarie, alliées de l'Allemagne et de l'Autriche-Hongrie, il y avait cependant un certain nombre de résidents chinois dans ces pays, notamment à Constantinople et dans les autres villes turques. C'était, jusqu'au mois d'août 1917, l'Ambassadeur d'Autriche-Hongrie à Constantinople qui avait le soin des intérêts chinois en Turquie et en Bulgarie. Dans une dépêche du 21 août 1917, après la rupture des relations entre la Chine et l'Autriche-Hongrie, le Ministre Yen déclara que le Gouvernement danois voulait bien assumer la charge des intérêts chinois en Turquie, mais qu'il ne pouvait pas le faire en Bulgarie où il n'avait pas de représentant. La Chine, qui avait peu d'intérêts en Bulgarie, ne demanda pas à un autre Gouvernement d'en prendre la protection (1).

(1) Livre Blanc, 1917. Doc. N° 36.

Le Ministre des Affaires Étrangères chinois a prié le Ministre de Russie à Pékin de transmettre ses remerciements au Gouvernement danois.

3. — Départ du Ministre et des Consuls d'Autriche-Hongrie.

Le passeport qui fut donné au Ministre d'Autriche-Hongrie à Pékin était libellé comme suit :

WAI CHIAO PU.

À tous ceux à qui il appartiendra :

Attendu que Son Excellence A. von Rosthorn, Envoyé Extrordinaire et Ministre Plénipotentiaire d'Autriche-Hongrie en Chine, doit quitter le pays, avec le personnel de sa Légation, leurs familles et leur suite,

Il est ordonné par le présent que, dans le parcours suivi par ledit Ministre, etc., tous les fonctionnaires civils et militaires des localités intéressées feront honneur à ce passeport, que leur passage leur sera permis sans empêchement et qu'une protection convenable leur sera accordée.

Délivré le 14ᵉ jour du 8ᵉ mois de la sixième année de la République. (14 Août 1917) (1).

(Cachet.)

Une semaine s'était déjà écoulée depuis la déclaration de guerre à l'Autriche-Hongrie, que le Ministre austro-hongrois n'avait pas encore fait le moindre signe de départ. Aussi, le 21 août 1917, le Ministre des Affaires Étrangères de Chine adressa-t-il au Ministre néerlandais, chargé des intérêts austro-hongrois, la note suivante :

(1) Livre Blanc, 1917. Doc. N° 88.

Pékin, le 21 Août 1917.

Monsieur le Ministre,

Le 14 courant, à l'occasion de la déclaration de guerre à l'Autriche, ce Ministère a fait dresser les passeports pour le Ministre autrichien, M. von Rosthorn, et a donné l'ordre de les lui remettre directement afin qu'il puisse partir du pays.

La pratique commune des nations est qu'après que deux pays se sont déclarés la guerre, leurs ministres respectifs ne doivent pas rester dans les contrées où ils résident plus longtemps qu'il ne leur est nécessaire pour faire leurs préparatifs de départ. Je prie donc Votre Excellence d'aviser l'ancien Ministre d'Autriche-Hongrie M. von Rosthorn d'avoir à s'embarquer dans le prochain bateau neutre partant de Shanghaï pour regagner son pays et de donner l'ordre à tous les consuls et fonctionnaires autrichiens de partir avec lui dans le même bateau. Je prie de plus Votre Excellence d'informer ce Ministère le plus tôt possible du nom du paquebot, du jour et de l'heure de départ, de la route que le Ministre autrichien désire prendre, et aussi de fournir une liste des personnes devant partir avec lui avec leurs noms et leurs photographies y attachées afin que ce Ministère puisse demander aux Gouvernements des Puissances alliées de leur délivrer les sauf-conduits (1).

Je profite... etc.

Signé : WANG TA-HSIEH.

A cette note, le Ministre néerlandais répondit comme suit :

Pékin, le 25 Août 1917.

Monsieur le Ministre,

J'ai l'honneur d'accuser réception de votre note du 21 courant dont j'ai pris note.

M. von Rosthorn, ex-Ministre d'Autriche-Hongrie, accompagné du personnel de sa Légation, de tous les Consuls et fonctionnaires consulaires sous sa juridiction avec leurs fa-

(1) Livre Blanc, 1917. Doc. N° 89.

milles et leur suite, a l'intention de retourner dans son pays par le vapeur néerlandais *Oranje*. Ce bateau partira de Shanghaï pour San Francisco vers le 15 du mois prochain. De San Francisco, le Ministre Rosthorn et sa suite traverseront les Etats-Unis, puis ils prendront un autre vapeur à destination de la Hollande ou d'un port de la Norvège, de la Suède ou du Danemark. De là ils poursuivront leur voyage pour regagner l'Autriche-Hongrie.

Les photographies des membres du groupe partant seront envoyées à Votre Excellence dans un jour ou deux... (1).

Je profite... etc.

Signé : BEELAERTS VAN BLOKLAND.

Annexe : 1 *liste.*

Le Ministre des Affaires Etrangères de Chine communiqua le contenu de cette note aux Ministres de la France, du Japon, des Etats-Unis et au Chargé d'Affaires d'Angleterre à Pékin, en les priant de faire obtenir au Ministre autrichien et à sa suite les sauf-conduits de leurs Gouvernements respectifs. Il adressa d'autre part aux Ministres de Portugal, de Russie, d'Italie et de Belgique la lettre-circulaire suivante :

Pékin, le 29 Août 1917.

Monsieur le Ministre,

Je me permets d'informer Votre Excellence que le Dr. A. von Rosthorn, Ministre d'Autriche, se propose de quitter le pays avec les membres de sa légation, les consuls autrichiens et toutes leurs familles par le vapeur néerlandais *S. S. Oranje*, qui doit partir de Shanghaï vers le 15 Septembre, etc.

Au cas où quelque flottille de votre pays se trouverait sur la route à parcourir par ce Ministre et son groupe, je prie Votre Excellence de demander par télégramme à votre Gouvernement de leur délivrer des sauf-conduits afin qu'ils puissent retourner sans empêchement dans leur pays.

(1) Livre Blanc, 1917, Doc. N° 90.

Espérant que Votre Excellence me donnera une prompte réponse, je profite... etc. (1).

Signé : WANG TA-HSIEH.

Dans une note du 29 août, M. Conty, Ministre de France à Pékin, après avoir accusé réception de la note chinoise du 28 août, fit observer qu'il trouvait dans la liste annexée à cette note les noms de deux officiers autrichiens, les capitaines Gayer et Topil (2), qui servaient activement dans l'armée d'un pays en guerre avec la Chine, et il ajouta que ces officiers ne sauraient, en conséquence, avoir droit à un sauf-conduit et qu'apparemment ils devraient être internés (3).

M. Aliotti, ministre d'Italie, en répondant à la note chinoise du 29 août, déclara que comme il n'y a de flotte italienne d'aucune espèce patrouillant sur la route que doit suivre le Ministre autrichien, il n'y aura pas d'intervention quelconque à prévoir à cet égard, et que, si on prend le cas du Ministre allemand comme précédent, les sauf-conduits anglais et français seront suffisants pour écarter tout obstacle. Mais il nota qu'au cas où le Gouvernement chinois désirerait spécialement l'octroi de sauf-conduits italiens, il se ferait un plaisir de télégraphier à son Gouvernement pour lui faire donner satisfaction (4).

Le baron Hayashi, ministre du Japon, consentit à accorder des sauf-conduits aux membres de la Légation autrichienne, sauf à ceux qui sont actuellement au service militaire de l'Autriche-Hongrie, et donna des instructions aux consuls japonais à Tientsin, Chefoo et

---

(1) Livre Blanc, 1917. Doc. N° 92.

(2) Ce sont des officiers de la garde de la Légation d'Autriche-Hongrie.

(3) Livre Blanc, 1917, Doc. N° 93.

(4) Livre Blanc, 1917. Doc. N° 94.

Shanghaï pour qu'ils délivrent les sauf-conduits réclamés par l'entremise des Consuls néerlandais ou des Commissaires des Affaires Étrangères chinois (1).

M. Alston, Chargé d'Affaires d'Angleterre, dit, dans sa note du 9 septembre, que les sauf-conduits seront donnés aux sujets ennemis, comme cela a toujours été fait par son Gouvernement ou par son ordre, sous la condition que le Gouvernement britannique se réserve le droit de visiter les bagages des personnes respectives (2).

Dans sa note du 28 août adressée au Ministre des États-Unis lui communiquant l'intention du Ministre autrichien de partir de Shanghaï vers le 15 septembre sur l'*Oranje*, le Ministre des Affaires Étrangères disait : « J'ai l'honneur de prier Votre Excellence de demander télégraphiquement à votre Gouvernement de donner les sauf-conduits au Ministre autrichien et à sa suite pour leur permettre de retourner dans leur pays. » M. Mac Murray, secrétaire de la Légation des États-Unis, répondit au Ministre chinois qu'il a transmis sa demande à son Gouvernement et que celui-ci lui a répondu qu'il autorisait la délivrance de sauf-conduits aux personnes mentionnées dans la note pour traverser le territoire des États-Unis, sous réserve du droit de visite (3).

Le vapeur néerlandais *Oranje* étant arrivé en retard à Shanghaï, le jour du départ du Ministre autrichien fut remis au 18 septembre. Le Ministre des Affaires Étrangères de Chine, qui avait reçu des légations anglaise, française, japonaise et russe les sauf-conduits pour le Ministre Rosthorn et sa suite, les avait transmis au Ministre néerlandais. Le 14 septembre, ayant été informé par le Ministre des Pays-Bas de l'heure du départ de l'ex-Ministre autrichien et de sa suite, il avait notifié à

(1) Livre Blanc, 1917, Doc. N° 97.
(2) Livre Blanc, 1917. Doc. N° 104.
(3) Livre Blanc, 1917. N° 99.

M. Beelaerts van Blokland qu'il avait demandé au Ministre des Communications de préparer un train spécial qui partirait de la gare de Chien-Men le 16 septembre, à 8 heures du matin, et arriverait à Woosung (1) le 17 courant, à peu près à 10 heures du soir (2).

L'ancien Ministre autrichien, accompagné de son groupe, partit de Shanghaï sans incident. Le récit de son départ en fut fait par le Commissaire des Affaires Étrangères du Kiangsu (3), dans une note que ce dernier envoya le 20 septembre 1917 au Ministre des Affaires Étrangères :

Le groupe retournant dans son pays avec le Ministre autrichien et les Consuls Généraux allemands et autrichiens se composait de deux détachements. Dans le premier détachement, il y avait le Dr. A. von Rosthorn, Ministre austro-hongrois, les membres de sa Légation et leurs familles, 10 personnes en tout, le Consul austro-hongrois à Tientsin et son secrétaire formant un groupe de 3, et 11 sujets allemands hommes et femmes. Ils arrivèrent à Shanghaï à minuit, dans la nuit du 17 au 18, et partirent immédiatement pour Woosung. Dans le second détachement, il y avait le Consul Général d'Autriche-Hongrie à Shanghaï, les membres de son Consulat et leurs familles, faisant un total de 15 personnes, le Consul Général allemand (qui était resté en Chine à cause de maladie), les membres de son Consulat et leurs familles, en tout 20 personnes, et le Consul austro-hongrois et sa femme. Les deux détachements, qui formaient un ensemble de 61 personnes, furent embarqués sur le vapeur néerlandais *Oranje* qui partit de Woosung le 18 courant. Tout le groupe a été accompagné avec sollicitude par le délégué de ce Bureau, et des arrangements ont été pris à la satisfaction des partants.

(1) Point de débarquement près de Shanghaï.
(2) Livre Blanc, 1917. Doc. N° 108.
(3) Province dont dépend Shanghaï.

Trois attestations d'un départ accompli en pleine sécurité ont été données par le Ministre austro-hongrois, par le Consul Général austro-hongrois et par le Consul spécial allemand. Ci-inclus se trouvent les copies de ces attestations avec quatre liste des noms, et j'ai l'honneur de prier Votre Excellence de les insérer dans les archives du Ministère (1).

4. — Rappel du Ministre de Chine à Vienne.

Le Gouvernement autrichien, tout en déclarant que le Ministre de Chine était libre de quitter Vienne quand il le voudrait, hésitait en réalité beaucoup à le laisser partir ; peut-être était-il soucieux du sort réservé à son Ministre à Pékin ; ou peut-être aussi ne voulait-il pas contrarier les volontés allemandes.

Le 8 août 1917, M. Shen, Ministre de Chine à Vienne, télégraphiait au Ministre des Affaires Étrangères chinois :

Votre télégramme du 3 reçu. Le chemin pour retourner en Chine soit par terre, soit par mer est barré. Concernant le départ des étudiants et des résidents chinois, la pratique d'ici est de faire l'échange d'un nombre égal de personnes de chaque côté. Il n'est pas encore certain que les étudiants puissent partir avec moi. Prière d'informer le Ministre de Danemark à Pékin du traitement et de l'escorte accordés au Ministre d'Autriche-Hongrie lors de son départ pour que l'information soit transmise au Gouvernement autrichien et qu'un traitement égal nous soit accordé (2).

Signé : SHEN SHU-LING.

En réponse à ce télégramme, le Ministre des Affaires Étrangères chinois télégraphia le 22 août au Dr Yen, ministre de Chine à Copenhague, qu'il conviendrait que le Ministre Shen pût regagner la Chine par la voie de l'Allemagne. « Comme, disait le Ministre, les Allemands

(1) Livre Blanc, 1917. Doc. N° 111.
(2) Livre Blanc, 1917. N° 32.

en Chine sont rentrés sans difficulté chez eux par les
Etats-Unis, grâce à l'intercession de notre Gouvernement,
il semble qu'il y a des raisons pour que le Gouvernement
allemand fasse montre de la même courtoisie envers le
Ministre Shen. » M. Wang Ta-hsieh chargea donc M. Yen
de solliciter du Gouvernement danois des instructions
pour son Ministre à Vienne, afin que celui-ci demande au
Gouvernement autrichien de prier le Gouvernement allemand d'accorder le passage du Ministre Shen (1).

Le 26 août, le Ministre de Chine à Rome télégraphia
que d'après une information reçue de la Légation de
Suisse à Rome, le Ministre chinois et sa suite pourraient
partir de Vienne aussitôt que le Gouvernement autrichien
aurait une nouvelle sûre au sujet de son Ministre à Pékin
et que le traitement des étudiants chinois en Autriche-
Hongrie dépendrait de celui qui serait accordé aux résidents autrichiens en Chine (2).

A la suite de cette nouvelle, le Ministre des Affaires
Étrangères chinois envoya le 31 août au Ministre de
Chine à Copenhague la dépêche télégraphique suivante :

Suivant les rapports parvenus, le Gouvernement autrichien
ne permettra pas au Ministre Shen et à sa suite, ainsi qu'aux
résidents chinois en Autriche, de quitter ce pays avant qu'il
n'ait reçu une nouvelle sûre de l'ancien Ministre autrichien à
Pékin. Il a été décidé que le Ministre Rosthorn et les membres
de sa légation partiraient de Shanghaï le 15 septembre par
le vapeur néerlandais *Oranje*. Les sauf-conduits ont été obtenus
des gouvernements de différents pays et les résidents autrichiens ont été autorisés à rentrer chez eux.

Le Gouvernement autrichien semble traiter le Ministre Shen
comme un otage. Un pareil traitement ne peut aucunement
être toléré. etc. (1).

(1) Livre Blanc, 1917. Doc. N° 37.
(2) Livre Blanc, 1917. Doc. N° 38.
(3) Livre Blanc, 1917. Doc. N° 39.

Comme le 12 septembre le départ du Ministre Shen à Vienne n'était pas encore annoncé, le Ministre des Affaires Étrangères de Chine demanda au Ministre néerlandais à Pékin de télégraphier au Gouvernement autrichien de permettre au Ministre Shen de partir immédiatement (1).

Ce départ n'eut lieu, en réalité, que le 27 septembre. Ce jour-là, le Ministre Shen, avec le personnel de sa légation, put quitter Vienne pour gagner le Danemark en traversant le territoire allemand. Arrivé le 30 à Copenhague, il télégraphia aussitôt à Pékin :

Copenhague, le 30 Septembre 1917.

Au Wai Chiao Pu,

Le personnel de ma légation et moi nous sommes partis de Vienne le 27 courant. Le Gouvernement autrichien avait préparé un train et détaché un fonctionnaire pour nous escorter jusqu'à Warnemünde. Lors de notre passage par le territoire allemand, la plus haute considération nous a été accordée. La nuit dernière nous sommes arrivés sains et saufs dans la capitale du Danemark. ect. (2).

Signé : Shen Shui-Ling.

5. — Désarmement de la Garde de la Légation d'Autriche-Hongrie.

Nous avons vu (3) que, par suite de la neutralité de la Chine et de la rupture de ses relations diplomatiques avec l'Allemagne, la garde de la Légation allemande avait été désarmée et internée dans un camp spécial. Quand le Ministre d'Autriche-Hongrie quitta Pékin, des sauf-conduits ne furent pas donnés aux officiers de la garde de la Légation autrichienne par les Ministres des Puissances

(1) Livre Blanc, 1917. Doc. N° 42.
(2) Livre Blanc, 1917. Doc. N° 46.
(3) V. chapitre XIII, paragr. I.

alliées à Pékin. Le Ministre des Affaires Étrangères, en adressant, le 14 septembre, au Ministre néerlandais les sauf-conduits destinés aux membres de la Légation autrichienne, lui déclara effectivement que le capitaine O. Gayer ne figurait pas au nombre des bénéficiaires, car certaines Légations n'avaient pas encore envoyé le sauf-conduit le concernant. En réponse à cette communication, le Ministre des Pays-Bas écrivit la note suivante :

> Pékin, le 15 Septembre 1917.

Monsieur le Ministre,

J'ai l'honneur d'accuser réception à Votre Excellence de la note du 14 courant, contenant onze sauf-conduits délivrés par les différentes légations pour l'ancien Ministre d'Autriche-Hongrie et sa suite afin de pouvoir rentrer dans leur pays, avec une liste qui les accompagne. J'ai pris note de la constatation faite dans votre lettre que ces sauf-conduits avaient été délivrés avec réserve du droit de visiter les bagages, etc.

En réponse, j'ai l'honneur de constater que, dans l'opinion du Gouvernement austro-hongrois, le personnel de la Légation doit comprendre aussi les gardes de la légation qui ont également le droit de rentrer dans leur pays. En conséquence, le Gouvernement austro-hongrois proteste contre la détention des gardes de la Légation d'Autriche-Hongrie en Chine. Mais, vu les circonstances actuelles, excepté le Commandant des Gardes de la Légation austro-hongroise, les autres officiers et soldats pourront être détenus en Chine afin d'éviter tout retard dans le départ du Dr. A. von Rosthorn, ancien Ministre d'Autriche-Hongrie (1).

Je profite... etc.

Signé : BEELAERTS VAN BLOKLAND.

Au moment de la déclaration de guerre à l'Allemagne, il n'y avait plus en Chine aucun sujet allemand affecté à un service militaire : les gardes de la Légation alle-

(1) Livre Blanc, 1917. Doc. N° 110.

mande, comme les troupes stationnées entre Pékin et la mer et les garnisons allemandes de Tientsin et de Hankow, avaient été désarmées et internées, à la suite de la rupture des relations diplomatiques. Les relations diplomatiques étant demeurées intactes avec l'Autriche-Hongrie jusqu'à ce que la guerre ait été déclarée à ce pays, il fallut donc procéder, comme conséquence de la guerre, au désarmement et à l'internement des sujets austro-hongrois servant dans l'armée. Voici quel fut, à ce sujet, le règlement de procédure arrêté par le Ministre de la guerre, qui fut communiqué aux Gouverneurs civils et militaires des provinces :

I. Après notre déclaration de guerre à l'Autriche-Hongrie, tous les sujets austro-hongrois affectés actuellement à un service militaire en Chine seront désarmés conformément au présent règlement dont connaissance sera donnée à l'ancien Ministre d'Autriche-Hongrie avec prière de fournir aux commandants et aux officiers des troupes autrichiennes des instructions pour coopérer avec les Commissaires chinois à la mise à effet de ce règlement.

1. Les commandants autrichiens seront informés du nombre des commissaires chinois chargés du désarmement, de leurs noms et de leurs rangs et du nombre des officiers et soldats que les commissaires prendront avec eux comme escortes.

2. Le jour et l'heure du désarmement seront notifiés à l'avance.

3. Les commandants autrichiens seront priés de dresser une liste des noms de leurs soldats et un inventaire des armes à délivrer et de celles à retenir.

4. Les épées des officiers occupant un rang peuvent être gardées par eux.

. . . .

III. A la réception de la réponse et de la liste des représentants militaires autrichiens, les officiers militaires supérieurs de toutes les Provinces et des régions de l'Administration Spéciale détacheront des délégués, des interprètes et des gendarmes vers les casernes autrichiennes ; ils demanderont aux officiers ayant le commandement de ces casernes de faire l'appel des soldats autrichiens en un lieu voisin et après celà les armes seront inspectées et vérifiées pour être expédiées par des véhicules spéciaux au camp d'internement (1).

6. — Prise de possession de la concession autrichienne à Tientsin

C'est le 14 août 1917 qu'il fut pris possession de la concession autrichienne de Tientsin. Le fait a été rapporté le même jour, ainsi qu'il suit, par le Commissaire des Affaires Étrangères de la Province métropole, dans une dépêche au Ministre des Affaires Étrangères :

Ce matin, à 7 heures, j'ai conféré avec le Gouverneur civil en ce qui concerne la prise de possession de la concession autrichienne ; après quoi, une conférence a eu lieu avec le Consul autrichien sur le même sujet. A 4 heures de l'après-midi, nous avons pris complètement possession de la concession autrichienne et détaché des agents de police pour en prendre charge. Toutes les armes dans les casernes autrichiennes et dans la Maison municipale autrichienne nous ont été délivrées. A 5 heures, accompagné d'un délégué néerlandais, je me suis rendu au district spécial (l'ancienne concession allemande) pour prendre possession des armes et des approvisionnements militaires déposés dans les anciennes casernes allemandes. Ils ont tous été délivrés. Le drapeau national chinois a été hissé sur tous les endroits susmentionnés, à l'exception du Consulat autrichien où le Consul autrichien désirait hisser le drapeau néerlandais, parce que les intérêts austro-hongrois sont confiés aux Pays-Bas. Comme je n'avais pas reçu d'instructions du Ministère, j'ai refusé d'y consentir. Finalement il a été décidé de ne pas hisser le drapeau pendant que j'attendrai l'arrivée des instructions

(1) Livre Blanc, 1917. Doc. N° 157, annexe.

du Ministère. Comme l'affaire est urgente, veuillez me donner des instructions par télégraphe (1).

Signé : HWANG YUNG-LIANG.

7. — Prise de possession de la caserne allemande de Peitaiho et des casernes austro-allemandes de Tangkou.

Il y avait une caserne allemande à Peitaiho et des casernes allemande et autrichienne à Tangkou pour les soldats stationnés sur la route de Pékin à la mer. La Chine devait en prendre possession comme conséquence de la guerre. Les soldats allemands et autrichiens ayant été déjà internés, les autorités chinoises ont fixé le 12 septembre, à 10 heures avant-midi, comme date de prise de possession de ces casernes. Une notification à cet effet fut faite au Ministre néerlandais, et celui-ci y a répondu le 10 septembre par la note suivante :

Monsieur le Ministre,

J'ai l'honneur d'accuser réception de la note du 8 courant dans laquelle il est dit que le Département de la Police de la Province métropole a fixé au 12 Septembre à 10 heures de l'avant-midi, la date de la prise de possession par les autorités chinoises de la caserne allemande de Peitaiho et des casernes allemande et autrichienne de Tangkou.

En réponse, je me permets de dire que j'ai donné des instructions aux soldats néerlandais qui sont employés actuellement comme gardes desdites casernes allemande et autrichienne, de quitter leurs postes et de remettre la charge de ces casernes à la police chinoise à l'heure indiquée.

Je profite... etc.

Signé : BEELAERTS VAN BLOKLAND.

(1) Livre Blanc, 1917. Doc. N° 153.
(2) Livre Blanc, 1917. Doc. N° 173.

8. — Établissement de la censure sur la poste.

Le jour de la déclaration de guerre à l'Allemagne et à l'Autriche-Hongrie, le Ministre des Communications, en établissant la censure sur la poste, a adressé au public la proclamation suivante :

Le public est informé par la présente que, comme le Gouvernement a déclaré la guerre à l'Allemagne et à l'Autriche-Hongrie, des précautions convenables doivent être prises afin que tous les courriers à l'intérieur du pays aussi bien que ceux échangés entre ce pays et les pays étrangers soient soumis à une censure. A l'exception de l'Allemagne et de l'Autriche-Hongrie, tous les autres pays ayant des bureaux de poste en Chine peuvent nommer leurs propres censeurs. Le public est également informé par cette proclamation des stipulations contenues dans le règlement qui a été adopté par le Gouvernement concernant la censure des courriers. Les voici :

Article premier. — Tous les courriers échangés entre des citoyens de la République et des sujets ennemis ou les sujets ou citoyens d'autres pays sont soumis à la censure.

Art. 2. — Toutes les dépêches des bureaux et organes du Gouvernement, ainsi que celles des différentes légations et des consulats seront exemptes de la censure.

Art. 3. — Un Bureau de censeurs sera établi dans toutes les localités importantes et dans les bureaux de poste de tous les ports de commerce.

Art. 4. — Les censeurs seront soigneusement choisis et nommés par les hauts fonctionnaires de chaque province.

Art. 5. — Chaque pièce du courrier, après être passée par la censure, doit être marquée avec un cachet portant l'inscription de ce fait en chinois et en anglais.

Art. 6. — La censure de chaque pièce du courrier sera faite promptement afin d'occasionner le moins de retards possibles.

Art 7. — Les censeurs seront strictement responsables pour le secret du contenu du courrier ouvert par eux (1).

(1) Livre Blanc, 1917. Doc. N° 114.

La censure fut également établie sur les télégrammes. En dehors des télégrammes officiels et diplomatiques, seuls les télégrammes *en clair*, écrits en chinois, anglais, français et japonais, furent acceptés.

9. — Inspection des domiciles, des magasins, des bagages, etc. des sujets ennemis.

Un règlement, dit « Règlement sur l'Inspection provisoire », fut, le jour de la déclaration de guerre, promulgué et mis à exécution. Il édicta simplement des limitations en ce qui concerne la possession des armes et des autres objets d'une utilité militaire. Si de telles atteintes à l'inviolabilité du domicile et à la propriété privée n'étaient pas admissibles comme conséquence d'une rupture des relations diplomatiques, elles étaient parfaitement légitimes à la suite d'une déclaration de guerre.

Voici le texte de ce règlement :

I. Après la déclaration de guerre, tous les sujets ennemis seront soumis à une Inspection Provisoire.

II. Les objets de l'Inspection Provisoire sont les suivants :
   (a) Inspection des maisons, domiciles, magasins, dépôts ou églises des sujets ennemis.
   (b) Inspection des bagages, à l'occasion du déménagement des sujets ennemis.

III. Les objets suivants seront confisqués :
   (a) Les explosifs ou les matériaux pour les fabriquer.
   (b) Les armes et les munitions.
   (c) Tous les livres, cartes, dessins, et statistiques, non en vente, concernant des affaires militaires chinoises.

IV. Les objets suivants seront remis aux fonctionnaires locaux qui les garderont jusqu'au retour de la paix :
   (1) Les fusils et les cartouches de chasse.
   (2) Les épées et les sabres propres à des usages militaires.

(3) Les selles, les sacs, les cantines et les outils qui peuvent être convertis en usage militaire. Les selles à l'usage des individus dans la vie paisible sont exceptées.

(4) Les aéroplanes et les parties d'aoréplanes.

Les articles de cette section peuvent être réquisitionnés par le Gouvernement chinois en cas de nécessité.

V. Ces règles seront mises en vigueur par toutes les succursales des Bureaux de l'Inspection Provisoire qui seront établies par les autorités militaires supérieures dans les différentes localités (1).

(1) Livre Blanc, 1917. Doc. N° 157, annexe.

CHAPITRE XX

LA CONDITION DES SUJETS ENNEMIS APRÈS LA DÉCLARATION DE GUERRE

1. — L'attitude de vigilance vis-à-vis des sujets ennemis.

Nous avons eu l'occasion de dire dans la deuxième partie de cet ouvrage, chapitre XIV, paragraphe 5, que, sur la demande du Gouvernement allemand transmise par le Ministre néerlandais, le Gouvernement chinois avait promis de ne point chasser ni interner les sujets allemands pendant la durée de la guerre. Cette promesse fut réalisée dans ses grandes lignes. Mais les agissements des Allemands en Chine en vue de troubler la paix intérieure, et sur lesquels les ministres des pays alliés à Pékin attirèrent l'attention du Gouvernement chinois, conduisirent à observer vis-à-vis d'eux une certaine attitude de méfiance. Le Gouvernement chinois se vit obligé de prendre des mesures de vigilance. Nous ne croyons pas devoir rapporter ici des faits détaillés, empruntés aux rapports des Consuls étrangers à leurs Ministres respectifs à Pékin ; il nous paraît suffisant de reproduire les deux documents officiels suivants, publiés par le Gouvernement chinois :

1. Circulaire du Ministre des affaires Étrangères aux Commissaires des Affaires Étrangères à Moukden, Héloungkiang, Tientsin, Kachgar, Kirin, Shanghaï, Hankow, Ili et Sinkiang :

Pékin, le 19 Août 1917.

Monsieur le Commissaire,

J'ai reçu une communication du Ministre de Russie dans laquelle celui-ci dit : Depuis que la Russie est en guerre avec l'Allemagne et l'Autriche-Hongrie, les Légations allemande et autrichienne ont souvent commis des actes en vue de troubler la paix intérieure de la Chine et de brouiller les relations amicales entre la Chine et les Puissances alliées. Maintenant que l'état de guerre existe entre la Chine et l'Allemagne et l'Autriche-Hongrie, les mauvaises influences en question doivent immédiatement cesser. Nos consuls ont à ce sujet recueilli des preuves dignes de confiance. Je serais heureux de leur donner des instructions pour qu'ils offrent leur coopération à vos Commissaires des Affaires Etrangères, etc., etc.

En transmettant ladite communication au Ministère de la Guerre, je la porte à votre connaissance et vous envoie ci-joint une copie de la communication du Ministre de Russie. Vous êtes prié de coopérer avec les Consuls russes. En cas de nécessité, consultez les Gouverneurs civil et militaire de votre province pour toutes les mesures destinées à protéger et à sauvegarder nos intérêts. Veuillez répondre à cette communication et agréer, etc.

Signé : WANG TA-HSIEH.

II. *Lettre du Ministère de l'Intérieur au Ministère des Affaires Etrangères.*

Pékin, le 25 Août 1917.

Au Ministère des Affaires Etrangères :

Nous nous permettons de vous accuser réception de votre communication dans le sens suivant : que votre Ministère a reçu des quartiers de légations, et particulièrement de la Légation anglaise, une information concernant les intrigants allemands et leurs dangereuses activités en Chine, et que ces quartiers diplomatiques ont transmis à votre Ministère une série de listes avec la demande qu'une stricte vigilance soit maintenue sur lesdits intrigants, etc., etc.

Ce Ministère a, en conséquence, donné des instructions

à tous les fonctionnaires tant à l'intérieur de la Capitale que dans les provinces sur toutes les mesures de précaution qu'on doit prendre vis-à-vis des sujets ennemis. Vu que nous avons maintenant reçu les listes de la Légation anglaise et d'autres sources diplomatiques, nous allons donner encore une fois des instructions suivant lesdites listes. Nous nous permettons de vous envoyer ci-joint une copie des instructions relatives aux mesures de précaution que nous sommes en train de prendre à l'égard de tous les sujets ennemis (1).

Nous profitons... etc.

Ministère de l'Intérieur.

(*Liste omise*).

2. — Règlement sur la condition des sujets ennemis.

Le Règlement suivant a été arrêté par le Ministre de l'Intérieur et communiqué le 17 août 1917 au Ministre des Affaires Étrangères avec demande de coopération pour sa mise en pratique :

Article premier. — Tous sujets ennemis résidant en Chine peuvent dans les cinq jours, à partir d'aujourd'hui, s'adresser aux autorités locales du lieu de leur résidence pour des passeports afin de quitter le pays.

Art. 2. — Les autorités locales feront une enquête et ordonneront aux sujets ennemis sous leur juridiction de se faire enregistrer dans un délai de dix jours s'ils n'ont pas déjà été enregistrés avant la déclaration de guerre.

Art. 3. — Tous les sujets ennemis enregistrés peuvent obtenir la permission des autorités locales sous la juridiction desquelles ils demeurent, de continuer leur résidence dans la même localité et demander une protection complète pour leur vie et leurs propriétés. Mais, dans le cas où la localité de leur résidence serait considérée par les autorités locales comme peu convenable pour donner une protection suffisante, ou en cas de nécessité, les résidents ennemis peuvent recevoir de ces autorités l'ordre de déménager dans un endroit

(1) Livre Blanc, 1917. Doc. N° 166.

désigné, ou le Gouvernement chinois peut leur délivrer des passeports pour quitter le pays.

Art. 4. — Quand il a été ordonné à un sujet ennemi de changer sa résidence ou de quitter le pays, la propriété qu'il ne peut pas prendre avec lui peut après une inspection être mise sous scellée et gardée par les autorités locales ou confiée, s'il le désire, à d'autres personnes, avec l'autorisation des fonctionnaires locaux.

Art. 5. — Tous les sujets ennemis restant dans le pays auront la permission de poursuivre leurs professions licites et paisibles. Mais, pour cela, une permission des autorités locales sous la juridiction desquelles ils résident est nécessaire.

Art. 6. — Les sujets ennemis ne peuvent ni séjourner (c'est-à-dire rester plus ou moins longtemps dans un lieu en dehors de leur propre domicile) ni voyager.

Art. 7. — Il est interdit à tous sujets ennemis d'entrer dans le pays, sauf à ceux qui ont obtenu la permission du Gouvernement chinois.

Art. 8. — Tous les livres et journaux publiés par des sujets ennemis, en quelle que langue qu'ils soient, peuvent être supprimés par les fonctionnaires locaux, s'ils le jugent nécessaire.

Art. 9. — Les sujets ennemis qui contreviendront à cette règle pourront être expulsés. S'ils ne peuvent pas quitter immédiatement le pays, ils seront détenus jusqu'à ce qu'ils soient en état de partir (1).

3. — Instructions détaillées pour la mise en vigueur du Règlement sur la condition des sujets ennemis

Des instructions détaillées pour la mise à effet du Règlement sur la condition des sujets ennemis ont été publiées dans les termes suivants par le Ministre de l'Intérieur :

Article premier. — Toutes les fois qu'un sujet ennemi désire quitter le territoire chinois, après l'expiration du délai

(1) Livre Blanc, 1917. Doc. N° 158, annexe n° 1.

de cinq jours imposé par l'article 1, du règlement sur la condition des sujets ennemis, le fonctionnaire local compétent
doit le rapporter à l'autorité supérieure du district. Celle-ci
télégraphiera tout de suite au Ministère de l'Intérieur pour
approbation. Sur approbation, un passeport sera délivré, et
le sujet ennemi recevra l'ordre de quitter le pays.

Art. 2. — Les sujets ennemis résidant en Chine, qui n'ont
pas été enregistrés dans le délai de 10 jours imposé par l'article 2 dudit règlement, peuvent recevoir l'ordre de changer leur
résidence pour un endroit spécialement désigné. Si les autorités locales considèrent que la raison donnée pour expliquer
le non enregistrement dans le délai fixé est satisfaisante, il
peut leur être encore permis de se faire enregistrer.

Art. 3. — Les sujets ennemis qui ont déjà été enregistrés
avant la promulgation dudit règlement et ont depuis continué
leur résidence dans la même juridiction, n'auront pas à se
faire enregistrer de nouveau ; mais, si les autorités locales
le trouvent nécessaire, il peut être ordonné à ces sujets de leur
faire un rapport.

Art. 4. — Quand l'enregistrement est approuvé, les sujets
ennemis devront continuer à résider à l'endroit où ils ont
été enregistrés ; mais quand il y a des raisons spéciales ren-
dant un changement de domicile nécessaire, les autorités locales compétentes feront le rapport à l'autorité supérieure du
district qui télégraphiera au Ministère de l'Intérieur pour
examen.

Art. 5. — Quand des passeports doivent être délivrés par
le Gouvernement comme il est stipulé à l'article 3 dudit règlement, les autorités locales intéressées feront rapport à l'autorité supérieure du district qui télégraphiera au Ministère
de l'Intérieur pour agir en conséquence.

Les passeports dont il est question dans le paragraphe précédent et dans l'article 1 dudit règlement peuvent être délivrés par les autorités locales par ordre du Ministère de l'Intérieur. Ceux délivrés par le Ministère de l'Intérieur doivent
être contre-scellés par le Ministère des Affaires Etrangères,
et ceux délivrés par les autorités locales doivent être contre-
scellés par le Commissaire des Affaires Etrangères de la
province.

Art. 6. — Les propriétés des sujets ennemis qui, après inspection, ont été mises sous scellés ou gardées par les autorités locales comme il est stipulé dans l'article 4 du règlement sur la condition des sujets ennemis, peuvent être transportées à un endroit convenable ou vendues par les autorités locales, si la nécessité s'en fait sentir soit pour la convenance de leur conservation, soit à cause des circonstances spéciales.

Le produit de la vente dont il est question dans le paragraphe précédent doit être enregistré dans un livre, et le consentement des propriétaires qui ont changé leur résidence ou qui quittent le pays doit être obtenu.

Art. 7. — Les autorités locales quand elles examinent, scellent, ou prennent en garde la propriété de sujets ennemis, doivent l'examiner en présence de ceux qui veulent changer leur résidence ou quitter le pays et dresser un inventaire faisant mention de l'espèce, de la mesure et des poids des objets, et ledit inventaire doit être signé par les propriétaires comme témoignage.

Sauf le cas où une perte ou un dommage occasionné à la propriété scellée ou prise en garde comme il est dit dans le précédent paragraphe résulterait d'une force majeure ou d'une cause quelconque autre que la négligence, les autorités locales en doivent être responsables.

Art. 8. — Un sujet ennemi, qui a obtenu un passeport de voyage avant la promulgation dudit règlement et qui est actuellement en route, doit s'arrêter et est escorté pour retourner à la localité de sa résidence originelle par les autorités locales de l'endroit ou il se trouve actuellement en voyage. Un sujet ennemi qui est déjà arrivé à sa destination où il n'a pas l'intention de continuer son séjour, sera traité de même.

Si les autorités locales rencontrent des difficultés dans la mise à exécution des mesures ci-dessus mentionnées, elles feront un rapport détaillé des circonstances aux plus hautes autorités du district. Celles-ci télégraphieront au Ministre de l'Intérieur pour demander des instructions.

Les sujets ennemis qui ont déjà reçu leur passeport de voyage, mais ne sont pas encore partis, devront remettre leur passeport aux autorités locales pour être rayés.

Art 9. — Les sujets ennemis en possession de passeports

de voyage obtenus avant la promulgation dudit règlement seront traités selon les stipulations de l'article précédent.

Art. 10. — La publication des livres et des journaux dont il est question dans l'article 8 dudit règlement, quelle que soit leur forme, sera prohibée. Il n'est fait à cet égard aucune distinction suivant le mode de publication ou de distribution.

Art. 11. — Les limites de temps de cinq jours et de dix jours dont il est question dans les articles 1 et 2 dudit règlement seront calculées, respectivement, à partir du jour où ledit règlement a été rendu par les autorités locales du district intéressé.

Art. 12. — Dans ledit règlement, les mots « autorités locales » désignent les officiers de police les plus élevés dans les localités où se trouve une organisation policière, et les magistrats, dans les endroits où il n'existe pas de forces de police (1).

4. — Directions à suivre pour la permission à donner aux sujets ennemis de poursuivre leurs professions.

Article premier. — Tout sujet ennemi voulant poursuivre sa profession, doit faire aux autorités locales un rapport écrit sur la nature de la profession, le nom et prénom, la nationalité et l'âge du propriétaire, ainsi que ceux du gérant, le montant du capital, le nombre d'années pendant lesquelles la profession doit être poursuivie, l'emplacement du bureau principal et de ses succursales, etc. Si, sur l'enquête faite, la profession est poursuivie dans l'endroit permis par la loi, une licence peut être donnée conformément aux stipulations du présent règlement.

La demande une fois approuvée, les autorités locales doivent en faire un rapport aux plus hautes autorités de la province qui le soumettront au Ministère de l'Intérieur pour décision.

Une licence peut être révoquée en cas de nécessité.

(1) Livre Blanc, 1917. Doc. N° 158, annexe

Art. 2. — Si un sujet ennemi poursuit fictivement sa profession, en usant du nom d'un citoyen chinois ou de celui du sujet d'un tiers pays et s'il ne demande pas une licence conformément au règlement, sa profession peut être suspendue par ordre.

Art. 3. — Toutes affaires de banque, les trafics d'armes et de munitions de guerre, les journaux et les associations ou agences de presse doivent être immédiatement suspendus.

Toutes autres affaires peuvent être également suspendues si la nécessité le demande ; mais un tel ordre ne sera donné qu'après qu'un rapport aura été fait aux plus hautes autorités provinciales qui télégraphieront au Ministère de l'Intérieur pour la décision.

Art. 4. — Quand une permission est donnée, on doit faire attention à la nature et au but de l'affaire afin de voir si elle n'est pas dangereuse en quelque manière ou si elle n'est pas susceptible d'objection.

Art. 5. — Quand une permission est donnée on doit faire attention au caractère, aux accointances et à la durée de domicile des membres du personnel dirigeant et aussi à la question de savoir si quelqu'un d'entre eux a jadis servi dans l'armée ou dans une force de police (1).

5. — Directions pour maintenir une surveillance vigilante sur les sujets ennemis.

Les catégories suivantes de personnes doivent faire l'objet d'une attention spéciale :

I. En ce qui concerne la situation et le caractère des sujets ennemis :

> (a) ceux qui ont la réputation d'être de mauvais sujets,
> (b) vagabonds et ceux qui n'ont pas une profession respectable,
> (c) ceux dont les recettes et les payements ou dont l'état de leur avoir dans la banque ne correspondent pas avec leur position sociale ;

(1) Livre Blanc, 1917. Doc. N° 158, annexe 3.

(d) ceux qui ont résidé en Chine pour une période de temps relativement longue et sont familiers avec les conditions,

(e) ceux qui ont servi soit dans l'armée soit dans une force de police,

(f) ceux qui ont été correspondants de journaux ou qui ont été suspects de l'être.

II. En ce qui concerne les résidences ou les occupations des sujets ennemis :

(a) les endroits qui sont fréquentés par beaucoup de monde,

(b) les endroits où beaucoup d'hommes s'assemblent ou demeurent ensemble sans raison apparente,

(c) les endroits où le monde passe ou se réunit à des heures avancées de la nuit ou de grand matin,

(d) les endroits où les passants sont de nature suspecte, de correspondance avec les pays ennemis,

(f) les endroits où les constructions sont d'une grandeur ou d'une hauteur rare, ou ceux où des signes ou des marques remarquables sont étalés.

III. En plus des détails spécifiés dans les sections I et II. il est nécessaire de prendre des précautions toutes les fois que les circonstances donnent lieu à une suspicion ou font craindre un danger pour le public (1).

6. — Ordonnance présidentielle concernant la juridiction sur les sujets ennemis en matières civiles et criminelles

Nous avons vu dans la deuxième partie de ce livre, dans le chapitre sur la suppression de la juridiction consulaire allemande, qu'après le départ des consuls allemands, des règles provisoires avaient été adoptées transférant, comme une faveur, aux consuls néerlandais, l'exercice du droit de juridiction sur les sujets allemands en Chine, sauf pour les matières criminelles affectant la paix et la sécu-

(1) Livre Blanc, 1917. Doc. N° 138, annexe 4.

rité du pays. Après la déclaration de guerre avec l'Allemagne, ce système a pris fin. Il fut remplacé par un autre qui, supprimant complètement la juridiction consulaire allemande, attribua aux tribunaux chinois le jugement des affaires civiles et criminelles intéressant les sujets ennemis. La guerre aussitôt déclarée, le Ministre des Affaires étrangères chinois adressa en effet au Ministre néerlandais à Pékin la note suivante : .

Pékin, le 14 Août 1917.

Monsieur le Ministre,

Après la rupture des relations diplomatiques entre la Chine et l'Allemagne, le Gouvernement chinois formula les lois et les règles de procédure concernant le jugement des Allemands résidant en Chine en matières civiles et criminelles. Une copie de ces lois a été envoyée à Votre Excellence par ce Ministère le 31 Mars de cette année.

Maintenant que la Chine a déclaré qu'un état de guerre existe entre la Chine et les pays de l'Allemagne et de l'Autriche-Hongrie, lesdites lois concernant le jugement des Allemands en matières criminelles ne sont plus applicables. En conséquence, ce Gouvernement a formulé des Règles Provisoires relatives au jugement des sujets ennemis en matières civiles et criminelles et les a promulguées pour qu'elles entrent en vigueur le 14 Août de cette année. J'ai donc l'honneur d'envoyer ci-inclus un exemplaire de ces règles à Votre Excellence.

Je profite... etc.

Signé : WANG TA-HSIEH.

Règlement concernant le jugement des sujets ennemis en matières civiles et criminelles.

Article premier. — Pendant la durée de la guerre, toutes les matières civiles et criminelles qui concernent des sujets ennemis seront jugées par les Cours de justice chinoises.

Dans le cas où un sujet ennemi et un sujet d'un pays étranger sont parties dans une affaire civile, le Consul dudit sujet étranger aura juridiction conformément aux stipulations des traités, et la disposition précédente ne sera pas appliquée.

Art. 2. — Excepté ce qui est en connexion avec les crimes énumérés dans les Sections 3 et 4 de l'Article 6 du Projet de code de procédure criminelle, l'audience préliminaire de toutes les matières prévues par la première section de l'article précédent sera conduite par le Bureau du Procureur local et la Cour locale. Dans les localités où un Bureau du Procureur et une Cour locale n'ont pas encore été établis, les autorités locales doivent renvoyer toutes les matières de ce genre, ainsi que les documents nécessaires, au Bureau du Procureur et à la Cour locale la plus proche. A Sinkiang, Jehol, Suiyuan, Kachger et dans les autres localités semblables, les pouvoirs judiciaires du Bureau du Procureur et de la Cour locale seront exercés par le Bureau de la Préparation judiciaire, les Départements judiciaires des Yamen de Tutung et les Cours locales attachées aux Département judiciaires.

Excepté dans les juridictions spéciales citées plus haut, le jugement de toutes les affaires civiles et criminelles prévues par l'article précédent aura lieu conformément à la loi régissant l'organisation du Pouvoir judiciaire et les autres lois et mandats y relatifs.

Art 3. — Les sujets ennemis subissant une détention en conséquence d'affaires civiles et criminelles, exécutant des jugements concernant des affaires criminelles, ou obligés de travailler dans des maisons de correction comme conséquence d'affaires civiles, devront être placés dans les prisons modernes.

Si une revision du présent règlement est jugée nécessaire, elle sera faite par un ordre du Président de la République sur la recommandation du Ministre de la Justice.

Art. 5. — Le présent règlement produira effet à partir du jour de sa promulgation (1).

(1) Livre Blanc, 1917. Doc. N° 155.

7. — Règlement sur le séquestre des biens ennemis et dispositions additionnelles pour son application.

Au mois de janvier 1919, le Règlement suivant fut promulgué par le Gouvernement chinois avec des dispositions additionnelles pour son application. C'était une mesure plutôt politique que juridique, adoptée par le Gouvernement chinois de concert avec les Puissances alliées, sinon sur leurs instances. Pour comprendre la raison d'être de ce règlement et apprécier celui-ci au point de vue du droit international, il faudrait entrer dans le détail de l'histoire de la fin de la guerre, ce qui est hors du cadre de ce livre. Nous nous bornerons donc à donner le texte du règlement à titre documentaire :

Règlement sur le Séquestre des Biens Ennemis

Art. 1. — Tous les biens meubles ou immeubles laissés par des ressortissants des Etats ennemis seront pris en séquestre par l'autorité locale.

Art. 2. — Toute personne qui, par mandat des propriétaires ou pour une autre raison, aura la charge ou la possession de biens appartenant à des ressortissants des Etats ennemis, devra, dans le délai d'un mois, en faire la déclaration sincère à l'autorité locale.

Le présent article est applicable à toutes maisons de commerce ou sociétés dans lesquelles se trouvent engagés des capitaux de ressortissants ennemis.

Art. 3. — Toute somme d'argent ou tout objet dûs à des ressortissants des Etats ennemis devront, sauf disposition spéciale, être remis aux mains de l'autorité locale.

Art. 4. — Toute infraction aux dispositions des articles 2 et 3 sera passible des travaux à temps du cinquième degré, de l'emprisonnement simple ou d'une amende ne dépassant pas mille dollars.

Art. 5. — Toute action à venir ou en cours contre des ressortissants ennemis et relative à leurs biens pourra être poursuivie contre l'autorité locale ayant la charge des dits biens devant le Tribunal prévu par l'alinéa 1 de l'article 2 du Règlement de procédure en matière de juridiction sur les ressortissants des Etats ennemis.

Art. 6. — Dans le cas où des dettes contractées par des individus, maisons de commerce ou entreprises industrielles ressortissant d'un Etat ennemi nécessiteraient une liquidation de leurs biens, il y sera procédé par les soins du Bureau de séquestre des biens ennemis.

Si le Bureau de séquestre des biens ennemis, en procédant à cette liquidation, constate un excédent du passif sur l'actif, il pourra demander au Tribunal de déclarer la faillite.

Art. 7. — Tous frais occasionnés directement par des biens ennemis sous séquestre seront prélevés sur la valeur de ces biens. Toutefois ce prélèvement devra être approuvé par le Bureau de séquestre des biens ennemis.

Art. 8. — Pour les maisons de commerce ou entreprises industrielles dans lesquelles des organismes officiels chinois sont associés à des ressortissants des Etats ennemis, les règles du séquestre seront déterminées par décision du Ministère de l'Agriculture et du Commerce d'accord avec l'organisme intéressé.

Art. 9. — Des dispositions additionnelles pour l'application du présent Règlement seront établies par un Ordre du Cabinet.

Dispositions Additionnelles pour l'application du Règlement sur le Séquestre des biens ennemis.

Art. 1. — L'autorité locale, en vue de prendre possession des biens des ressortissants des Etats ennemis, devra faire établir, en sa présence, par le propriétaire de ces biens ou la personne à qui ils ont été confiés, un inventaire faisant mention de l'espèce, de la qualité, du poids, de la quantité, etc. de chaque article numéroté ; le dit inventaire devra être signé par les deux parties intéressées. Dans le cas où il serait réellement impossible de procéder ainsi, soit que le propriétaire soit absent, soit que nul n'ait été par le propriétaire commis à la garde de ses biens, les dits biens devront être gardés sous scellés ; notification devra être faite à l'autorité judiciaire avec qui il sera procédé à l'établissement et à l'enregistrement de l'inventaire. Dans les localités où n'existent pas les tribunaux prévus par l'article 15 des présentes Dispositions additionnelles, il sera procédé à cette opération par des délégués nommés à cet effet par le Bureau central ou le Bureau régional du séquestre des biens ennemis.

Les dettes à la charge du ressortissant ennemi devront être déclarées par lui et mentionnées à l'inventaire.

Art. 2. — Les créances sont comprises sous la dénomination de biens mobiliers employée dans le Règlement sur le séquestre des biens ennemis. Le terme de propriétaire employé dans les présentes Dispositions additionnelles indique la personne qui a le droit de disposer des biens de la famille.

Art. 3. — L'autorité locale investie du séquestre de biens ennemis se conformera, dans l'exercice de ce séquestre, aux stipulations suivantes :

(I) Les maisons et propriétés, les objets et articles ainsi que tous autres biens meubles ou immeubles devront être mis sous scellés ou gardés par des surveillants.

(II) En vue de faciliter l'exercice du séquestre, les biens pourront être transférés dans un lieu convenable ou confiés à des tiers pour conservation. Toutefois, dans le premier cas, des biens appartenant à des propriétaires différents ne pourront pas être mélangés. Dans le second cas, afin d'éviter toute perte, avarie, ou substitution, l'autorité locale devra prendre toutes mesures de nature à déterminer les responsabilités.

(III) Pour les biens consistant en objets qui se détériorent aisément ou qui ne se prêtent pas à la conservation ou dont les frais de conservation dépasseraient rapidement la valeur, notification devra être faite au Bureau du séquestre et après approbation de celui-ci, il sera procédé par l'autorité judiciaire à une vente aux enchères dont le produit sera conservé conformément aux dispositions de l'alinéa 4.

(IV) L'argent liquide devra être mis en dépôt dans une banque du Gouvernement ; les bijoux, les pièces et documents, les livres de comptes ainsi que tous autres objets précieux devront être également déposés dans une banque du Gouvernement ou conservés sous scellés.

(V) Dans le cas où il y aurait lieu de payer des dettes contractées par les ressortissants ennemis, l'autorité judiciaire devra, après jugement rendu, procéder à la liquidation de tout ou partie de leurs biens et à l'acquittement des dettes. Dans le cas où il y aurait lieu de faire recouvrer des créances au nom des ressortissants ennemis, l'autorité judiciaire sera également requise d'y procéder.

Il devra, par les soins de l'autorité judiciaire, être fait mention à l'inventaire de ces diverses opérations au fur et à mesure de leur accomplissement. Les sommes d'argent ou objets dont elle aura effectué le recouvrement tombent sous les stipulations des présentes Dispositions additionnelles.

Art. 4. — Les biens des ressortissants ennemis déjà assurés pourront continuer à l'être. Ceux qui ne l'étaient pas le pourront être ou non suivant les circonstances.

Art. 5. — Les bâtiments consacrés à la conservation des biens mobiliers devront être gardés avec soin. L'autorité locale compétente établira à cet égard les règlements nécessaires.

Art. 6. — L'autorité locale compétente, après avoir pris possession des valeurs et objets énumérés dans l'article 3, devra en faire la vérification immédiate, délivrer des reçus et en porter mention à l'inventaire, comme il est dit dans l'article 3.

Art. 7. — La banque du Gouvernement, pour les objets précieux reçus en dépôt, se conformera à ses règlements. Les reçus ou papiers concernant ce dépôt seront envoyés au Bureau du séquestre des biens ennemis, une copie en étant conservée par l'autorité locale.

Art. 8. — S'il y a lieu, en ce qui concerne les biens des ressortissants ennemis de prendre des dispositions non prévues par les présentes Dispositions additionnelles, il devra en être rapporté au Bureau du séquestre des biens ennemis qui en décidera.

Art 9. — L'autorité locale compétente, après avoir reçu la déclaration prévue par l'article 2 du Règlement sur le séquestre des biens ennemis, devra adresser au Bureau intéressé un rapport conforme à l'inventaire. Si l'autorité locale juge nécessaire que telle ou telle partie des biens soit confiée à sa garde, elle pourra en demander la remise.

Art. 10. — En ce qui concerne les maisons de commerce.

ou les entreprises industrielles dont, conformément à l'article 8 du Règlement sur le séquestre des biens ennemis, les biens sont soumis à un séquestre régi par le Ministère de l'Agriculture et du Commerce, les dispositions prises à leur égard devront être notifiées à l'autorité locale.

Art. 11. — L'autorité locale intéressée est tenue de mettre le Bureau intéressé au courant des circonstances et de l'état du séquestre.

Les Bureaux régionaux devront tenir le Bureau du séquestre des biens ennemis au courant. En ce qui concerne l'expédition des affaires courantes, ils pourront en faire un rapport d'ensemble.

Art. 12. — Les stipulations des articles 2, 3 et 5 du Règlement sur le séquestre des biens ennemis et de l'article 1 des présentes Dispositions additionnelles comportent la publication officielle.

Art. 13. — L'autorité locale, pour l'exercice du séquestre des biens ennemis, devra désigner ou nommer des fonctionnaires responsables. Elle fera connaître au Bureau intéressé les noms et qualités de ces fonctionnaires.

Art. 14. — Si le titulaire de l'autorité locale est transféré à un autre poste, il devra, avant son départ, désigner un délégué chargé de procéder à une vérification de l'inventaire qui devra être contresignée de part et d'autre. Il sera procédé de même à tout remplacement.

Art. 15. — Dans le Règlement sur le séquestre des biens ennemis aussi bien que dans les présentes Dispositions additionnelles les mots « autorité locale compétente ou intéressée » désignent la plus haute autorité de police dans les localités où se trouve une organisation policière, les magistrats, dans les contrées où il ne s'en trouve pas. Les mots « autorité judiciaire » désignent le tribunal de première instance local, le Bureau de préparation judiciaire, le Bureau du jugement ou le tribunal local prévus par l'alinéa 1 de l'article 2 du Règlement de procédure en matière de juridiction sur les ressortissants des États ennemis. Les mots « Bureau compétent ou intéressé » désignent le Bureau central ou le Bureau régional du séquestre des biens ennemis.

CHAPITRE XXI

TRAITEMENT DES PRISONNIERS DE GUERRE

1. — D'où venaient les prisonniers de guerre.

Comment la Chine, qui n'a jamais participé à un combat sur terre ou sur mer, a-t-elle pu avoir des prisonniers de guerre ? En fait, les prisonniers de guerre internés par la Chine ont été assez nombreux, et les affaires concernant leur traitement ont formé une partie importante des affaires étrangères dont il fallut s'occuper pendant la guerre.

Ces prisonniers sont venus de plusieurs sources. Les principales furent les suivantes :

I. — Il y eut d'abord des soldats qui appartenaient à la garde des Légations allemande et autrichienne et aux troupes allemandes et autrichiennes stationnées entre Pékin et la mer, en vertu de l'article 7 du Protocole du 7 septembre 1901 (1). Après la rupture des relations diplomatiques avec l'Allemagne, les soldats de la garde de la Légation allemande furent tous internés à Haïtien, comme nous avons eu l'occasion de le dire. Pendant la période de la rupture, on les appela des « internés », mais on ne leur donna jamais, tant dans le langage officiel que dans les documents publics, le nom de « prisonniers de guerre ». Ce qui était bizarre, c'est que le Mi-

(1) V. Chapitre XIII, paragraphe 1.

nistre néerlandais ne consentit jamais à ce qu'on les appelât « prisonniers de guerre », même après la déclaration de guerre avec l'Allemagne et avec l'Autriche-Hongrie. Il prétendait que la garde de la Légation formait une partie du personnel de la Légation et que, par conséquent, elle ne pouvait être considérée comme prisonnière de guerre.

Les soldats de la garde de la Légation autrichienne étaient également des « internés » et non pas des « prisonniers de guerre », selon M. Beelaerts van Blokland. C'est uniquement contre l'appellation de prisonniers de guerre qu'il protestait ; il ne s'opposa pas à ce qu'on leur appliquât le traitement des prisonniers de guerre indiqué par le règlement de La Haye : le Gouvernement chinois ne crut pas devoir à ce sujet entrer en discussion avec lui. Pour expliquer cette opposition du Ministre hollandais, il faut tenir compte de ce fait que le mot chinois « fu-lu », qui désigne le prisonnier de guerre, et qui date d'une époque où l'on se battait avec des tribus barbares, a conservé un sens méprisable.

II. — Les équipages des bâtiments de guerre allemands et autrichiens désarmés en Chine à la suite de la rupture devinrent, après la déclaration de guerre, des prisonniers de guerre au vrai sens du mot. Ils étaient assez nombreux. L'équipage du navire de guerre autrichien à Tsing-Tao qui participa à la guerre fut fait prisonnier de guerre par le Japon. Fut de même prisonnier de guerre l'équipage du torpilleur de chasse S. 90, échoué à Ji-Tchao, dont nous avons déjà parlé, et qui était composé d'une soixantaine d'hommes. La plupart des marins prisonniers de guerre furent internés à Nankin.

III. — Au nombre des prisonniers de guerre internés en Chine, il y eut enfin les prisonniers de guerre allemands et autrichiens qui avaient été internés en Sibérie par la Russie et qui, s'étant évadés du territoire russe, se réfugièrent dans le territoire chinois, en passant le fleuve Amour. La plupart de ces Allemands et de ces Autrichiens furent internés à Kirin ; les premiers avaient été envoyés à Nankin.

Après la chute de l'empire russe et la guerre sociale qui y éclata, s'étendant jusqu'à la Sibérie, beaucoup de prisonniers de guerre allemands et autrichiens se sauvèrent de Russie et vinrent se réfugier en Chine.

—

2. — Règlement sur le traitement des prisonniers de guerre internés.

Le Règlement sur le traitement des prisonniers de guerre internés a été traduit en langue allemande à l'usage des prisonniers de guerre. Dans la traduction qui en fut faite, on évita avec soin d'employer le terme de « prisonniers de guerre ».

Article premier. — Les officiers, les sous-officiers et les soldats ennemis seront logés dans un camp établi en un endroit fixé par le Gouvernement chinois.

Art. 2. — Les officiers, les sous-officiers et les soldats ennemis seront dans le camp convenablement traités, afin de bien montrer la philanthropie du Gouvernement chinois.

Art. 3.—Les officiers internés recevront leurs appointements d'après leur grade, en rapport avec la solde des officiers chinois ; le remboursement en sera fait après la guerre par le gouvernement du pays auquel les officiers appartiennent.

Art. 4. — Tous les objets appartenant aux internés, qu'ils aient été ou non déjà inspectés, devront être examinés, à l'entrée dans le camp, par le commandant du camp. Après l'inspection, les internés pourront avoir avec eux tout ce qui leur appartient, sauf les objets prohibés par les règlements sur l'inspection.

Art. 5. — Les lettres et les paquets des internés seront soumis à l'application du règlement sur la communication postale et des articles 9 et 10 du règlement sur les mandats de poste.

Art. 6. — Un détachement de soldats chinois sera placé pour la protection du camp. Le nombre des soldats qui le composeront dépendra du nombre des internés et de la situation topographique du camp.

Art 7. — Les internés d'un tempérament violent, ainsi que ceux qui ont une affection nerveuse ou une maladie contagieuse, doivent être gardés avec un soin particulier. Ils seront isolés des autres en cas de nécessité.

Art. 8. — Le présent règlement entrera en vigueur à partir du jour de sa publication (1).

3. — Règlement sur le camp d'internement des sujets ennemis.

Aussitôt que la guerre fut déclarée, c'est-à-dire le 14 août 1917, un règlement fut arrêté par le Ministre de la Guerre sur l'internement des sujets ennemis. Il fut, le même jour, télégraphié aux Gouverneurs des provinces. Il était ainsi conçu :

Article premier. — Le traitement des prisonniers de guerre doit être conforme aux principes de tolérance et d'humanité. Les mouvements et la conduite des prisonniers de guerre doivent être surveillés afin de se précautionner contre toute circonstance imprévue.

Art. 2. — Le camp d'internement doit être établi dans un endroit convenable, en dehors d'une ville où il y a des moyens faciles de communication et de transport.

Art. 3. — Les chambres du camp d'internement doivent être propres et salubres.

Art. 4. — Le camp d'internement doit être fourni d'une pharmacie et de chambres pour les malades ; on doit avoir facilité d'y prendre des bains.

Art. 5. — Le camp d'internement doit avoir un médecin demeurant dans le camp même.

Art. 6. — Si un prisonnier de guerre est atteint d'une maladie que le médecin attaché au camp certifie être de nature

(1) Document conservé dans les archives du Cabinet.

contagieuse, le malade devra être, sous la garde d'un employé responsable, transporté dans un hôpital désigné.

Art. 7. — Des chambres spéciales doivent être données aux prisonniers de guerre ayant rang d'officier. Le nombre d'occupants dans chaque chambre sera déterminé selon les circonstances.

Art. 8. — Les chambres, dans un camp d'internement, doivent être fournies des articles à usage journalier.

Art. 9. — Le lit et la nourriture doivent être fournis aux prisonniers de guerre d'après les usages admis communément par les nations. Les prisonniers de guerre pourront se servir de leur propre lit, qui devra être examiné par l'Inspecteur du camp.

Art. 10. — Les prisonniers de guerre pourront envoyer ou recevoir des lettres et des mandats de poste en se soumettant aux règlements du camp.

Art. 11. — Les prisonniers de guerre doivent obéir aux ordres du Gouvernement chinois et aux instructions de l'Inspecteur en chef du camp. S'ils ne le font pas ils seront passibles d'une peine de réclusion. En cas de crime, ils seront jugés par le Tribunal militaire.

Art. 12. — Aucun prisonnier de guerre ne peut sortir du camp sans une autorisation des fonctionnaires du camp.

Art. 13. — A moins d'une permission des fonctionnaires du camp, aucun prisonnier de guerre ne peut recevoir des visiteurs ou des amis ni inviter une autre personne à dormir ou à manger dans le camp (1).

4. — Lois pénales régissant les prisonniers de guerre.

Les lois pénales régissant les prisonniers de guerre furent promulguées le 13 décembre 1917, sous la forme d'un mandat présidentiel n° XXVII de la sixième année de la République.

Il est à remarquer que, dans ces lois, la peine d'empri-

(1) Livre Blanc, 1917. Doc. N° 157, annexe n° 4.

sonnement comprend plusieurs degrés. Ces degrés sont les suivants :

Emprisonnement du 1ᵉʳ degré..   10-15 ans.

—	— 2ᵉ — ..	5-10 ans.
—	— 3ᵉ — ..	3-5 ans.
—	— 4ᵉ — ..	1-3 ans.
—	— 5ᵉ — ..	2 mois-1 an.

Article premier. — Tout prisonnier de guerre qui a commis un acte de résistance ou de violence contre un surintendant, un inspecteur ou une escorte sera puni d'un emprisonnement du 3ᵉ ou 4ᵉ degré. En cas de circonstances atténuantes, la peine sera commuée en un emprisonnement du 5ᵉ degré.

Art. 2. — Si des prisonniers de guerre conspirent en groupe pour commettre les crimes énumérés à l'article précédent, le premier coupable sera condamné à mort, et les autres à la prison perpétuelle ou à la prison de 10 à 15 ans, c'est-à-dire à un emprisonnement du 1ᵉʳ degré. En cas de circonstances atténuantes, la peine sera commuée en un emprisonnement du 2ᵉ au 4ᵉ degré.

Art. 3. — Dans une conspiration ayant pour objet une fuite générale, le premier coupable sera puni d'un emprisonnement du 1ᵉʳ degré, et chacun des autres sera puni d'un emprisonnement variant du 2ᵉ au 4ᵉ degré. Pour ceux qui méritent des circonstances atténuantes, la peine sera commuée en un emprisonnement du 5ᵉ degré.

Art 4. — Les prisonniers de guerre évadés qui sont repris dans le territoire chinois seront condamnés à la réclusion rigoureuse ou à la réclusion simple selon les instructions disciplinaires de l'armée.

Art 5. — Dans le cas où un prisonnier de guerre autorisé sur sa parole d'honneur, à rentrer dans son pays, est de nouveau fait prisonnier en violation de sa parole, il sera condamné à mort, à la prison perpétuelle ou à un emprisonnement de 10 à 15 ans, c'est-à-dire du 1ᵉʳ degré.

Art. 6. — Si un prisonnier de guerre qui s'est évadé hors du territoire chinois est repris, les stipulations des articles

1, 2 et 3 ne doivent pas s'appliquer aux actes commis par lui avant son évasion.

Art. 7. — Les prisonniers de guerre sont jugés par un Tribunal militaire dûment organisé.

Art. 8. — Les présentes règles entreront en vigueur à partir du jour de leur publication (1).

5. — Règlement sur le service journalier des prisonniers de guerre internés dans un camp.

1) 6 h. 30. Se lever puis s'habiller, se laver et nettoyer la chambre ; tout cela doit être fini avant 7 h. 30.

2) 7 h. 30. Petit déjeuner.

3) 8 h. 15. Inspection des chambres par le fonctionnaire du camp. S'il y a quelque demande à faire concernant une indisposition ou un désir quelconque, il faut s'adresser audit fonctionnaire qui transmettra la demande au commandant du camp.

4) 8 h. 30-10 h.30. Marcher en ordre au champ d'exercice pour se récréer ou s'exercer.

5) 12 h. Déjeuner.

6) Repos. (après le déjeuner)

7) 3 h. 30. Instructions et admonition.

8) 4 h.-5 h. Arranger les objets nécessaires.

9) 6 h. Dîner.

10) 7 h. 30. Appel selon le rôle.

11) 10 h. Se mettre au lit. (après un quart d'heure, toute lumière dans les chambres doit être éteinte).

12) Tous les points susmentionnés seront effectués selon le mot d'ordre donné, à heure fixe.

13) Les points 4 et 8 ne seront pas effectués les dimanches et les jours de fête.

14) En dehors de la chambre, on doit porter l'u-

(1) Document conservé dans les archives du Cabinet.

	niforme de l'armée de terre ou de mer selon son grade.
15)	On doit saluer le supérieur partout où on le rencontre.
16)	La porte du camp sera ouverte à 6 heures du matin et fermée à 9 heures 30 du soir ; après quoi, il ne sera permis à personne d'entrer ou de sortir librement.
17)	Les courriers postaux seront envoyés au bureau du camp avant 10 heures du matin.
18)	Tout appel pour un service sera fait au moyen du sifflet, par le chef du service en question.
19)	Ces règlements seront complétés ou revisés de temps en temps en tenant compte du changement des saisons (1).

6. — Règlement sur la promenade et la visite des prisonniers de guerre internés.

Dans une note adressée au Ministre des Affaires Étrangères de Chine, le Ministre néerlandais demanda qu'il fût permis, sur parole, aux officiers internés de se promener. Le Ministre de la Guerre, à qui on en référa à ce sujet, rejeta la demande du Ministre néerlandais en déclarant qu'il n'est rien dit dans les Règlements de La Haye en ce qui concerne la promenade des officiers internés. M. van Blokland, ayant reçu la réponse du Ministre des Affaires Étrangères de Chine, exprima son étonnement de l'argument du Ministre : en réponse à cet argument, il fit remarquer que l'article 10 du Règlement de La Haye sur les lois et coutumes de la guerre sur terre, donne aux internés le droit d'être mis en liberté sur parole, et que l'article 11 de la Convention de La Haye concernant la neutralité en cas de guerre sur terre reconnaît le même droit aux officiers internés en pays neutre.

(1) Document conservé dans les archives du Cabinet.

Le 27 septembre 1917, le Ministre néerlandais transmit au Ministre des Affaires Étrangères de Chine la requête d'un officier supérieur autrichien demandant qu'il fût permis aux soldats autrichiens internés de se promener en groupe dans le Palais d'Été (Wan-Cheu-Chan) et de recevoir de temps en temps des amis : « Demeurer resserré dans un endroit étroit, disait cette requête, est vraiment nuisible à la santé de nos âmes et de nos corps. S'il nous est permis de sortir, nous observerons strictement les ordres donnés sous la responsabilité d'un officier autrichien. » Cette double demande ne fut pas admise.

Mais un règlement sur la promenade des prisonniers de guerre fut bientôt établi et mis à exécution. En voici le texte :

1) Il sera permis aux prisonniers de guerre de se promener alternativement, deux fois par semaine. Un tableau détaillé indiquant les noms à tour de rôle sera déterminé ultérieurement d'après le nombre des prisonniers.

2) La promenade des prisonniers de guerre se fera dans la limite de 4 heures.

3) L'endroit où les prisonniers de guerre iront se promener sera déterminé chaque fois par le chef du camp. Ils ne pourront pas dépasser la limite de l'endroit déterminé.

4) Les prisonniers de guerre, en sortant pour se promener, devront suivre la direction d'un officier détaché du camp et seront sous la surveillance des soldats en charge.

5) Le présent règlement pourra être revisé de temps en temps.

Par un autre règlement, il fut arrêté que les officiers prisonniers de guerre auraient le droit de recevoir des visiteurs tous les mercredis et les samedis, de 1 heure à 5 heures de l'après-midi, sous la surveillance du fonctionnaire du camp. Toute conversation sur les affaires diplomatiques ou militaires est défendue. L'entrevue ne peut dépasser une heure pour chaque visiteur.

Des règlements furent encore rendus en ce qui concerne les communications postales et les mandats de poste pour les prisonniers de guerre, sur le traitement des maladies, sur l'enterrement des prisonniers, etc.

CHAPITRE XXII

1. — Les Puissances alliées et les États-Unis désirent affréter les navires allemands et autrichiens saisis par la Chine.

Au moment de la déclaration de guerre, il y avait 11 navires de commerce allemands en Chine : 6 à Shanghaï, 4 à Swatow, 1 à Amoy. Il existait à Shanghaï 3 navires de commerce autrichiens. Tous les navires de commerce allemands avaient été mis sous séquestre dès la rupture des relations diplomatiques avec l'Allemagne ; tous les navires autrichiens furent saisis après la déclaration de guerre.

En ce temps-là, le manque de bateaux se faisait vivement sentir dans tous les pays en guerre avec l'Allemagne. Les documents qui suivent montrent combien les Puissances alliées étaient désireuses d'affréter les navires ennemis détenus par le Gouvernement chinois.

Le 20 août 1917, le Ministre des Affaires Étrangères de Chine adressait aux Ministres des pays étrangers à Pékin la note circulaire suivante :

Monsieur le Ministre,

Depuis que mon Gouvernement a rompu les relations diplomatiques avec l'Allemagne et depuis que, subséquemment il a déclaré la guerre à l'Allemagne et à l'Autriche-Hongrie, tous les navires marchands allemands et autrichiens ont été successivement saisis. J'ai l'honneur d'informer Votre Excellence que tous les contrats d'affrètement ou d'achat desdits navires ennemis soit par des négociants chinois soit par des négociants étrangers seront nuls et sans valeur, à moins qu'ils n'aient été préalablement approuvés par le Gouvernement Central.

J'ai l'honneur de prier Votre Excellence de donner des instructions télégraphiques à vos consuls pour qu'ils fassent connaître aux négociants de votre pays les conditions de validité desdits contrats afin d'éviter tout malentendu (1).

Je profite... etc.

Signé : WANG TA-HSIEH.

Le 23 août, M. Conty, Ministre de France à Pékin, répondit à cette note de la manière suivante :

Monsieur le Ministre,

Dans votre note du 20 courant, Votre Excellence m'a informé que tous les navires marchands ennemis en Chine ont été saisis par les autorités chinoises et que tous les contrats d'affrètement ou d'achat de ces navires ne peuvent être valides sans une autorisation préalable du Gouvernement Central.

En remerciant Votre Excellence pour ladite communication, j'ai l'honneur de vous dire que j'en ai avisé mon Gouvernement et ai donné des instructions à tous nos Consuls en Chine de faire connaître à toutes les personnes sous leur juridiction l'information relative à la validité des contrats en question afin d'éviter tout malentendu.

De votre note citée plus haut, je peux déduire que dès maintenant le Gouvernement chinois pense à la possibilité de vendre ou d'affréter les navires ennemis déjà saisis. Mon Gouvernement étant désireux de connaître les conditions auxquelles ces transactions pourraient être faites, je serais re-

(1) Livre Blanc, 1917. Doc. N° 162.

connaissant de recevoir de Votre Excellence une information sur ce sujet (1).

Veuillez... etc.

Signé : A. R. CONTY.

Le Ministre des États-Unis adressa de même au Waï-chiaopu, le 27 août, la note suivante :

Monsieur le Ministre,

Me référant à une conversation entre le Secrétaire chinois de cette Légation et un membre de votre Ministère concernant les arrangements que le Gouvernement a l'intention de faire pour que les vapeurs allemands et autrichiens actuellement à Shanghai puissent être affrétés à l'usage du commerce, j'ai l'honneur de vous prier de vouloir bien m'informer des conditions sous lesquelles les négociants étrangers peuvent faire des offres pour affréter lesdits navires.

Je désire également faire savoir à Votre Excellence que « The China Steamship Company », qui est une personne juridique reconnue par la loi américaine, demande à être informée des arrangements suivant lesquels elle peut affréter quelques-uns desdits vapeurs. M. Petrocelli, représentant de cette Compagnie à Pékin, serait charmé de recevoir une information sur ce sujet (2).

Je profite... etc.

Signé : Paul S. REINSCH.

Un télégramme de l'agence Reuter du 2 mars 1918 nous a appris que les États-Unis, aussitôt qu'ils furent entrés en guerre avec l'Allemagne, avaient aussi saisi les vaisseaux ennemis. Ces vaisseaux, au nombre de 101, représentaient 636.000 tonnes. La plupart de ces vaisseaux, après avoir été réparés, furent affectés au service du Département des Navires ; quatorze d'entre eux furent mis à la disposition du Ministre de la Marine.

(1) Livre Blanc, 1917. Doc. N° 165.
(2) Livre Blanc, 1917. Doc. N° 167.

2. — Le Ministre néerlandais s'oppose à la saisie et à l'affrètement des navires ennemis.

Par une note du 17 septembre 1917, adressée au Ministre des Affaires Étrangères de Chine, le Ministre néerlandais s'opposa à la saisie et à l'affrètement des navires ennemis. Il y disait, notamment, ce qui suit :

En ce qui concerne la saisie de tous les navires de commerce allemands et autrichiens, j'ai l'honneur d'appeler l'attention de Votre Excellence sur la Convention de La Haye relative au traitement des navires de commerce ennemis au début des hostilités. L'article important de cette convention stipule ainsi : Au commencement de la guerre, tous navires de commerce se trouvant dans un port ennemi ont la faculté de quitter librement le port (1). Si cette faculté n'est pas donnée, ou si elle a été donnée, et n'a pu être utilisée, alors ces navires ne peuvent pas être confisqués d'après l'article 2 de la même Convention. Le gouvernement belligérant peut seulement détenir ou réquisitionner les navires. La détention entraîne l'obligation de restituer, sans indemnité, les navires à leurs propriétaires après la guerre. La réquisition des navires implique l'obligation de payer une indemnité.

Mais l'article susmentionné s'applique seulement aux navires de commerce. Les canots à vapeur employés comme bacs dans les ports maritimes, les chaloupes à moteur et les yachts ne sont pas compris dans le sens dudit article, pour la raison que ces derniers bateaux doivent être traités comme propriétés privées qu'il est interdit à un belligérant de saisir d'après la pratique générale des nations. Il est très regrettable que les fonctionnaires chinois aient à plusieurs reprises contrevenu à cet article du droit des gens (2).

Je profite... etc.

Signé : BEELAERTS VAN BLOKLAND.

(1) La citation de l'article de la convention de La Haye que fait le Ministre néerlandais n'est pas exacte. Cet article dit en effet simplement qu'il est désirable qu'il soit permis aux navires de sortir librement etc. » — Ce que le ministre ne rappelle pas.

(2) Livre Blanc, 1917. Doc. N° 177.

3. Hésitations du Gouvernement chinois à cause de la Convention relative au régime des navires de commerce ennemis au début des hostilités.

La question de l'application de la VIe Convention de La Haye du 18 octobre 1907 aux navires allemands et autrichiens se trouvant dans les ports de Chine fut, de la part du Gouvernement chinois, l'objet de controverses. On avait, au mois de septembre 1917, rejeté l'idée d'organiser une Cour des prises, parce qu'on pensait qu'il n'y aurait pas de prises maritimes à juger. Mais, au Ministère des Communications, on était fort désireux de confisquer les navires ennemis et de les affréter aux Puissances alliées. On examina donc de la façon la plus minutieuse l'opinion du Ministre des Pays-Bas sur la portée de la Convention de La Haye relative au régime des navires de commerce ennemis au début des hostilités.

L'article 1er de cette Convention déclare :

Lorsqu'un navire de commerce relevant d'une des Puissances belligérantes se trouve, au début des hostilités, dans un port ennemi, il est désirable qu'il lui soit permis de sortir librement, immédiatement ou après un délai de faveur suffisant, et de gagner directement, après avoir été muni d'un laissez-passer, son port de destination ou tel autre port qui lui sera désigné.

Il en est de même du navire ayant quitté son dernier port de départ avant le commencement de la guerre et entrant dans un port ennemi sans connaître les hostilités.

Cet article s'applique-t-il aux navires marchands allemands et autrichiens qui étaient détenus dans les ports chinois au commencement de la guerre ? Nous croyons qu'à cette question il faut répondre par la négative. L'article de la Convention envisage seulement des navires qui peuvent sortir du port ennemi quand ils le veulent ; or les navires allemands et autrichiens ne pouvaient pas sortir des ports chinois même quand ils le voulaient, car du moment qu'ils se trouveraient en dehors des eaux chinoises, ils seraient exposés au danger d'être capturés par les ennemis de l'Allemagne, qui désiraient vivement les obtenir pour les employer à la guerre. D'autre part, les navires allemands avaient été saisis dès la rupture des relations diplomatiques avec l'Allemagne, c'est-à-dire cinq mois avant la déclaration de guerre, non pas dans le but de les capturer ultérieurement quand la guerre aurait été déclarée, mais pour une raison toute autre : afin d'empêcher que leurs propriétaires ne les coulent et qu'ainsi la libre navigation ne soit obstruée à l'embouchure du Yang-Tse. C'est pourquoi ils étaient détenus et sous la surveillance de soldats chinois quand la guerre fut déclarée.

Voilà les deux seules circonstances qui expliquent comment il y avait, au début des hostilités, des navires de commerce allemands et autrichiens dans les ports de la Chine. Ces deux circonstances sont tout à fait spéciales. Elles n'ont donc pas été prévues par les Puissances lorsque celles-ci rédigèrent l'article 1er de la Convention de La Haye du 18 octobre 1907. Force nous est ainsi de reconnaître que l'article 1er de cette Convention n'est point applicable aux navires en question ; la Chine ne se trouvait pas dans l'obligation de donner aux navires allemands ennemis la permission de sortir immédiatement ou après un délai de faveur des ports chinois dans lesquels ils se trouvaient.

L'article 2 de la même Convention ajoute :

Le navire de commerce qui, par suite de circonstances de force majeure, n'aurait pu quitter le port ennemi pendant le délai visé à l'article précédent, ou auquel la sortie n'aurait pas été accordée, ne peut être confisqué.

Le belligérant peut seulement le saisir moyennant l'obligation de le restituer après la guerre sans indemnité, ou le réquisitionner moyennant indemnité.

Si l'article 1er. ne s'applique pas aux navires ennemis en question, il va de soi que cet article 2 ne s'y applique pas davantage. Mais, en considérant isolément l'article 2, il est un point qu'il importe de trancher : c'est celui relatif à la force majeure.

Si le fait de ne pouvoir sortir d'un port à cause du danger d'être capturé par l'ennemi peut constituer pour un navire un cas de force majeure, il n'en va plus de même le jour où l'État maître du port a déclaré la guerre au pays dont le navire porte le pavillon, car un belligérant n'est pas tenu de considérer comme un cas de force majeure l'état de choses causé par d'autres belligérants opérant avec lui contre le même ennemi ; il a le droit d'en profiter pour son propre but de guerre. Il est vrai que la sortie n'a pas été accordée aux navires dont il s'agit ; mais, puisque le premier article ne s'applique pas à ces navires, il n'y avait pas lieu de leur accorder la sortie.

De tout cela, il faut donc conclure que l'opinion exprimée par le Ministre néerlandais dans sa note du 17 septembre n'était pas fondée.

Pour nous, la question de savoir si la Convention relative au régime des navires marchands ennemis au début des hostilités doit ou non s'appliquer aux navires allemands et autrichiens en Chine est en réalité une question de droit, et, pour trancher cette question de droit, un tribunal de prises maritimes est une organisation nécessaire : si la décision du tribunal de prises est erronée, la responsabilité en retombera sur lui et non pas sur le Gouvernement chinois C'est à cette opinion que finalement, après hésitation, le Gouvernement de Pékin se rallia : il se décida, au mois d'octobre, à organiser une Cour des prises.

Avant d'indiquer comment fut organisée cette Cour des prises, il nous faut toutefois reproduire les correspondances qui furent échangées entre le Gouvernement chinois et les Ministres des Puissances alliées à Pékin au sujet de l'affrétement des navires ennemis.

4. — Proposition des Gouvernements des Puissances alliées concernant l'affrètement des navires ennemis en Chine

Au mois d'octobre 1917, le manque de navires se faisait sentir de la manière la plus vive chez les Puissances alliées. Voyant que les navires allemands et autrichiens se trouvaient inoccupés dans les ports chinois, les Puissances alliées à Pékin conçurent alors la pensée de les affréter et de les utiliser à leur profit. A ce sujet, M. Jordan, Ministre d'Angleterre à Pékin, fut donc chargé par son Gouvernement, au nom des Ministres des États alliés à Pékin, de présenter à ce sujet un plan au Gouvernement chinois. Et, à cette fin, il adressa, le 25 octobre 1917, au Ministre des Affaires Étrangères de Chine, la note suivante :

Pékin, le 25 Octobre 1917.

Monsieur le Ministre,

Eu égard à la question de l'affrètement des navires ennemis actuellement détenus dans les ports chinois, j'ai l'honneur, au nom des Ministres des Puissances Alliées, d'inviter le Gouvernement chinois à consentir au procédé suivant :

(1) Les bateaux à vapeur *China, Silesia, Bohemia, Albenga, Deike Rickmers, Helene, Kathe, Serta* et *Triumph* seront affrétés au Gouvernement de Sa Majesté britannique, qui les répartira entre es Puissances Alliées pour être utilisés dans l'intérêt de celles-ci par un arrangement entre les Gouvernements intéressés.

(2) Les prix d'affrétement seront égaux aux prix consentis par l'Exécutif inter-allié d'Affrétement, savoir :

Navires	de 500 tonnes et au-dessous, poids brut				58/-	par mois
»	1000	»	»	»	53 -	»
»	1800	»	»	»	48 -	»
»	2500	»	»	»	45 6	»
»	4000	»	»	»	43 -	»
»	5000	»	»	»	41 9	»
»	au-delà de 5000	»	»	»	40 6	»

Ces prix sont basés sur la supposition que l'assurance contre le risque de guerre est payée par les affréteurs.

(3) Aucune restriction ne doit être mise aux usages auxquels les navires seront employés.

(4) Toutes les questions non comprises dans l'indication des principes ci-dessus mentionnés, ainsi que les détails des contrats d'affrétement, seront arrangés d'un commun accord entre le Consul Général de Sa Majesté britannique et le représentant de la Compagnie Ta Ta (1) à Shanghai.

Espérant que vous me ferez la faveur d'une réponse immédiate, je profite,... etc. (2).

Signé : J. N. Jordan.

Le Gouvernement chinois consentit à la proposition ainsi faite par les Gouvernements alliés, dans la note suivante qui fut adressée le 26 octobre au Ministre d'Angleterre à Pékin par le Ministre des Affaires Étrangères de Chine :

Monsieur le Ministre,

J'ai l'honneur d'accuser à Votre Excellence réception de la note du 25 courant relative à l'affaire de l'affrétement des navires ennemis. En vue de faire tout le possible pour aider les Pays Alliés à poursuivre le but de la guerre, mon Gouvernement consent au procédé général suivant, exposé dans ladite note de Votre Excellence :

(1) Les bateaux à vapeur *China*, *Silesia*, *Bohemia*, *Albenga Deike Rickmers*, *Helene*, *Kathe*, *Sexta*, et *Triumph* seront affrétés au Gouvernement britannique, qui les répartira entre les Puissances Alliées pour être utilisés dans l'intérêt de celles-ci par un arrangement entre les Gouvernements intéressés.

(1) C'était une compagnie à laquelle le Gouvernement chinois avait consenti l'affrétement de quelques-uns des navires détenus. Ce contrat d'affrétement passé avec elle fut résilié moyennant le payement de dommages-intérêts.

(2) Livre Blanc, 1917. Doc. N° 186.

(2) Les prix d'affrétement seront égaux aux prix consentis par l'Exécutif inter-allié d'affrétement, savoir :

```
Navires        de   500 tonnes et au-dessous, poids brut 53 - par mois
   »              1000     »         »            »      53/-     »
   »              1500     »         »            »      48 -     »
   »              2500     »         »            »      15 6     »
   »              4000     »         »            »      13 -     »
   »              5000     »         »            »      11/9     »
   »    au-delà de 5000    »         »            »      10/6     »
```

Ces prix sont basés sur la supposition que l'assurance contre le risque de guerre est payée par les affréteurs.

(3) Aucune restriction ne doit être mise aux usages auxquels les navires seront employés.

(4) Toutes les questions non comprises dans l'indication
des principes ci-dessus mentionnés, ainsi que les détails du
contrat d'affrétement, seront arrangés d'un commun accord
entre le Consul Général anglais et le représentant de la Compagnie Ta Ta à Shanghai (1).

Je profite... etc.

Signé : WANG TA-HSIEH.

5. — Organisation des Cours de Prises.

Le Règlement sur l'organisation des Cours de prises fut
promulgué le 30 octobre 1917 par ordonnance présidentielle n° XX. Il était ainsi conçu :

Stipulations relatives à l'organisation des Cours de Prises

CHAPITRE I

Dispositions générales.

Article premier. — Toutes les affaires relatives à des captures en mer doivent être jugées par des Cours de Prises.

Art. 2. — Il y a deux sortes de Cours de Prises :

(1) Cour Locale des Prises,
(2) Cour Supérieure des Prises.

(1) Livre Blanc, 1917. Doc. N° 187.

Art. 3. — La Cour Supérieure des Prises sera établie à Pékin. Les Cours Locales des Prises seront établies aux endroits qui seront déterminés par des ordonnances du Président de la République.

Art. 4. — La Cour Supérieure des Prises et les Cours Locales des Prises seront composées chacune d'un Président, de huit juges, de deux procureurs et de deux greffiers.

Art. 5. — Les fonctions de Président de la Cour Locale des Prises seront remplies par le Président d'une Haute Cour de Justice, sur la nomination du Président de la République.

Les juges de la Cour Locale des prises seront nommés par le Président de la République, sur la proposition du Président du Conseil. Ce seront les fonctionnaires suivants :

1) quatre juges d'une Haute Cour de Justice,.
2) trois officiers de la Marine,
3) un Commissaire spécial des Affaires Etrangères.

Les fonctions de Procureur sont remplies par le Procureur appartenant au ministère public d'une Haute Cour de Justice. Les Procureurs sont nommés par le Président de la République sur la proposition du Président du Conseil.

Les greffiers sont désignés par le Président de la Cour Supérieure des Prises. Leurs fonctions seront remplies par les greffiers des Hautes Cours de Justice.

Art. 6. — Les fonctions de Président de la Cour Supérieure des Prises sont remplies par le Président de la Cour Suprême de Justice. Les fonctions des juges sont remplies par 3 juges de la Cour Suprême de Justice, 2 officiers de Marine, 1 Conseiller du Ministère de la Marine, 1 Conseiller du Bureau de Législation, 1 Conseiller du Ministère des Affaires Etrangères. Ces désignations seront faites par le Président de la République.

Les fonctions de Procureur de la Cour Supérieure des Prises sont remplies par les Procureurs du Parquet Général, sur la nomination du Président de la République.

Les greffiers de la Cour Supérieure des Prises sont choisis par le Président de cette Cour parmi les greffiers de la Cour Suprême de Justice ; ils cumuleront leurs fonctions.

Art. 7. — La Cour Supérieure des Prises et les Cours Locales des prises pourront engager temporairement des employés soit pour copier les documents soit pour tous autres objets.

Art. 8. — En vertu des présents règlements le Président de la Cour Supérieure des Prises, ainsi que les fonctionnaires d'un rang moindre, ne recevront pas d'appointements pour les fonctions qu'ils cumulent.

Art. 9. — Le Président dirigera toutes les affaires de la Cour et pour le jugement de chaque cas il sera le président. En cas d'absence, un des juges agira à la place du Président.

Art 10. — La Cour Locale des Prises ne siégera pour le jugement d'une affaire que s'il y a au moins cinq juges avec le Président.

La Cour Supérieure des Prises ne siégera pour le jugement que s'il y a au moins 7 membres, y compris le Président.

Le jugement des affaires a lieu à la majorité des voix. Si les votes sont en nombre égal, dans chaque sens, la voix du Président décidera.

Art. 11. — L'ouverture et la clôture de la Cour Supérieure des Prises et des Cours Locales des Prises seront décidées par un Ordre du Cabinet.

CHAPITRE II

Procédure

Art. 12. — Le Commandant du Bâtiment de guerre qui a fait une capture conduira le navire capturé au port où la Cour Locale des Prises est établie et ordonnera à un officier de prise de se rendre à bord et d'accompagner le navire jusqu'au dit port. Cet officier produira par écrit un exposé de la capture à la Cour Locale des Prises. Mais si par suite de circonstances en dehors de son contrôle, le navire ne peut pas être envoyé, l'officier produira seulement l'exposé par écrit.

Ledit exposé doit donner les raisons détaillées de la capture, ainsi que les faits tendant à prouver que la capture a été faite d'une manière correcte. L'exposé sera accompagné de tous papiers et documents trouvés à bord du navire capturé.

Art. 13. — A la réception de l'exposé mentionné dans l'article précédent, le Président de la Cour Locale des Prises désignera un des juges pour se charger du cas particulier.

Le juge ainsi commis, sauf dans les cas où l'exposé seul a été délivré comme il a été mentionné au premier paragraphe de l'article précédent, doit, en se basant sur les papiers et les documents produits à la Cour, se rendre personnellement à bord du navire capturé pour en inspecter la cargaison et dresser l'inventaire de celle-ci conjointement avec le capitaine dudit navire.

Art. 14. — Le juge commis ordonnera aux greffiers d'enregistrer minutieusement les constatations faites par le capitaine, l'équipage et les passagers du navire capturé et par les propriétaires de la cargaison, ainsi que toute preuve donnée par les officiers de prise qui ont fait la capture.

Art. 15. — Le juge commis, s'il le trouve nécessaire, peut appeler un expert pour donner son appréciation sur une matière déterminée.

Art. 16. — Le juge commis, après avoir terminé son enquête, dressera immédiatement un rapport qui, accompagné de l'exposé stipulé dans l'article 12 et des documents y relatifs sera remis aux Procureurs de la Cour Locale des Prises.

Art. 17. — Les Procureurs dresseront un mémoire et le produiront à la Cour Locale des Prises avec les documents indiqués à l'article précédent.

Art. 18. — Si le mémoire des Procureurs estime que le navire ou la cargaison doit être restitué et si la Cour Locale des Prises donne raison à cet avis, la Cour Locale des Prises doit prononcer une sentence de restitution et l'envoyer aux Procureurs.

Art. 19. — Dans le cas où la Cour Locale des Prises ne serait pas d'accord avec l'avis donné par le mémoire des Procureurs au sujet de la validité ou de la nullité de la capture du navire ou de la cargaison, la Cour Locale des Prises prendra les mesures habituelles pour procéder à une annonce publique de l'affaire. Cette annonce consiste dans la publication de l'affaire dans la *Gazette du Gouvernement*. Une traduction en sera faite en anglais pour être insérée dans des journaux anglais publiés dans le pays. Les personnes intéressées dans l'affaire pourront présenter une pétition écrite à la Cour Locale des Prises dans un délai de 30 jours à partir du jour de l'annonce.

Art. 20. — La pétition doit contenir les renseignements suivants et être accompagnée des documents qui peuvent servir de preuve.

(a) Le nom complet, la nationalité, l'adresse, l'âge et la profession du pétitionnaire.

(b) Les raisons essentielles de la pétition.

Art. 21. — Le pétitionnaire ne peut être représenté que par des avocats de la République de Chine.

Art. 22. — Si, après l'expiration du délai fixé au deuxième paragraphe de l'article 19, aucune partie n'a présenté de pétition, la Cour Locale des Prises peut commencer tout de suite les débats, et, sur la requête des Procureurs l'affaire peut être jugée sans qu'il y ait lieu de recourir à la procédure ordinaire.

Art. 23. — Si un pétitionnaire a présenté une pétition dans le délai fixé, la Cour Locale des Prises indiquera le jour où le procès sera commencé.

Si le pétitionnaire est absent sans qu'une autorisation lui ait été donnée, le jugement peut être rendu en son absence.

Art. 24. — Après la terminaison des débats, le jugement sera mis par écrit et prononcé dans un délai de trois jours.

Le jugement écrit sera envoyé aux procureurs après avoir été prononcé et en même temps une copie de cette pièce sera envoyée au pétitionnaire.

Art. 25. — Les Procureurs ou le pétitionnaire peuvent, chacun, présenter une protestation écrite à la Cour Locale des Prises contre le jugement rendu, dans les vingt jours du jour de la réception du jugement.

Dans la protestation écrite, les points suivants doivent être indiqués :

(1) Le nom complet, la nationalité, l'adresse, l'âge et la profession du pétitionnaire.

(2) Le jugement rendu par la Cour Locale des Prises.

(3) Les raisons de la protestation.

Art. 26. — La Cour Locale des Prises doit, immédiatement après la réception de la protestation écrite, transmettre au ministère public de la Cour Supérieure des Prises le dossier relatif à l'affaire.

Art. 27. — Si une protestation n'a pas été faite dans le

délai fixé, le jugement sera considéré comme définitif. Mais si le retard a été causé par un fait de force majeure ou par l'ennemi public, la Cour Locale des Prises, en ayant été informée, peut si elle trouve que les faits désignés sont établis, permettre l'introduction d'une protestation en dehors du temps fixé.

Art. 28. — Au reçu de la protestation, la Cour Supérieure des Prises doit, à moins que le délai ne soit expiré auquel cas la protestation sera rejetée, envoyer une copie de celle-ci au pétitionnaire si la protestation a été faite par les Procureurs, et aux Procureurs, si elle a été faite par le pétitionnaire. Une réponse à la protestation doit être produite dans les dix jours de sa remise.

Art 29. — La Cour Supérieure des Prises peut, si elle le juge nécessaire, procéder elle-même à une enquête sur les faits ou sur les preuves de l'affaire ou charger la Cour Locale des Prises de commencer une autre enquête.

Art. 30. — La Cour Supérieure des Prises doit, après enquête, se réunir immédiatement pour juger l'affaire sur la base des documents. Mais la prononciation du jugement doit être faite en public.

Le jugement sera transmis aux Procureurs de la Cour Locale des Prises, et en même temps une copie en sera envoyée au pétitionnaire.

Art. 31. — Après que le jugement de l'affaire aura été rendu, les parties essentielles en seront publiées dans la *Gazette du Gouvernement*.

Art. 32. — Pendant le temps où il est procédé à l'examen de l'affaire, les Cours des Prises doivent confier la garde du navire et de la cargaison aux autorités navales.

Le règlement relatif à la garde en question sera arrêté par le Ministre de la Marine.

Art. 33. — Le navire et la cargaison saisis comme prises appartiennent à l'Etat.

Art. 34. — L'exécution du jugement rendu est faite par les Procureurs de la Cour Locale des Prises.

Pour l'exécution du jugement, les procureurs peuvent demander l'assistance des autorités navales et des fonctionnaires de la police.

Art. 35. — Des règlements détaillés sur la procédure seront faits par les Cours des Prises elles-mêmes.

CHAPITRE III

Disposition supplémentaire.

Art. 36. — Le présent règlement entrera en vigueur à partir du jour de sa promulgation.

CHAPITRE XXIII

LA SOCIÉTÉ DE LA CROIX-ROUGE CHINOISE

1. — Historique de cette Société.

La Chine adhéra à la Convention de Genève sous la dynastie des « Tsing », et une Société de la Croix-Rouge fut formée à Pékin par les fonctionnaires du Gouvernement et ceux de la Cour. Son Exc. Lou Haï Kwang en fut nommé président. La Société, ainsi complètement constituée, ne prit aucun développement.

Les résidents étrangers de Tientsin et de Shanghaï essayèrent de fonder une Société de la Croix-Rouge indépendante de celle établie par le Gouvernement chinois. Pendant la guerre sino-japonaise de 1894, la Société de la Croix-Rouge de Tientsin envoya un bateau à Port-Arthur, en demandant à l'armée japonaise la permission de transporter les blessés chinois dans un endroit propre à leur assurer le meilleur traitement : la permission ne lui fut pas accordée, parce que l'armée japonaise se jugea à même de donner aux soldats tous les soins auxquels ils pouvaient prétendre (1).

La Société de la Croix-Rouge de Shanghaï, composée des résidents étrangers et de la bourgeoisie chinoise de ce port, finit par se développer et elle est devenue une véritable Société de la Croix-Rouge chinoise. Ce fut la

____

(1) V. notre ouvrage sur *La Guerre sino-japonaise.*

guerre de la Révolution de 1911, mère de la République chinoise, qui aida à son développement. L'armée de la Révolution, organisée à l'improviste par le Président Sun-ye-Tcheng et placée sous le commandement du généralissime Li-yuan-Hung, n'avait aucune organisation médicale sérieuse, et les corps sanitaires formés de médecins étrangers et d'étudiants chinois qui faisaient leurs études de médecine au Japon, eurent beaucoup à faire en soignant les malades et les blessés des deux partis.

2. — Réorganisation de la Société.

Sachant que la Croix-Rouge Japonaise était bien organisée, la Société de Shanghaï télégraphia, par l'entremise du Consul général du Japon à Shanghaï, à la Société de la Croix-Rouge du Japon d'envoyer une personne compétente pour servir de conseiller à la Société de Shanghaï dans son œuvre de réorganisation. La Société Japonaise envoya à Shanghaï l'auteur de ce livre, au printemps de l'année 1911, année de la Révolution chinoise. La Société de Shanghaï, une fois réorganisée sur le modèle de la Société de la Croix-Rouge Japonaise, transporta son siège principal à Pékin, et elle fut admise dans l'Association Internationale de la Croix-Rouge : la demande d'admission en fut faite par l'intermédiaire de la Société Japonaise.

L'homme qui fut le centre du mouvement de réorganisation était M. Shen-tung-ho, gradué de l'Université d'Oxford et Président de la Chambre de Commerce de Shanghaï. Élu Vice-Président de la Société Chinoise, il dirigea le siège de la Société à Shanghaï, où se concentraient toutes les affaires d'importance. Son Exc. Lou-Haï-Kwang est resté le Président de la Société, et c'est en son nom que sont faites les communications avec le Gouvernement de Pékin.

La Société de Shanghaï est toujours en rapport avec le

Commissaire des Affaires Étrangères dans ce port. La
Société possède d'excellentes institutions charitables ; elle
a à Shanghaï un corps de médecins et d'infirmiers.

3. — La Croix-Rouge Chinoise et la guerre européenne.

Quand la guerre européenne éclata, le Commissaire des
Affaires Étrangères de Shanghaï télégraphia le 7 août
1914 au Waïchiaopu pour demander que la permission
soit accordée à la Société de la Croix-Rouge Chinoise
d'envoyer en Europe un corps sanitaire composé de 50
étudiants en médecine, afin de soigner les malades et les
blessés. Mais cette permission ne fut pas accordée.

Au temps de la bataille de Kiaotcheou, la Société chinoise sollicita du Gouvernement l'autorisation de donner
assistance aux habitants chinois des districts du Shantoung occupés par l'armée japonaise. Le Ministre des
Affaires Étrangères chinois se mit à cet égard en rapport
avec les Ministres anglais et japonais à Pékin. Mais le
Gouvernement japonais chargea son Ministre à Pékin de
répondre au Gouvernement chinois que les habitants chinois des districts occupés par les troupes japonaises
étaient bien traités par l'armée japonaise et que par suite
il n'y avait aucune nécessité que la Croix-Rouge inter-
vînt (1).

4. — Œuvre de la Société à Vladivostok.

La grande guerre eut comme résultat la désorganisa-
tion de l'Empire russe et la guerre sociale qui s'étendit
jusqu'en Sibérie où des milliers d'habitants furent réduits à la misère, sans nourriture, sans abri, sans secours.
Comme l'un des principaux soucis de la Société chinoise,
comme des autres sociétés sœurs, est de donner son assis-

____

(1) Lettre officielle du Waïchiaopu au Bureau des Affaires
de la Neutralité, en date du 22 Janvier 1915.

tance partout où celle-ci est nécessaire, la Société de la
Croix-Rouge Chinoise, dans une réunion extraordinaire
de son Comité général, résolut d'envoyer en Russie un
corps sanitaire sous la direction du Chu-Li-Chi, secrétaire honoraire du Comité général. Le Dr Van et ses col-
lègues de la Société centrale à Pékin offrirent leurs services et le personnel fut facilement complété. Grâce aux
efforts concertés du Président, Son Exc. Lou-Haï-Kwang,
et du Conseiller honoraire Dr. J. C. Ferguson, tous les
objets utiles pour l'œuvre de la Société furent rapidement
réunis. Le corps sanitaire fut très bien accueilli à son
arrivée à Vladivostok. Une réception cordiale lui fut faite
par les fonctionnaires et la haute bourgeoisie de la ville :
ceux-ci l'aidèrent à trouver un endroit convenable pour
l'établissement d'un hôpital. Cet hôpital ouvrit le 9 janvier 1919, sous les auspices de l'amiral chinois Lin, qui
s'intéressait tout spécialement aux œuvres de la Croix-
Rouge chinoise. L'hôpital a déjà produit une action des
plus bienfaisantes. Voici la liste des cas qui ont dès à présent fait l'objet d'un traitement médical :

Noms des maladies :	*Nombre des malades :*
Syphilis	2339
Tuberculose et autres maladies pulmonaires	2086
Neurasthénie	480
Maladies génito-urinaires	879
Maladie des oreilles	377
— de peau	1058
— de gorge	159
— de l'utérus	52
Tracoma	2586
Influenza	309
Scrofules	428
Abcès	855
Conjonctivite	3.446
Ver intestinal	33

Maladie de cœur	43
Synovie	37
Hémopthisie	05
Maladie des reins	45
Heamonlage	20
Poison	4
Maladie de la rate	27
Blessure	1072
Tumeur	25
Maladie du nez	11
Maladie des dents	04
Fistules de l'anus	87
Orchite	11
Fracture	3
Déformation	1
Maladie infectieuse	2
Inflammation de vessie	4
Maladie de foie	5
Dislocation	7

TABLE DES MATIÈRES

La Chine et la Grande Guerre Européenne au point de vue du droit international

PREMIÈRE PARTIE

La Neutralité de la Chine

CHAPITRE PREMIER

LA SITUATION DIFFICILE DE LA CHINE COMME ÉTAT NEUTRE

CHAPITRE II

KIAOTCHEOU ET LA DÉLIMITATION DU THÉÂTRE DE LA GUERRE

CHAPITRE III

INCIDENTS DE LA NEUTRALITE CHINOISE CONCERNANT LES GARDES ATTACHÉES AUX LÉGATIONS ET LES TROUPES DES PAYS BELLIGÉRANTS STATIONNÉES EN CHINE

CHAPITRE IV

INCIDENTS DE LA NEUTRALITÉ CHINOISE CONCERNANT LE SIÈGE DE TSINGTAO

CHAPITRE V

INCIDENTS DE LA NEUTRALITÉ CHINOISE COMME CONSÉQUENCE DE LA CONTIGUÏTÉ DES FRONTIÈRES SINO-RUSSES

CHAPITRE VI

INCIDENTS DE LA NEUTRALITÉ CHINOISE EN CE QUI CONCERNE LE COMMERCE

CHAPITRE VII

BÂTIMENTS DE GUERRE DES PAYS BELLIGÉRANTS DANS LES EAUX TERRITORIALES DE LA CHINE

CHAPITRE VIII

LE BÂTIMENT DE GUERRE ALLEMAND *S. 90*

DEUXIÈME PARTIE
La rupture des relations diplomatiques

CHAPITRE IX

LES ÉVÈNEMENTS QUI CONDUISIRENT A LA RUPTURE DES RELATIONS DIPLOMATIQUES AVEC L'ALLEMAGNE

CHAPITRE X

CONSÉQUENCES IMMÉDIATES DE LA RUPTURE DES RELATIONS DIPLOMATIQUES

CHAPITRE XI

DÉPART DES CONSULS ALLEMANDS EN CHINE

CHAPITRE XII

LE MINISTRE NÉERLANDAIS CHARGÉ DES INTÉRÊTS ALLEMANDS EN CHINE

CHAPITRE XIII

LA GARDE DE LA LÉGATION D'ALLEMAGNE, LES FONCTIONNAIRES CIVILS ET MILITAIRES ALLEMANDS EN CHINE, LES ALLEMANDS EMPLOYÉS PAR LE GOUVERNEMENT CHINOIS OU SERVANT DANS LES ÉCOLES CHINOISES.

CHAPITRE XIV

LE TRAITEMENT DES SUJETS ALLEMANDS EN CHINE

CHAPITRE XV

LA CONDITION DES PROPRIÉTÉS ALLEMANDES APRÈS LA RUPTURE DES RELATIONS DIPLOMATIQUES

CHAPITRE XVI

LA CONDITION DES CONCESSIONS ALLEMANDES APRÈS LA RUPTURE DES RELATIONS DIPLOMATIQUES

CHAPITRE XVII

LA SUPPRESSION DE LA JURIDICTION CONSULAIRE ALLEMANDE ET DE LA POSTE ALLEMANDE EN CHINE

TROISIÈME PARTIE

La Guerre

CHAPITRE XVIII

LA DÉCLARATION DE GUERRE A L'ALLEMAGNE ET A L'AUTRICHE-HONGRIE

CHAPITRE XIX

CONSÉQUENCES IMMÉDIATES DE LA DÉCLARATION DE GUERRE

CHAPITRE XX

LA CONDITION DES SUJETS ENNEMIS APRÈS LA DÉCLARATION DE GUERRE

CHAPITRE XXI

TRAITEMENT DES PRISONNIERS DE GUERRE

CHAPITRE XXII

NAVIRES DE COMMERCE ENNEMIS EN CHINE

CHAPITRE XXIII

LA SOCIÉTÉ DE LA CROIX-ROUGE CHINOISE

Niort — Imprimerie Nouvelle G. Clouzot